是银子总会花光的

李银 著

Silver's Point

广东经济出版社
·广州·

图书在版编目（CIP）数据

是银子总会花光的 / 李银著. —广州：广东经济出版社，2023.8
ISBN 978-7-5454-8541-7

Ⅰ.①是… Ⅱ.①李… Ⅲ.①私人投资—通俗读物 ②个人—财务管理—通俗读物 Ⅳ.①F830.59-49 ②TS976.15-49

中国版本图书馆CIP数据核字（2022）第195335号

责任编辑：刘 倩 赵 娜
责任技编：陆俊帆
责任校对：褚龙龙
封面设计：集力书装 彭 力

是银子总会花光的
SHI YINZI ZONG HUI HUAGUANG DE

出版发行：	广东经济出版社（广州市水荫路11号11～12楼）
印　　刷：	恒美印务（广州）有限公司
	（广州市南沙经济技术开发区环市大道南路334号）
开　　本：	889mm×1240mm　1/32
印　　张：	12.25
版　　次：	2023年8月第1版
印　　次：	2023年8月第1次
书　　号：	ISBN 978-7-5454-8541-7
字　　数：	260千字
定　　价：	69.00元

发行电话：（020）87393830
广东经济出版社常年法律顾问：胡志海律师
如发现印装质量问题，请与本社联系，本社负责调换
·版权所有·侵权必究·

她终于写了这个题目

我认识银子很多年了,一直觉得她小小身体里,藏着巨大的能量。她让我印象最深的有两件事。

第一件事,发生在我们刚认识不久时。有一天我去她家玩,进门就看到一整面墙都装上了书柜,里面摆满了书,书柜前面放着一张看起来很舒服的沙发。这让我大为震撼。要知道,我们当时刚刚大学毕业,没什么钱,基本都住合租房,又贪玩,习惯了互相串门,看到的其他人的屋子都是小小的、乱糟糟的。而银子不仅一人租下一个大房子,把它装修,还将自己的书全搬进来了。要说收入,那时大家都差不多,只不过我们的钱都用来吃喝玩乐了(我全用来买衣服了),银子的格局和我们完全不一样!几乎每个去她家玩的人都会问她同一个问题:"为什么要花那么多钱来装修租来的房子?"她并没有用"房子是租的,而生活不是"这样的话来回答大家,而是描述她自己下班后是怎样回到家,再泡上一壶热茶,坐在沙发上看一晚上书的……

另一件事,发生在她生完小孩之后。她居然从报社辞职了!这个消息一出,我们的朋友圈便"炸"开了。因为她当时已经是著名的财经记者了,年纪轻轻便升至报社的管理层,看起来前途无量。最重要的是,她在大家心目中的形象一直都是独立职场女性。谁也没想到她会毅然决然地辞职,而且辞职的理由居然是回家带孩子。我问她:"为啥非得辞职不可?"她说:"我不想错过小孩最需要我陪伴的成长期。这段时间无法重来,工作嘛,随时可以重新找。"我又问:"那你的收入怎么办?"她耸耸肩,轻轻一笑:"你给我放心,赚钱不是什么难事,不上班我照样有收入。"

所以,当我知道她的新书叫《是银子总会花光的》时,第一个念头就是:哟,她终于写了这个题目。从这两件小事,足以看出她在"花钱"和"赚钱"这两方面的魄力与智慧。围绕怎么花钱、怎么赚钱的话题,很多理财专家写过书,但像银子这样结合了生活和消费等多个维度,从宏观到微观,有感性,更有理性,还能把书写得这么轻松易读的,并不多见。

在银子的书里,如果你想快速学到致富技能、生财之道,恐怕会失望,但如果你相信,认知比方法论更重要,真正的富有,不光来自财富数字,更来自内心的丰盈,那这本书一定不会让你失望。

黎贝卡

(知名时尚博主,"黎贝卡的异想世界"品牌主理人。)

大大方方来谈钱

李银是我的大学舍友。在复旦大学读书时，我俩连续四年同在一个屋檐底下。记得初见时，她大大方方地报出自己的姓名："我叫李银，'金银财宝'的'银'。"那一刻，我觉得眼前这个娇小的女生身上仿佛闪烁着光芒，散发出财富的芳香。我忍不住问："你是不是还有个姐姐？"她狡黠一笑，洞穿了我的用意："有啊，但她不叫'李金'。"

爱"银子"，乃人之本性。公开谈钱，却让我们感到难为情。于是，古人琢磨出了许多委婉含蓄的词语来称呼钱：铜钱不叫"铜钱"，而叫"孔方兄"，因铜钱是圆形方孔的；研究钱币的专家不叫"钱学家"，而叫"泉学家"，因为钱币像泉水一样，有流动性；还有《世说新语》里那个"雅尚玄远"的王衍，死活不肯说"钱"字，万不得已，只高呼"举却阿堵物"。

李银不屑于这种做作的文雅，她不但毫不在意父母把"贵金属"镶嵌在自个儿名字里，甚至还大大咧咧地在微博签名档里宣称"是银子总会花光的"，大有唐代那位诗仙"千金散尽还复来"的潇洒。如今，她要出书了，那句"是银子总会花光的"赫然成了书名。

别误会，这不是一本购物消费指南。对于花钱这件事，李银保持着一份难得的"人间清醒"。书一开篇，她就与我们分享了她的三次无比接近身无分文的经历。由此点明了书的核心：一个人如何避免在不知不觉中在不恰当之处把钱花光。爱钱，得先学会尊重钱。鲁莽地挥霍，其实体现的是一种不成熟的金钱观和人生观。这本书谈消费、投资，都建立在尊重之上：是对金钱的尊重，更是对生活的尊重。有了这份尊重，谈钱才有意义、有分量。

市面上关于如何赚钱的书不少，而谈如何花钱的书，我还未曾见过。大概是有些人觉得赚钱需要不俗的能耐，得学；而花钱却是人人皆能之事，这还真是个偏见。在我看来，一个人如何花钱，可以展现出这个人的认知、性情，还有价值观。弄清楚这个人在什么事情上舍得花钱，又在什么事情上能克制住花钱的欲望，我们便可以学孔老夫子，来一句"人焉廋哉"了。

从李银的花钱之道中，读者可以窥见她为人的本色。"钱赚来就是要花的，只进不出就成了貔貅"，这体现了她的洒脱；"优先把钱花在能维持或提升自己赚钱能力的项目上"，这体现了她的精明；"买自己能赋予它意义的东西，而不是其他人赋予它意义的东西"，这体现了她的聪慧；"不否认物质带来的愉悦感，但要留意它存在的时间长度"，这体现了她的通达；"只要赚钱能力没有丧失，一时窘迫不要紧"，这体现了她的独立与从容。英语中有一句谚语：You're what you read（你的阅读造就了你）。我觉得可以化用这句话来概括这本书的主旨：You're what you buy（你的消费造就了你）。这本书能让你重新思考花钱这件事，甚至通过修炼花钱之道成为更好的自己。

在这本书里，聊花钱的，不只李银一个人，还有一个对谈人——她的儿子"好无聊先生"。从他向妈妈提出的形形色色的问题，比如"我们能否看到钱的脚印""广告到底有什么用""凭什么说奥特曼是'智商税'"来看，这个小朋友一点都不无聊，反倒有趣得很。当然，他是个幸福的孩子，拥有一个乐意与他交流金钱问题、分享财富观的妈妈。别误会，这不是一本宣扬"如何花钱，要从娃娃抓起"的育儿指南。"从娃娃抓起"带着很强的目的性，似乎把孩子当成了任成人摆布的物体。李银与"好无聊先生"之间的对话是平等的、舒展的、愉悦的，她可以通过"奥特曼"，把成本、刚需、"智商税"等概念跟儿子讲得既清楚、明白，又俏皮、风趣。这也是这本书能带给我们的另一大收获：用简洁流畅的语言描绘出金钱背后复杂的经济运行体系。道理，道理，李银既谈花钱之"道"，亦说经济之"理"。两条线索，彼此交织，构筑成一个个具有趣味性、启发性的篇章。

李银大大方方地谈"钱"，让我想起了一位钱先生——钱钟书的逸事。据说，某电视台要为他拍专题片，被钱先生婉拒后，又许诺会付给高额报酬。钱先生哈哈大笑，说："我都姓了一辈子'钱'了，还会迷信这东西吗？"钱钟书拿"钱"开涮，李银拿"银子"做文章，都不遮掩，不避讳。这态度真是叫我心折。

李晓愚

（南京大学新闻传播学院教授、博士生导师，副院长。）

是天上宫阙，也是人间烟火

中国的传统文化中，我们是很羞于谈钱的，不只是钱，甚至一切代表物质的概念和实物，都不被提倡。传统文化还把钱作为高尚品格的反衬，"富贵不能淫""富贵于我何加焉"，似乎我们就应该"君子固穷""不改其乐"。

但是，由于现代国家的逐渐发展，人类文明成果的逐渐积累，在对物质财富及其作用的认知上，我们与先民大不相同。我们的社会、我们自己、我们的后代，都应该对物质财富和物质财富的流转有正确的认识。

从亚当·斯密的《国富论》，到卡尔·马克思的《资本论》、让·鲍德里亚的《消费社会》、约瑟夫·斯蒂格利茨的《经济学》……无数先贤对财富的创造、财富的流转、财富的使用进行了解读，人类知识宝库中的这些有关财富的知识无疑是具有极高的指导价值的。然而，学术著作大多学术性过强而难免让人望而却步。我们需要深刻而通俗的、更贴近日常的形式和内容。

国内现在关于"财商""理财""躺赢"等主题的书籍和课程林林总总，我也接触过一些。本书毫无疑问是让人耳目一新的。经济当然关乎国家发展和社会正常运转，但更关乎我们每一个人的衣食住行。经济学是天上宫阙，也是人间烟火。本书通过"走不开小姐"和"好无聊先生"的对话，从最质朴的角度切入，解释社会的经济现象、经济观念、经济生活，既答疑解惑，又分享感受，问题从生活中来，也回到生活中去，行文处处，令人既会心一笑，又恍然大悟。

我与银子，有二十余年实实在在的友情。为什么要用"实在"形容友情？因为在消费社会中，人们都有很多"塑料友情"——包括交往时间的"塑料"和交往实质的"塑料"。本篇名为"是天上宫阙，也是人间烟火"，当然是指本书的内容，更是指银子本人。二十余年来，她一直是温和的、重感情的，她无私地帮助过很多人；她一直是睿智的、理智的，她把自己的事业和生活安排得井然有序。她有从天上宫阙看待人间的悲悯情怀，有万事从来风过耳的豁达心境，有在贫困地区支教中对社会的回馈，也有为事业尽心谋划的精明。从新闻传播领域出发，到财经媒体、创业顾问，天地日渐广阔，经历日渐丰富，为人做事日渐练达而初心犹在，这是我最羡慕、最想达到的境界。

为此，推荐本书，不只为指导生活，更为提升自我。

刘鸣筝

（吉林大学新闻与传播学院教授、博士生导师，副院长，吉林省享受政府津贴专家。）

想知道如何赚大钱的人很多，但想知道如何花钱的人，其实寥寥。所以这本书，好像不能冀望受到大众的欢迎。除非读者都能看到"哪些钱花了还是会回来的"那个部分。

钱赚来就是要花的，只进不出就成了貔貅。

自己赚来的钱自己花，何劳他人指手画脚？对，本书当然不是真的要教你如何花钱或如何不把钱花光。其实这本书，是在分享个人对这个诡谲的消费时代的观察，以及一些财富管理的经验，更重要的是在分享一种生活态度。

拥有金钱的目的，当然是让我们自己过上美好的生活，而不是成为金钱的奴隶。同时我们也知道，有钱不代表就拥有了幸福，除了钱，还要满足别的一些限定条件才能真正拥有幸福。

不管你是为欲望花钱，还是为生存花钱；不管你是为盲目的标签定义花钱，还是为必需的美好生活元素花钱，都要相信，生不带来、死不带去的银子，总是会花光的。

人生各有差异，钱对我来说一直不是问题。我从学生时代开始赚稿费,入行之时正是媒体的黄金时代,自己的需求又不多,所以对"碎银几两"没有执念。因此,我在如何花钱的问题上,一直我行我素。毕业后在财经媒体工作十余年,后来换赛道去给创业公司当顾问。人到中年,对这个时代的消费领域有了一些观察以及一些想法。

我的微信ID就是"银子",因单名为"银";我的微博签名档就是"是银子总会花光的"。

看到本书书名,或许你会忍不住发笑:"既然知道'是银子总会花光的',为什么不多赚一点?"这不就是当下人们普遍的心态吗?要多工作、多赚钱,才会在所处的地方有一定的安全感。但是人们往往忘了思考这个问题:怎么花钱才会让自己有幸福感?

从中国互联网模式奠基的2000年开始,至今二十余年,我们看着互联网经济兴起,看着"996""007"成了互联网行业用工史上的一段弯路;看着自己长出了白头发;看着商品房售价不断上涨;看着银行存款利率从"4.0时代"进入"2.0时代"。你忍不住要问,今时今日的自己,是不是工作越努力,工作时间越长,所得到的就越多?

不难理解,人们不可能都在同一个社会阶层,当一些人花费更多成本获得阶层晋升的时候,有些人的阶层地位就会降低。我们既然能深刻理解维持和获得地位需要增加收入,那么也应该能理解工作时长不会缩短。

我们所恐惧的无非两点。第一,闲暇时间不能增加收入,给我们带来恐惧。我们停不下来,只因不知道该如何打发不能带来收入的闲暇时光。第二，我们害怕不增加工时就无法增加收入，更害怕增加工时却没有增加收入。在世界经济面临多重衰退风险叠加时，这些恐惧让我们难以获得真正的满足感以及从容地获得生活愉悦感。

人们一直以来都接受"丛林法则"，并以此来看待世界动荡带来的变化。竞争的逻辑一旦进入我们的思维，就容易形成单向度的价值观。只有到了某个年龄段，具备了一定的生活阅历及经济基础，我们才会对生活有新的理解。

此时，我们讨论"是银子总会花光的"这个话题，才会觉得有趣。

本书分"观消费"和"消费观"两个部分，讨论在混沌状态下的现代消费中，一个人如何避免不知不觉中在不恰当之处把钱花光，以及如何花钱（投资）。

这本书也满足了我的私心——拓宽我儿子"好无聊先生"的视野。在他眼里，我是那个在假期不得不带他去加班的"走不开小姐"，更是在他对生活与商业世界有无限好奇而丢给我一堆问题时，愿意与他讨论"钱到底是如何生钱的"等话题的伙伴。

在长期看我专栏或公众号文章的朋友眼里，我是那个不喜欢用晦涩的概念与高深的理论来分享财经观点的"银子姐"。我会分享"花钱的动力为何不足"，以及"为何专家可能是错的，你不必听他的"这样的案例，当然，这本书的信息更丰富。

钱是永远赚不完的，人的欲望是永无上限的，人们的生活永远都有改善的空间。是时候拓宽我们对生活、消费、财富的认知了。

"好无聊先生"说过一句话:"我们都是时间的跟屁虫。"迟早,我们都会被时间推着走出困顿,发现生命的多彩,思维的微妙,以及幸福的多元。

我很相信这一点。

目录
CONTENTS

第一部分　观消费

一、你的钱呢　/ 006
　　1. 如果你快没钱了　/ 011
　　2. 不怕没钱的时候最强大　/ 014
　　3. 你会没钱吗　/ 018

二、钱的行踪　/ 022
　　1. 钱从哪里来　/ 025
　　2. 钱去了哪里　/ 032
　　3. 国家也在帮你花钱　/ 037

三、"体感"与数字　/ 041
　　1. 提高生活水平的秘诀　/ 044
　　2. 谁在控制数字　/ 049
　　3. 被数字控制的人　/ 055

四、稀缺与富足　/ 059
　　1. 吃穿量家当　/ 062
　　2. 被创造的需求　/ 065
　　3. 我们到底缺什么　/ 070

五、获得幸福的物质条件 / 073

1. 幸福清单 / 076
2. 生活里都是"相对论" / 082
3. 消费里的幸福感 / 087

六、你所不理解的消费陷阱 / 092

1. 买品牌，还是买商品 / 094
2. 定价的技巧 / 097
3. 广告幻象 / 105

七、人人都交过"智商税" / 111

1. 对常识的否认 / 114
2. 橱窗诱惑 / 118
3. 功用性宽容 / 123

八、消费心理学的是与非 / 126

1. 去标签化 / 128
2. 符号化群体 / 131
3. 资本与大众的密谋 / 134

九、成为聪明的消费者 / 139

1. 居大不易 / 142
2. 消费分层 / 147
3. 对抗与认同 / 152

十、消费转移 / 156

1. 性别经济 / 159
2. 消费的鄙视链 / 166
3. 未定商品 / 170

第二部分　消费观

十一、所谓幸福经济学 / 180
1. 幸福感和GDP / 182
2. 性别里的幸福感 / 186
3. "搞钱"与幸福感的关联 / 193

十二、金钱观与多巴胺 / 198
1. 快乐物质 / 199
2. 让人愉悦的花费 / 205
3. 警惕野性繁荣 / 212

十三、储蓄的悖论 / 221
1. 节流和开源一样重要 / 225
2. 股票为何不适合所有人 / 231
3. 理解金钱，更要理解生活 / 237

十四、财富与认知 / 242
1. 体面生活只是其一 / 245
2. 看不见的财富 / 249
3. 稀缺与廉价 / 254

十五、多少才是够了 / 260
1. 过犹不及就是风险 / 263
2. 投资者心智和消费者心智 / 267
3. 信息双刃剑效应 / 272

十六、勤劳与致富的关系 / 277
1. 把时间花在对的地方 /280
2. 工作的故事 /285
3. 结果导向和能力导向 /290

十七、价值总是会得到实现的 / 297
1. 自我的价值 /301
2. 投资的价值 /306
3. 时间的价值 /311

十八、当你学会冷静 / 316
1. 真的有理性投资吗 /319
2. 沉得住气 /323
3. "后悔"的驱动力 /328

十九、投资的时代特征 / 332
1. 人生最重要的四笔投资 /334
2. ESG为什么在投资中也很重要 /339
3. 道德标签让投资变得有人情味儿了 /344

二十、哪些钱花了还是会回来的 / 349
1. 提升学习能力的钱 /352
2. 为兴趣和热爱所花的钱 /356
3. 投资未来的钱 /361

后记 / 367

CHAPTER

第一部分

观 消 费

普通的认知是，勤劳是可以致富的；人到中年，财富积累能力是最强的。这些判断，在一定的前提下才能成立。

正如父母要给孩子制定人生规划，正如企业要做战略方向设计，在一个错误的领域里很勤奋，其结果可能是目的无法达成。在错误的方向努力，到了中年，负债反而可能更多。当然，我们很难就极端情况一一做讨论。讲述正常情况，除了先天条件与后天机遇这两种极端情况外，大多数普通人积累财富往往有如下几种方式。

（1）学成文武艺，货与资本家。要么你天赋过人，以此为资本赚取名利；要么你勤奋些，在职场中奋力拼杀，升职加薪，获得更多报酬。

（2）投资。

相对应地，大多数普通人钱不见了，往往有如下几种方式：

（1）被骗。

（2）盲目消费，没有对钱财做合理性规划。

（3）错误投资。

发散思维来看，"投资"一词意思颇广。在时间、感情、资本市场上都可以用到"投资"一词。比如你可以投资时间在某个人（潜力股）身上，比如因望子成龙而进行教育投资。

除了婚姻这种堪比二次投胎的机会，我们还可以作为天使投资人，投资有潜力的创业公司，随着公司做大、上市，获得百倍回报率。需要提醒的是，成功率为100%的不叫风险投资，你看到的天使投资人的成功案例，都是结果导向型的故事。

尽管能从天使轮进入风险投资阶段，但是也并非每家创业公司都能走到IPO（initial public offering，首次公开募股）。现实世界中每天都有企业"死"去。很多创业公司的"死法"都能写成一本书，而最好的撰稿人就是商业世界的法则。

然而，投资需要避免盲目相信。这两年，大家似乎对"复利"有一种盲目的热情。一堆人在告诉你要相信"复利的力量"，每当这时，你应该先问他们："你了解世界的随机性吗？"

人人都知道定投，但在错误的基金上做定投，毫无疑问，你会得到你不希望得到的结果。你能看到昔日的明星基金经理们在2021年、2022年都是如何检讨自己的投资策略的。不要认为基金经理、投资人永远理性，事实上他们也有很多束手无策的时候，也经常被市场教育，陷入不解、迷惑与自我怀疑。

很多时候我们所提到的逻辑不一定适用于投资市场。如果你觉得自己学习了专业的投资知识，就一定会赚钱，那么不妨去看看畅销书《黑天鹅》作者纳西姆·尼古拉斯·塔勒布（Nassim Nicholas Taleb）的另一本书《随机漫步的傻瓜》。如果你认为掌握足够多的信息就能赚钱，那么还可以看看他的《非对称风险》。这本书提及人类事务的对称性原则，包括公平、正义、责任感、互惠性。他最刻薄地嘲讽金融企业的高管们拿别人的钱冒险，赚自己的大钱。

如果把钱交给别人管理，作为客户的你很容易涨时夸跌时骂。都知道自己的钱在金融企业高管们手里，跌了，你是有权嘲笑这些高管的。毕竟，这些高管们研究投资标的时间更长，他们在更大程度上优先考虑的是如何尽可能地让自己获得更多的业绩提成，比如延长你的资金在场的时间，而不一定会考虑委托人的总体回报水平。

理论是理论，现实是现实，逻辑是逻辑，事实是事实。

要知道，被誉为最懂资本市场的对冲基金管理者瑞·达利欧（Ray Dalio）都在2020年亏了钱。2021年1月25日，监控并发布对冲基金年度排行榜的LCH Investments公布最新排名，在20家顶级对冲基金2020年大赚635亿美元（约折合4100亿元人民币），创十年来的最佳回报之际，达利欧的桥水基金（Bridgewater Associates）让投资者损失了121亿美元。

达利欧曾说，建立一个多样化的投资组合，然后对这个投资组合进行再平衡，最好的方式就是通过费率比较低的指数基金。此时，你需要思考的是，为什么往常很灵的招数现在不灵了？你对达利欧的理论还有信心吗？

诚然，桥水基金翌年就翻身了。2022年9月投资杂志《养老金与投资》（Pension & Investments）网站公布的2022年全球前十大对冲基金名单显示，桥水基金的资产管理规模增幅为19.6%，增长后其资产管理规模仍保持在首位，为1264亿美元（约折合8901.41亿元人民币）。桥水基金在美国联邦储备系统（The Federal Reserve System，简称"美联储"，负责履行美国中央银行的职责）2020年3月采取无限量QE以来的那一轮通胀周期中领先市场做出了美国将长期处于高通胀的判断，为其资产配置奠定了基础。

我想说的是，投资市场上没有永远的赢家。此一时，彼一时。达利欧多次称"现金是垃圾"。他认为在通货膨胀的环境中，投资者持有的现金将变得一文不值，能够帮助投资者的是多元化的投资组合。然而2022年10月4日，宣布退休的达利欧在社交媒体上称："我不再认为现金是垃圾。"他表示，在现有利率和美联储缩表的背景下，现金可以看作是中性的——既不是非常好的交易，也不是非常糟糕的交易，目前的短期利率是合适的。

看，没有不变的策略和投资观点，专家总是会在适当的时候改变自己的说辞。不要看他怎么说，而要看他怎么做。遗憾的是，一些投资者非常容易跟红顶白、高位崇拜、低位踩。

那么有什么是可以终身依赖、唯一且可靠、不会改变的呢？答案是你自己的一双手和理解社会的能力。

这双手不论大小，终归是最可靠的。你自己的这双手，不仅为你自己赚到了生活费，也赚到了不同年龄段应该具备的经验值——就像我过去常说的，活到一定年纪，人人都有自己的一套生活哲学、消费理念与投资哲学。

正因为每个人的经验独一无二，我们不玩"指导性废弃"①的游戏，仅提供一些社会、商业、消费的观察视角。我在我的微信公众号"Silver's Point"里是这么说的："分享一点，自窥其余。"现在，欢迎和我一起快速浏览这个消费时代，看看银子是怎么被花光的。

---

① "指导性废弃"，出自让·鲍德里亚《消费社会》，是指在消费世界里，商家对消费对象不断"洗脑"、灌输，最终让消费者臣服于商家的广告话语体系，无法跳脱这个陷阱。

一、你的钱呢

> 好无聊先生：为什么我没有钱？
>
> 走不开小姐：因为你还是小屁孩，绝大多数小屁孩还不具备赚钱的能力。

开门七件事，事事不离钱。

对于成年人来说，有收入是很重要的事。安皮里卡资本公司（Empirica Capital）的创办人、纽约大学库朗数学研究所的研究员纳西姆·尼古拉斯·塔勒布在2006年成为全职作家和学术研究者之前，保持了20年商人和量化交易员身份。所以分时段来看他的收入结构，前半段主要收入是交易所得（佣金），后半段主要收入是版权费或稿费。通常，量化交易员的工资相对较高。我们猜测他会用自己的钱做理财投资，让钱生钱。

商家喜欢根据客户的收入状况与消费额度，对客户进行分级。比如，银行有大客户的专属福利。再比如，企业中高层管理者在线下购物，他们往往会获得导购根据付款额而调整的更甜美的微笑。

在现实世界中，你会发现人们表面上的身份建立在其可支配收入的多寡上。有谋生能力的人都了解最基本的活动就是赚取生活费，有一些积累后，才可以考虑做更多"钱生钱"的事情，虽然这并不容易。

那么，你的钱呢？

或许你会从劳动力市场看起，先看哪种职业赚的钱多。

有很多年轻朋友，在选择工作的时候，总是会把薪资放在首位，这是常见的心态。劳动市场上存在供给和需求，雇主寻找能够为其提供他们智力、时间、才能的雇员，雇员要满足雇主的需求。供需配对的过程，未必一帆风顺。很多时候，普通年轻劳动力是被挑选的，有资历的劳动力或专才，才有一定的选择权。

就业是社会的稳定器。在国家统计局定期发布的数据中，我时常关注的是城镇调查失业率（图1-1）。

如图1-1所示，2021年7月至2022年12月，全国16～24岁劳动力城镇调查失业率高位在19.9%，低位在14.2%；全国25～59岁劳动力城镇调查失业率高位在5.3%，低位在4.2%。全国城镇调查失业率和31个大城市城镇调查失业率相去不远，略高于全国25～59岁劳动力城镇调查失业率。

年轻的朋友会问："这些数据和我有什么关系？"当然有关系，我们都活在这个时代，面临着与同龄人之间的竞争，如果不了解时代的经济背景，我们很难具有足够的判断力去选择就业市场，更难理解为什么是A而不是B被录用。得到被录用的机会，意味着你有赚钱的机会。至少我们从上述数据可以看出，经验没那么丰富的年轻人更容易失业。

当经济形势好的时候，企业运营状况好，规模有所扩张或产品的市场需求突然增加时，雇主就会招聘新雇员。员工的薪资水平受生产力水平的影响，即他在单位工作时长内所创造出来的产品价值与生产力水平相关，若他能创造更多价值，自然能得到更多回报。

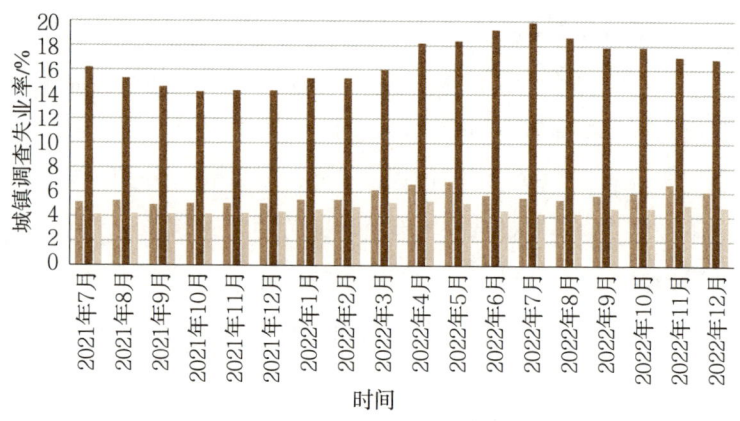

图1-1 2021年7月至2022年12月全国城镇调查失业率变化

数据来源：国家统计局

你是否好奇，你去应聘的某个岗位的定岗薪资范围为何早已被设定？这是由什么决定的？

市场薪资可从横向、纵向两个方向进行参考，中小企业以"大厂"的劳动力价格为参考，"大厂"又以一套向西方企业学习得来的薪酬带宽系统作为薪资标准。国外有劳资协议自主的历史，劳资双方有可能达成共识，也有可能达不成共识，如果达不成共识，就可能会出现罢工或劳动力缺失的客观问题。

举一个新冠疫情期间的例子。从2021年8月11日开始，德国铁路工人就薪资问题进行了为期两天的大规模罢工。包括奖金在内，德国铁路火车司机的年薪当时为44000～52500

欧元，调度员为36000～54500欧元，车上服务人员为37000～50000欧元，学徒为每月1004～1208欧元。根据《焦点》周刊的报道，德国火车司机工会（GDL）要求涨薪和增加新冠疫情补助金。虽然规模更大的铁路和运输工会（EVG）上一年已与德国铁路签署了一项集体协议，约定从2022年初开始为工会成员涨薪1.5%，但是GDL显然对EVG的条件不满意，重新提出了28个月内涨薪3.2%，且2022年底发放600欧元新冠疫情补助金的条件。资金紧张的德国铁路希望能将这一期限延长至40个月。双方谈不拢，矛盾发生之后，罢工也就开始了。受此影响，德国铁路在两天之中只有1/4的长途火车仍按计划行驶，城际快轨（S-Bahn）和区域列车的取消率高达50%。

  国内很少出现这样的情况，但有两种常见情形。一种是雇主与雇员单独协商的情况。我见过因为薪资问题没谈拢，高管潇洒离去而留下烂摊子的，也见过高薪聘请的员工没有实际能力的。所谓"铁打的营盘，流水的兵"，员工来来去去，就成了一个动态平衡的过程。另一种是雇主因为资金链问题要裁员，雇员讨薪的情况。近两年，第二种情形我们见得更多一些，如2021年夏天，教培行业受到冲击，多家教培机构承压，甚至倒闭，时不时出现讨薪的案例。

  我们在从雇员的角度去思考自己工资单上的数字为何如此时，应当明白这一部分由该岗位的市场价格决定，一部分由雇员在该岗位创造的价值（激励）决定。

  在纸媒盛行的时代，以稿费计件的方式计算KPI，你会发现媒体从业者有人一个月赚好几万元，有人却只赚几千元。此时完全体现了"多劳多得"的绩效考核逻辑。他们工作的积极性比按月领取固定薪资的雇员要高。

到了2022年你会发现依然没改变的是，能力强的人对机构的依赖程度越来越低。比如，个人施展才能在个人运营的微信公众号上能赚到钱时，他们就会摒弃传统的媒体形态。

简单来说，你的钱都来自时代。

一说到时代红利，且自身又是媒体出身的例子，我们很容易想到的是时尚头部博主黎贝卡。2002年，她从暨南大学毕业，入职位于广州的羊城晚报报业集团，而后又到位于广州大道中289号南方大院的《南方都市报》工作。客观地看，彼时是纸质媒体最好的时代。《南方都市报》《南方周末》等媒体一纸风行，如今的中年人或许都记得"总有一种力量，让我泪流满面"这句话。南方传媒的专业度、开放度以及市场化程度都是全国领先的。从跑时政到跑娱乐，做到娱乐首席，黎贝卡积累了十多年的经验，又因为热爱，毅然决定投身时尚内容自媒体。2014—2017年，正是微信公众号大力将流量引流给优质内容的时间段，黎贝卡是时尚生活自媒体中极受关注的一员。她积累了足够多的粉丝，继而进行内容带货，做到能推广时尚产品，上至豪宅名车，下至生活用品，战绩辉煌。

对她来说，内容带货，只是因为喜欢而分享的一个结果。很多女性读者所喜欢的，不是她多厉害的穿搭推荐，而是她能不停地走出自己舒适区的那种勇气，以及她发自内心热爱这个花花世界的态度。

读者的认可、品牌的投放、对自己能力边界的探求，是更换赛道的黎贝卡获得的投资回报。我们需要承认,获得投资回报前,你要先确保自己具备一定的能力。毕竟,黎贝卡早年的工作经验是她的底气。稳定的工作环境会让你对未来产生安全感,也方便做较长期的人生规划。

简而言之,不管是想把钱花光,还是想做理财规划、生活计划,你都需要有一定的能力储备及资金积累。

1. 如果你快没钱了

好无聊先生:妈妈,你是如何在不知不觉中把钱花掉的?

走不开小姐:钱像水一样,会流入也会流出。开门七件事,事事都费钱哦。

听过"现金流"一词吗?钱像水一样,会流入也会流出。正常的状态下,无论是企业账户还是个人账户,健康的现金流应该是进多出少。

但人总是会经历各种状况。拿本人举例子,我在40岁之前,有三次无比接近身无分文的经历。

第一次,是在大学期间。我靠着做家教、到校刊编辑部做编辑等途径赚到了生活费和学费,剩下的钱就用来旅游,比如一个人在暑假踏上渤海之旅,去了烟台、威海、青岛,穿着破牛仔裤、球鞋,背着背包,逛了大半个月我才悠哉地回学校。回到上海的时候,除了预留的学费,我的储蓄卡里只剩下两三天的饭钱。这次的体验非常好,后面几年大学时光，我花了1/3的时间到处旅行，游历了几乎1/3个中国。有一次我从桂林直接飞回老家，坐的是支线飞机，行程颠簸，沿途欣赏空中景色都是恍惚的，支线飞机的平稳度欠缺，遭遇气流，垂直下降不止一次。我面色发白地回到家，按了门铃，老妈打开门一看，大惊失色，说道："这是哪里来的难民！"

第二次，是好无聊先生出生后。对房子毫无兴趣的我，深知国内户籍与教育的关联，考虑到孩子的入学问题，不得不和我先生咬牙买了一套房子。房子在很一般的学区，户型也很不规则。支付完首付，储蓄卡里的余额不足千元。于是，我对没钱装修的事情就很坦然了，好在前任户主还需要多住一年，可以租房子给他。租金入账的时候，我才缓了口气。

第三次，体验是最惨淡的。2013年年底，因为我没有做尽职调查，盲目信任了一位投资人，介绍朋友与我一起加盟了他作为天使投资人投资的一个鲜榨果汁自动贩售机项目。过后，我储蓄卡里也几乎没钱了。然而，麻烦才刚开始。最令人沮丧的是，虽然2013年签了特许经营合同，但直至2021年7月，我们通过向国家市场监督管理总局食品经营安全监督管理司公开咨询，才发现《食品经营许可管理办法》和《食品经营许可审查通则（试行）》仍然未对这种现榨现售无人贩售机业态做出明确规定。

而后，经过几次向广东省市场监督管理局的问询，我们得到的回复是，目前相关法规中，尚未有对鲜榨果汁自动贩售机的经营许可，各地仍然在对该业态进行风险评估和研判。根据《广东省食品药品监督管理局关于食品经营许可的实施细则

（试行）》，鲜榨果汁自动贩售机不属于许可范围业态。

这也就意味着，因为我的认知错误，数百万元投向了一个没有履约前提的特许经营项目。我们都知道，任何项目可开展的前提都应该是合规。

第一次把银子花光我不担心，因为有家人作为后盾。第二次把银子花光我不担心，因为房子是能够升值的资产。第三次把银子花光，是直观的人生教训。

经验告诉我，一个人在年少无知被某些美妙体验吸引时，在成熟期被某些制度捆绑时，以及在财富相对宽裕期被更高的收益诱惑时，钱最容易被花光。

当钱流出量大而且过快的时候，需要警醒、克制自己，同时提高开源能力。

即便唯物主义的观点认为，人只是一堆电子和夸克的组合，但人毕竟有知觉、有思维，难以把自己当成积木那样无知觉、木然的存在。每个人对财富的不同理解，引导我们树立了不同的价值观、金钱观与人生观。

让我们从这一节开始思考好无聊先生问的这几个问题：钱是什么？它从哪里来？会到哪里去？

如何不把银子花光

- 知道钱的能量，没有不劳而获这种事。
- 如果没有给你兜底的人，不要孤注一掷地花钱。
- 当账户里的余额低于你一个季度的生活费时，暂停一切不必要的花销。

2. 不怕没钱的时候最强大

> 好无聊先生：妈妈，你为什么花钱的时候是女汉子？
>
> 走不开小姐（故作严肃状）：这只手挣进来，那只手花出去，此中自有真乐趣。

普通人通过财经媒体了解到很多企业濒死时"回血"的故事。

比如，1953年美国广播公司（American Broadcasting Company，Inc）被联合派拉蒙剧院公司（United Paramount Theaters）收购；全球金融危机期间，瑞典政府资助了瑞典银行（Swedbank）；2017年，乐视遇到"白马骑士"孙宏斌，撑到了2020年5月才退市；2022年，深圳市属国有企业深圳市特区建设发展集团有限公司接盘港股上市公司华南城……

上述企业的创始人在本质上是贝叶斯主义[①]者，绝对能做出常人所不能的自选动作，比如：随时根据当前境况重新作出判断，调整方向（减少沉没成本）；可以打出无记忆的牌（好像过去的事和他没关系）；不介意自打嘴巴（说过的话可以不算）；勇于自我更新（失败没关系，再来一次）。

"做时间的朋友""长期主义"现在已经成为投资界大佬们的演讲标配，不乏专著出炉。很多读者会发现那些挥舞

---

① 贝叶斯主义来自统计学中的一个定律——贝叶斯定律，即对一件事会先考虑这件事的先验概率，然后根据新的数据和信息，得出其后验概率。而贝叶斯主义就是对新信息保持开放的态度，不断地修正自己的判断。

"做时间的朋友"旗帜的机构其实在二级市场的股票交易中并不都是那么长情的。教育部出手整顿教培行业而使一些头部企业跌去90%股价，跌到让散户"怀疑人生"时，你会发现有的机构一边挥舞"长期主义"旗帜，一边早早退出、落袋为安了。

那么，什么才是长期主义的精髓？是指人们无论在好行情还是坏处境下，都能源源不断地获得资金，为下一次出击、下注准备好足够的筹码吗？如果是，大概可以用"流水不争先，争的是滔滔不绝"来概括。但如果前路有阻，水流不过去呢？

人们都是结合当时的客观情况来作判断的。正因如此，我们需要意识到，唯健康的，才是可以持久的；唯持久的，才可以被称为长期主义。

只有如此，我们才可以稳坐"牌桌"持续参与"游戏"。

这与我们普通人的生活是相通的。想一想，当我们在健康的家庭财务状况下时，是不是会"手中有粮，心中不慌"？广东人说的"出粮"就是发薪，"出粮"这个词，其实是非常生活化且精准的。

改变购买行为的最大因素，是拥有金钱的多寡，更是未来可拥有金钱的多寡。对普通人来说，就是未来的可支配收入是否可持续且有增长。

是不是只有在知道下个月自己还能收到一笔款项的时候，这个月才会毫不犹豫地多下一趟馆子、多买一件衣服？当你知道自己所在的公司营收没有那么好的时候，会不会有危机感，在消费上会不会下意识地限制自己？如果你知道整体经济状况没有那么理想，失业人数在增加的时候，会不会下意识地制订抗风险计划？

当然，我们肯定也有收入状况不够理想但仍然有极强的消费欲望的情况。比如，存在"因为商品价格便宜而买下原本不需要的东西"的例子，也有"产品价格昂贵但在消费者个人可负担范围而决定购买"的例子。如网络直播的从业者只要出镜就需要购买化妆品和衣服，有些糖尿病患者只要能负担就会买胰岛素，要结婚的姑娘都会希望未婚夫能买一枚戒指来求婚，等等。

对于某些商品，需求的价格弹性会影响消费者的购买意愿。若某些商品缺乏价格弹性，不管价格如何涨，仍然无损市场行情，现在大家都喜欢称之为"刚需"。

不过，有的"刚需"也是被制造出来的。在后面我会提到，为什么消费者一旦看过某些互联网推文就总觉得自己缺了某件产品。

2021年7月底，在分析下半年经济形势的时候，我写过一篇叫《花钱动力严重不足》的文章，我的观察是，除了内外格局，一方面是消费疲软，很明显的就是居民收入增速还没有回到新冠疫情前的水平；另一方面，新冠疫情带来的"后遗症"使预防性储蓄动机强烈，毕竟谁不怕万一呢？

不出所料，一方面，社会消费品零售总额增速放缓；另一方面，居民存款增加。2022年10月11日，央行公布了9月份金融数据，当月人民币存款增加2.63万亿元，同比增加3030亿元。

同时，前三季度人民币存款增加22.77万亿元，同比增加6.16万亿元，其中住户存款增加13.21万亿元，非金融企业存款增加5.98万亿元，财政性存款增加2552亿元，非银行业金融机构存款增加1.04万亿元。

除了国人存款的习惯，经济波动使人们更倾向于保守消费，这是一种正常逻辑。

所以，我虽然花钱不是小眉小眼的，但也绝对不会寅吃卯粮，非必要时不用信用卡分期还款、向银行贷款。那么什么才是必要的？关乎健康的，才是必要的。

不怕没钱的时候，人的内心会很强大。

说这些，绝对不是证明把银子花光具有合理性，而是想说，每个人都应该有这样未雨绸缪的时候：如果真的没钱了，该怎么办？

在上述三次无比接近身无分文的时刻，我奇异的心理活动是"还好我能赚钱"。

如何不把银子花光

- 为健康花钱不用犹豫。
- 优先把钱花在能维持或提升自己赚钱能力的项目上。
- "人生苦短，再来一碗"，可支配收入的增长才是你花钱的动力，你对未来足够自信才能提前花费。

3. 你会没钱吗

>好无聊先生：我为什么没钱？
>
>走不开小姐：你还没有能力去赚钱或保管钱财，并使之增值。

2021年，好无聊先生10岁，个人财产只有一些红包收入，但他并不担心衣食住行。他的安全感在于知道可以依赖父母的抚养，这就是幼有所依。但是对他的父母来说，很难指望凭借一句承诺或子女有赡养义务的规定实现老有所养。

我们这一代人，习惯了依靠自己。

成年人就算没钱也不怕，大概分两种情况：一种是知道这是暂时的；另一种是光脚不怕穿鞋的，比如我们看到有时候执行公告显示被执行人已无实际资产可供执行的情况。而且目前，"诚实但不幸"的债务人可以申请个人破产。

2021年7月19日，深圳市中级人民法院就做出裁定，批准梁某的个人破产重整计划，这是我国首宗经法院裁定批准的个人破产案件。这意味着，个人破产时代正式来临。

讨论这件事的时候，好无聊先生很好奇地问："梁某的钱是如何没的？"

我告诉他，梁某的钱是创业创没的。

根据媒体的报道，梁某于2018年向金融机构贷款，选择进入蓝牙耳机市场创业。深圳华强北是电子产品"新星"最多的地方，也是竞争最为激烈的地方，但梁某的企业没有胜出。2020年，梁某根据新冠疫情防控需求开发新款额温枪，仍然没有打开市场、扭转局势。因为没有稳定客源，加上受到新冠疫情的影响，梁某经营不善，无力偿还银行债务。2021年3月1日，我国首部个人破产法规《深圳经济特区个人破产条例》正式实施。2021年3月10日，面对沉重的利息负担，梁某向法院申请个人破产。深圳市中级人民法院于2021年5月11日裁定受理梁某个人破产重整一案。

别以为宣告个人破产就不用还钱了，法院会依法宣告破产人破产，并对破产人的财产进行清算和分配。

所以，创业要谨慎。

强大如罗永浩，他创办的北京锤子数码科技有限公司（以下简称"锤子科技"）曾红极一时，不也被列为被执行人了吗？锤子科技于2021年8月5日新增破产重整信息，案号为"（2021）京01破申378号"，申请人为星星精密科技（深圳）有限公司，由锤子科技全资持股。

当然，罗永浩欠债还钱是天经地义。同时，我们可以发现，罗永浩就是那种"就算真的没钱了，也知道自己有能力赚回来"的类型。后来他转型直播带货，很快就成了"带货大王"，成功上演"真还传"。

欠债理应还、有能力快速还，罗永浩的这一精神值得我们敬佩。罗永浩适合创业的原因——坚韧、有口碑、有能力，就算没钱了，也能再赚回来。

这样的连续创业者，也是投资机构喜欢的——投资机构就喜欢能为他们赚钱的创业者。

作为普通上班族的我们，有罗永浩面对失败时东山再起的赚钱能力吗？这个问题其实很残酷，考验的是大家对自己的认识。

有朋友认为，只要他不乱花钱，好好存钱就不会没钱。那可能是还没有被生活摧残过。

走在人生的中年赛道上，你最常想的不是要跑得多快，毕竟中年人跑得再快，倏忽就到老年了。中年人想得最多的是那些万一：万一突发天灾，如2021年7月河南郑州千年一遇的暴雨；万一患上重大疾病而无法工作；万一像我一样，做了错误的投资决策；万一遇到诈骗，被骗得一无所有；万一遇到失业或行业不景气……

中年人经历过风雨，才知道那些突如其来的意外离我们并不遥远。所以，成年人还是要在每日忙完后，舒服地躺在沙发上刷抖音前先问自己一句："我会没钱吗？"

如果答案是肯定的，搞清楚原因，然后追问一句："我被骗了之后还帮别人数钱吗？"自诩精明的你或许会自信一笑，说："怎么会，我都没有被电信诈骗过。"

2008年，我在广州的寓所里差点遭遇电信诈骗。颇有经验的媒体朋友正好打电话来，打断了骗子对我进行的"洗脑"。当然，我在此处所说的诈骗不仅仅是电信诈骗，还包括你在日常生活消费中，有可能"在被骗了之后还帮别人数钱"。

别怀疑，我可以举一些例子。听说过"买家秀"和"卖家秀"的故事吧？不良商家晒出来的美照，其实是引导你产生购买冲动的诱饵，让你付钱了还给他们点赞，直至收到了真实的产品，发现完全不是想象中的那回事。网络确实缩短了空间距离，为消费者提供了更大的比价空间，但也带来了更多真伪难辨的信息——引导性评论，这成了企业在做电商时的常规营销手段。而这些手段被称为"种草"（即吸引消费者来买自家的产品）或"避坑"，引发的是"拔草"与"入坑"。

在这些连贯的手段中，我们在原本可能不必要的物品上耗费了不少时间与金钱。像我这样对物质并无太高需求的人，一样会在看似可以改善生活体验的小物件上花掉不少冤枉钱。线上购物最大的问题就在于无法亲自体验、触摸到物品本身。以至于消费者们也在精明、勇于为消费者退货的罗永浩的直播间踩过某鲜花、某羊毛衫的坑。罗永浩团队处理此事的办法就是火速退货，退一赔三。

别忘记，经济学对人性的看法其实相对简单且精准：人永远会选择对自己有利的一面。也别忘记，企业或者商铺就是由人来运营的。你当然可以这样理解，企业和人一样，利己性大于利他性。

如果一家企业"忘我"地做慈善，那么它该归为非营利组织或慈善机构，而不是企业。当看到2021年7月河南郑州遭受暴雨后，企业基于社会责任感而纷纷捐款，某个品牌被野性消费者们激情"追捧"的新闻后，我忍不住感慨：捐款等善举确实是企业履行社会责任的方式，是非常值得称赞的，但如果因此感动而激情澎湃地去购买自己不需要的产品，不如直接捐款给灾民。

企业等组织机构的抗风险能力比个人强，作为个人还是先关心我们自己吧。

如何不把银子花光

- 只要赚钱能力没有丧失,一时窘迫不要紧。
- 尽量依靠自己,因为没有经济能力,才是万劫不复。
- 任何时候,都要有最乐观的心态,但也要做最坏的准备,如此才有余地和余力。

二、钱的行踪

> 好无聊先生:我们能否看到钱的脚印?
> 走不开小姐:能。举个例子,消费记录、支付软件的收付款信息以及银行流水就是你账户上钱的行踪。

钱是可爱的,所以有"见钱眼开"的说法。钱是有用的,所以人们常说"有钱能使鬼推磨"。有个有趣的成语被用来形容文章出众,那就是"青钱万选"。

青钱,指初唐及盛唐时铸造的开元通宝中一些由白铜铸成的钱。这种钱轮廓深峻,异常精美,在当时被称作青钱,因为其通体发出青白色光泽,十分受人喜爱。《旧唐书》里说,水部员外郎员半千用"张子之文如青钱,万简万中,未闻退时"来夸工部侍郎张荐的爷爷张鷟(字文成)。张鷟曾在唐高宗李治时期中进士,但仅仅官至岐王李范府里的参军。他因为不善巴结而官运不通,不过文采过人,就想着通过科举翻身改命。他考了8次,次次都是甲科。人言"文辞犹青铜钱,万选万中",故而张鷟被称为"青钱学士",所以后来就有了

"青钱万选"这个成语。

想了解钱的行踪，其实有很多办法。泛泛而论的办法，是看赚钱的机会在哪儿，哪儿有需求哪里就会产生交易行为，继而看到钱的流进流出。简单来说，商人出现的地方，就有钱的踪迹。罗贯中说的"出处不如聚处"，用来形容贸易集散地再合适不过。虽然产地直达在2021年已经是常态，但市场集散的作用依然无法被取代。货物、人、资金在聚集的地方比在出产的地方更丰富。

这让我想起2006年年底，时任香港国际机场管理局行政总裁彭定中离任前接受我采访的细节。我们在人流如织的香港国际机场二楼，看着来来往往的乘客，听他讲"人流带来物流，带来现金流"的故事。任何时代，你都可以用"人流""物流""现金流"这三个词分析产业、城市以及一家企业的生产经营活动。

我们总是能在过去的故事里找到脉络、线索。萨拉·罗斯（Sarah Rose）所著的《茶叶大盗：改变世界史的中国茶》一书就是一部相对简明易懂的贸易线索书。这本书从东印度公司和茶叶的故事开始，我们可以从中了解贸易是如何促使钱流进流出的。

潘振承、伍秉鉴的祖上都是福建茶农。《闽南日报》"海丝专题报道"称潘振承被《法国杂志》评为18世纪"世界首富"；伍秉鉴被2001年美国《华尔街日报》（亚洲版）"纵横千年"专辑列为一千年来世界上最富有的人之一。他们在广州十三行的生意能做得如火如荼，离不开在全球积累了堪与查理曼大帝匹敌的庞大财富的东印度公司。东印度公司用250余年的时间，打造了全球首个跨国公司和最为庞大的股份制有限公司。

确实，中国曾经是东印度公司的净利润之源，茶叶、生丝、瓷器等货物从广州十三行运出，登上东印度公司的巨型商船，然后换回实实在在的财富。其中当属茶叶贸易创造的利润最高。然而，在1834年英国国会提出剥夺东印度公司对华贸易的长期许可后，到19世纪中期，东印度公司的茶叶生意已经逐渐衰落。

茶叶贸易生意的衰落，也与将茶种和制茶技艺盗取到印度的罗伯特·福钧（Robert Fortune）有关。这大概是迄今为止世人知道的最大一起盗窃商业机密的事件。不止于此，1851年，福钧还将自己发现的中国当时绿茶染色剂的秘密在当年世博会上公之于众，给中国茶叶市场带来了极大的冲击。到了1862年，福钧已经从他的发现物中得到了极大的回报。1880年，福钧去世的时候，他的遗产价值超过4万英镑，相当于今天的500万美元。

探究福钧的发家故事和如今一个企业家的致富史，在方法上没有什么大的差异——时代背景、家庭背景、能力、阅历积累，以及在什么时间点、哪个领域做了什么。不同的是，在互联网时代，如果我们想了解一个国家的财政收支概况，相对容易的办法就是在这个国家的财政部官网上看每个月公布的财政收支情况。大多数人是不会去看的，可能觉得和自己没什么关系。但我很喜欢看每个月一般公共预算的收入和支出，以及全国政府性基金预算收支情况。

对企业来说，钱的行踪就体现在资产负债表、现金流量表和利润表这三张表上。不管任何时期，都不应忽视现金流量表，它会告诉你企业短期的生存能力如何。一家优秀的企业必须拥有充沛的现金、较大的利润空间、健康合理的资产和负债结构。而现金是真正用来运作和经营的唯一保障。

现金流健康的企业，才能走得长远。这是我在观察十来家创业企业、数十家上市公司如何走过2019—2022年后得出的最直接的结论。

论及家庭收支，道理是一样的。对个人而言，有了电子支付后，要了解自己的收入和支出，就太容易了。只要我们找对途径，上至国家财政收支、上市公司的报表状况，下至家庭或个人财务状况，都是能了解到的。了解资金进出的路径后，就能知道钱的行踪。

1. 钱从哪里来

> 好无聊先生：钱是什么，从哪里来，到哪里去？
> 走不开小姐：这是一个好问题，堪比"你是谁，从哪里来，到哪里去？"的终极三问。

2021年7月24日，一份文件——中共中央办公厅、国务院办公厅《关于进一步减轻义务教育阶段学生作业负担和校外培训负担的意见》（中办发〔2021〕40号）在朋友圈刷屏，这份文件对校外教培行业的影响，不亚于一场地震。

其实，这并非无迹可寻。2021年4月8日，教育部办公厅印发《关于加强义务教育学校作业管理的通知》（教基厅函〔2021〕13号），将禁止留作业作为校外培训机构日常监管的重要内容，切实避免"校内减负、校外增负"。事实上，更为敏感的机构投资者早已有所动作，在当年的第一、二季度迅速减持教育培训概念股。当时，我在一个教育行业微信群里看着朋友们开始慌乱，一边纷纷惊诧于新东方、好未来、高途等教培类上市公司的股票断崖式下跌。

教培行业的改革，当然不仅仅关乎教育，更与经济有关。从大视角来看，这是教育产业走势之变。从小的切口来看，其实关乎家庭人力与可支配收入的重新配置。

很多时候，谈论一个话题很容易失控、变形，主要源于思维上的二元论。多数人会先"站队"，再讨论，屁股先歪了，因此要解释几句。

教育的本质，是让孩子理解世界，实现自我驱动，而非单纯掌握某种技能。然而，学习是一个终身的过程，也是一种全方位的旅程，故在对孩子的教育上，我并不激进。从好无聊先生出生、上幼儿园到进入公立小学，一切都以"就近、不折腾"为原则。我也几乎不辅导功课，学习这种事，说到底要靠孩子自己的驱动力。

这时，有些奋斗型的家长开始想，寒暑假不能上教培班，那么可以到国外培训，君不见学而思等公司的各种"鸡娃班"都开到了美国，甚至已经有人构思出了一条东南亚暑期补习度假路线。

还有些家长赚的钱多，可以请"一对一"的私教。说到"一对一"，我很难不想到自己的大学时光，那四年除了实习、上课和考试期间，我基本上都在打工。家教是最常见的工种了。我教过颇长一段时间的孩子考上了上海大学，不是没有过成就感的。如今，我当年的学生也当爸爸了，也在面对教育孩子的人生课题。

我并不是一个特别热爱学习的好学生，大学里打工时间比较多，去旅游的时间也多，乃至错过了班级的毕业照。我从小学就开始投稿到当地的小学生报社以赚取稿费，一路过来颇有进账，乃至觉得赚取生活费不是特别难的事情，这非常影响我的消费观——我一直认为，辛苦赚到了钱，当然要开心地把钱花出去，钱没了，再赚回来就可以了，无须愁眉苦脸、锱铢必较。

记忆中，自己没有问过父母"钱怎么来"的问题，好无聊先生倒是问过我。孩子的问题里通常有很多衍生的"为什么"与"是什么"。

对个人来说，获得钱通常有这么几个渠道：第一，被赠予，如小时候得到的红包、亲人离世后继承的遗产；第二，劳动报酬；第三，掠夺——这是非法且不应该做的。

对于第一和第三个渠道，好无聊先生都能明白，他对第二个渠道的追问是：个人可以为公司提供服务并收到公司的报酬，那么公司的钱从哪里来？我告诉他，公司的钱是公司通过经营被允许经营的业务，或提供产品，或提供服务，向需要这些业务的用户收取费用而来的。

好无聊先生：那么，开公司的人开公司的钱从哪里来？

走不开小姐：这些钱有可能是自己原本就有的，比如被赠予的积累，你把自己10年的压岁钱积累起来，形成一笔小小的资产，可以用于交纳学费或投资开公司；也可能是通过借款、融资得来的，比如你有非常好的商业模式，向银行或他人借钱去成立公司，当然，也可以通过投资人认可的商业前景去说服天使投资人投资。

好无聊先生：那么，银行的钱从哪里来？

走不开小姐：银行的钱，一部分来自开办银行必须有的储备金，另一部分来自储户的资金。国有银行的钱则是国家的钱。

好无聊先生：那么，国家的钱从哪里来？

走不开小姐：国家的钱可以来自矿产、土地、渔场等在内的自然资源（自然资本）带来的财富，也可以来自这个国家的人民（人力资本）创造的财富，还有基础设施和生产设备（实物和生产资本）带来的财富。

自然资源带来的财富很好理解，各国都有自然资源。虽然自然资源在世界财富中的占比日渐降低，但自然资源是国家最初的经济来源，我们可以回想哈佛大学教授斯文·贝克特所著的《棉花帝国》里提及的棉花种植产业与蔗糖的历史。

有经济学家一直在努力计算世界上的（或者说世界上尚存留的）土地、森林、水产、矿产和化石燃料的价值，相关研究成果在2012年的"里约+20"峰会上被联合国环境规划署（UNEP）联合联合国大学（UNU）、国际全球环境变化人文因素计划（IHDP）推出，即《包容性财富报告2012》（*Inclusive Wealth Report* 2012），这是第一份关于这方面的全球性调查报告，涵盖了20个国家的相关情况。其中的"包容性财富"（inclusive wealth，IW）就是一种衡量经济可持续发展性的新指标，是改造传统经济发展水平衡量指标GDP的新努力。

《包容性财富报告2014》（*Inclusive Wealth Report* 2014）中提及，经济学家用2005年的汇率和价格进行估算，认为2014年世界自然资本总值超过91万亿美元，人均超过1.3万美元。全球47%的自然资本为化石燃料、矿产。这些资源是历经亿万年才形成且难以短期更新的。报告里涵盖的140个国家中，128个国家从1990年到2014年，人均自然资本都在减少。《包容性财富报告2018》（*Inclusive Wealth Report* 2018）的同组数据则表明，在1992—2014年间140个国家的自然资本都在减少。

有趣的是，写到此处，我正好读到美国商务部部长吉娜·雷蒙多（Gina Raimondo）在白宫作的一份报告《建立弹性供应链、振兴美国制造业和促进广泛增长》[1]，这份报告意

---

[1] "BUILDING RESILIENT SUPPLY CHAINS, REVITALIZING AMERICAN MANUFACTURING, AND FOSTERING BROAD-BASED GROWTH," June, 2021, http://www.whitehouse.gov/wp-content/uploads/2021/06/100-day-supply-chain-review-report.pdf.

在提醒美国供应链具有脆弱性，且与各国作对比。其中涉及中国的部分是这样陈述的：

  作为世界上最大的两个国家经济体，美国和中国是世界上最大的战略和关键材料直接和间接消费者。中国经济史无前例的增长推动了全球战略和关键材料市场的扩大，为供应链的重新定位提供了强大的动力。自冷战结束以来，中国的战略和关键材料行业在过去几年多次扩张，以满足中国的部分国内需求。即使在其他国家对战略和关键材料进行初级控制的情况下，中国也主导着战略和关键材料的加工，使其能够实际控制供应链中的材料流动。

  图2-1用元素周期表直观展示了1990—2018年中国在全球初级生产中各种元素（资源）产出占世界份额的变化。这些资源，一部分是自然资本，另一部分是在国家主导战略和关键材料的过程中进行加工形成的。

  如果所有的增长只依赖于自然资本，那么阳光、土壤、空气都会成为人们争夺的对象。不过，社会在进步，科技也在进步，所以我们看到了更大的投资范围，包括社会资本、人力资本、生产资本、知识资本、自然资本及金融资本。这些资本自身包含的价值或许能够转移价值。

  在社会发展过程中，我们为经济发展付出了一定代价。

  回到发展的现实中，我们知道第一次和第二次工业革命主要解决的是支撑经济发展的经济资本问题，人类对自然资

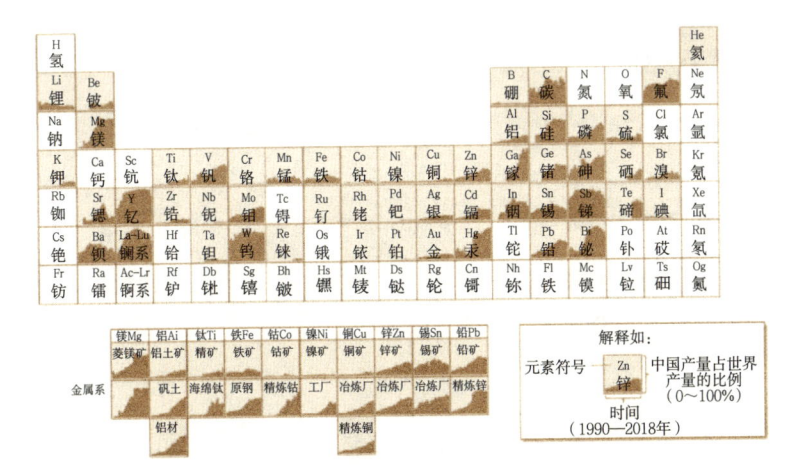

图2-1 中国在全球初级生产中各种元素产出占世界的份额
（1990—2018年）①

本的利用还没有达到或接近上限。第三次工业革命时期，资源、环境和能源问题开始受到关注，进而成为影响第三次工业革命的重要因素而发挥作用。今天我们面临的资源和能源问题非常严峻，这也是工业4.0应运而生的原因和需要解决的问题。

一个国家要想在一场新工业革命中成功地占据关键地位，就必须有全球视野，使其产业的发展、技术的变革能有效应对人类发展中面临的共同挑战。

---

① "BUILDING RESILIENT SUPPLY CHAINS, REVITALIZING AMERICAN MANUFACTURING, AND FOSTERING BROAD-BASED GROWTH," June, 2021, http://www.whitehouse.gov/wp-content/uploads/2021/06/100-day-supply-chain-review-report.pdf.

如何不把银子花光

- 确认你拥有包含健康、受教育程度、技能等在内的可产生价值转移的人力资本。
- 了解制度和规则，了解其来龙去脉，才能知道财富创造的安全性与可持续性能否得到保障。
- "我酷爱自由，我憎恶困窘、苦恼和依附。只要我口袋有钱，我就可以保持独立。"这是卢梭的话。你得知道钱从哪里来、能否得到，才有必要知道钱去了哪里。

2. 钱去了哪里

好无聊先生：那么，国家的钱又去了哪里？

走不开小姐：这是个好问题。我们需要知道自己的钱去了哪里，国家也是如此。

2022年下半年，新加坡成为最受欢迎的国家。我认识的投资人、朋友中十有八九的朋友圈会出现新加坡的夜景。新加坡是一个自然资源不太丰富的国家，其国家财富约2/3为基础设施、建筑、工厂、设备等生产资本，其余为人力资本。此外，国家和国家之间进行贸易所产生的盈利，都可以变成国库的钱，也就是国家财富。

若想再了解更多的信息，我们可以查看各国财政部官网上每年发布的具体财政收入信息。

知道了钱怎么来，我们自然想知道钱去了哪里。

知道国家有财政收入了，好无聊先生索性提出了一直困惑他的问题："钱是印钞机印出来的，那么是不是任何国家都可以随意地印钱？谁（或什么因素）决定印多少？"

受益于造纸术的发明，应商贾大额货币流通的需求，中国大约在公元10世纪就开始使用纸钞。李攸的《宋朝事实》这样记录以蜀地富豪王昌懿为首的16户"私交子"：各家"用同一色纸印造，印文用屋木人物、铺户押字，各自隐秘题号，朱墨间错，以为私记"。公元1023年，政府将交子收归官办，故而有了"益州交子务"的成立。1024年，世界上第一张由官方正式发行的纸币出炉。交子作为当时金银本位货币的补充，更多见于商人的大额交易之间。然而面对岁贡、军费与庞大的官僚体系，蔡京肆无忌惮地大量发行纸币，让交子迅速贬值，到北宋末年，交子已然形同废纸。

纸币在欧洲出现于18世纪。彼时，欧洲金匠的主要工作是为客人铸造金币，由于铸造金币需要时间，金匠会给客人开出叫作"金匠小票"的收据。金匠小票兑付能力极有保障，因此经常被客人拿去交易，这使得金匠事实上成了早期银行家。当时的法国四处征伐，路易十四的宫廷生活穷奢极欲，国家财政不堪重负。路易十四死后给法国留下了25亿里弗尔①的负债，相当于国家财政35年的收入。金匠世家出身的苏格兰人

---

① 里弗尔，又名"法磅"，类似中国纹银，是法国中世纪到近代最重要的货币单位，最初1里弗尔等于550克白银。其历史可以追溯到查理曼大帝时代，1795年被法郎取代。

约翰·劳（John Law）向摄政王提议，金币不能凭空产生，不如由银行直接发行纸币，并通过吸储、放贷、发售公债等一系列操作促进纸币流通。为了保证市场对纸币的信心，银行保证纸币能兑换出等值的金银币，银行储存一定比例的真金白银，只要不发生大规模挤兑，市场就会相信纸币的价值。这套方案已然是金本位制的雏形。1716年，约翰·劳成立了通用银行，该银行在所有发行的银行券上注明：持有此券者可以随时交换特定数量的金币或贵重金属。之后该银行被政府收归国有，改名为皇家银行。

后世印制的真正的钞票，沿用了此等价交换系统——20世纪，世界上所有重要的货币都可以与强势货币美元兑换。当然，如今纸钞交换等量黄金的"金本位"保证系统已经崩塌。

我们常常听到的是央行又要"放水"了，继而得出的模糊信息是市场上的钱会多起来。负责印钱的机构是央行，那么，今天到底是谁来决定以及根据什么决定是否印钱呢？

货币的发行量是各国央行根据市场上货币的需求量、流通速度以及政府的政策来决定的。货币创造的过程如下：央行发行储备货币（reserve currency，包括央行的货币发行，以及央行担保的银行债务），银行上交存款准备金，再由银行通过信用派生，创造更多货币（M2）。

流通中的货币（M0）是银行之外的现金，狭义上的货币是"M0+企业活期"，广义上的货币（M2）就是"M1（狭义上的货币）+企业定期+居民存款+非银行机构存款（扣掉货币基金）+非存款机构部门持有的货币基金"。

如何才能让一个小学生理解央行发行的钱是怎么流转的呢？

用现金来作比喻会比较好理解。假设A将当月收入10000元人民币存入银行，银行会给他一个账户上的金额数字以资证明。但很快，银行会连同这10000元人民币在内的一笔钱借给A所在的企业，企业借贷后暂时不花完借款，仍然将其中一部分储存在银行。不久，企业发给员工下一个月的工资，又会把这10000元人民币发到A手里。A又把这10000元人民币存入银行。如此一来，A的个人账户存款增加，企业老板的债务增加，银行的生意也随之增加。银行从中赚了什么钱？利息。

钱就是如此流转的。

好无聊先生（吃惊状）：什么？！银行在挪用我们的钱？

走不开小姐：银行代客户保管钱，出借给其他客户，获取利息，这就是贷款业务。

好无聊先生：那么，如果我需要提取存款呢？

走不开小姐：所以银行要有存款准备金来应对这种状况。

再从家庭财政的角度来分析。一个家庭的财政收入组合可能是"工资+租金+理财收入"。一个家庭的开支可能是"日用+房贷+孩子学费+医疗开支+人情"。当收支平衡的时候，孩子不用太担心。一旦入不敷出，作为家庭里不能带来生产价值的孩子就要担心了，而且要提醒父母多做一些开源节流的事，不然自己的年节礼物可能就没着落了。

那么，对于成年人来说，钱是什么？钱是赖以生存的一个工具、一种可以量化的经济基础，从包含价值或可转移价值的资本中来。我认为，钱不流动只是数字，没有意义，钱是要花出去的。

花钱有几个方向？衣、食、住、行、康、乐、投。

聪明地花钱，你会发现钱是会回来的。冲动地花钱，你会发现钱只会越来越少。

这个时代有不少冲动消费的行为，如房产投资、购物、健身等，都有无尽的例子。为什么这么多人会冲动消费？因为钱来得容易了，比如可以通过信用卡、消费贷、花呗、借呗等工具得到钱。但你会发现，越容易得到的钱，越容易使你冲动消费。

如何不把银子花光

- 把收入分成几类，确定日常消费的比例，确定保障资金的比例。
- "不要在下雨天买伞"，人贵在自知，钱贵在够用。
- 当你冲动消费的时候，先想想家里是否已有同类产品，以及所消费的产品是否不可替代。

3. 国家也在帮你花钱

> 好无聊先生：我买东西的时候，钱到底付给了谁？
>
> 走不开小姐：除了付给商家，其实你也自动地付给了国家。

我们几乎每天都在消费，但并不知道自己都在为什么付费。

当商家卖给好无聊先生一件不含税价格为100元的玩具时，商家还需要向政府缴纳11.5元的税，这种缴纳给政府的款项就是增值税（value-added tax）。只要消费者购买商品就需要缴纳增值税。

不仅如此，我们领到薪资，需要缴纳个人所得税。收取了房租，也需要缴纳个人所得税。

> 好无聊先生：听起来国家就像个收银员。
>
> 走不开小姐：在某个层面上，国家确实是收银员，那是因为国家在帮我们花钱，所以得先收钱。

国家都收了哪些钱呢？国家的财政收入主要是预算收入，预算收入主要有税和非税两种。主要税收收入项目：国内增值税，国内消费税，企业所得税，个人所得税，进口货物增值税、消费税，关税，出口货物增值税、消费税，城市维护建设税，车辆购置税，印花税，资源税，土地增值税，房产税，耕地占用税，城镇土地使用税，环境保护税，车船税，船舶吨税，烟叶税等。非税部分收入项目：行政事业性收费，政府性基金，基本建设贷款归还收入，国家预算基金调节收入，国有资源（资产）有偿使用收入，国有资本经营收益，彩票公益金，罚没收入，主管部门集中收入，政府财政资金产生的利息等。

我反问好无聊先生一个问题："世界文化遗产的门票收入属于国家财政收入的哪个部分？"

要知道，世界上最赚钱的五大文化遗产分别是埃及金字塔、万里长城、北京故宫、泰姬陵、秦始皇陵兵马俑，属于中国的就有三个。世界文化遗产保护范围内实行特许经营项目的有偿出让收入和世界文化遗产的门票收入，其实属于国有资产有偿使用收入，属于国家的非税收入。

公共财政是指在市场经济条件下，主要为满足社会公共需要而建立的政府收支活动模式或财政运行机制，国家以社会和经济管理者身份参与社会分配，并将收入用于政府公共活动支出，为公众提供公共产品和公共服务，以保障和改善民生，保证国家机器正常运转，维护国家安全和社会秩序，促进经济社会协调发展。通俗一点可以将公共财政理解为政府经手的收支。

公共财政是否可以交由市场来操作？其实比较难。因为市场普遍存在投机行为。在任由投机者自由发展的社会里，投机行为可能导致无法建立完善的司法系统、机动的消防组织或是健全的军队等。

那么，政府怎么帮你花钱？主要花在教育、科学技术、文化旅游体育与传媒、社会保障和就业、卫生健康、节能环保、城乡社区建设、农林水利、交通运输等环节，以及债务付息。

2021年，我们在考虑电商平台上的"99大促"活动中买什么好的时候，美国财政部部长珍妮特·耶伦（Janet L. Yellen）警告，美国政府当年10月可能将耗尽资金。她在2021年9月8日给美国众议院议长南希·佩洛西（Nancy Patricia D'Alesandro Pelosi）的信中呼吁，除非国会采取行动提高联邦借款限额，否则美国政府将在10月份用完"现金和非常规措施""无法履行其义务"。

是的，政府不仅是收银员，还会花钱、借钱，也会欠债。

进入2022年后，美联储多次加息。除了加息，政府没钱的时候还可以发债。2021年10月初，美债触发上限28.4万亿美元。根据美国财政部的数据，截至2022年10月3日，美国未偿还联邦政府债务余额约为31.1万亿美元。

除了对外，还可以对内发债。美国对内的地方债，基本是始于1812年的市政债。中国的地方债，种类更丰富些，不仅包括地方政府债券，还包括隐性的省、地、县各级政府所属的各种投资平台的各种债务。

2022年1—8月，全国发行新增债券42100亿元，其中一般债券6909亿元、专项债券35191亿元。全国发行再融资债券18374亿元，其中一般债券10655亿元、专项债券7719亿元。全国发行地方政府债券合计60474亿元，其中一般债券17564亿元、专项债券42910亿元。同期，地方政府债券平均发行期限

13.5年，其中一般债券8.1年，专项债券15.6年；地方政府债券平均发行利率3.05%，其中一般债券2.88%，专项债券3.12%。地方债专项债券，往往有专项用途。比如，2021年上半年发行的10143亿元地方债专项债券中，新增专项债券约一半投向交通基础设施、市政和产业园区领域重大项目，约三成投向保障性安居工程以及卫生健康、教育、养老、文化旅游等领域重大项目，约两成投向农林水利、能源、城乡冷链物流等领域重大项目。

还有一些定向的发债。比如，2021年8月底，深圳市宣布将在香港发行离岸人民币地方政府债券，规模不超过50亿元，募集资金用于发展绿色经济；2022年10月24日，海南省财政厅发布公告，计划于2022年10月择机在香港簿记建档发行不超过50亿元的离岸人民币地方政府债券，并在香港交易所挂牌上市。

通过这些数据，我们能看到政府是如何借钱和花钱的。

政府很有钱，但又很缺钱，这是不是特别矛盾？就好像一个贷款买了豪宅的人，感觉他的资产雄厚，但他的生活又因债务缠身而不见得宽裕。可见，有钱与缺钱，总是伴生而来的。

如何不把银子花光

- 政府也是会破产的，和人一样，包括信用上的破产和财务上的破产。
- 量入为出，债务大于收入是可怕的事。借来的钱总是要还的。

○ 看趋势并不难,难的是什么时候开始研究。举个例子,我们会陆续老去,但不像父母辈那样老去时养老金充足,这不就意味着自己应当开始为养老问题做生理、心理和经济上的准备了吗?

三、"体感"与数字

> 好无聊先生:我在2021年春节攒下了4000多元压岁钱,我太有钱了。
>
> 走不开小姐:是呀,平均下来你月入300多元,和你月收入水平差不多的有1亿人。

2021年8月的多个晚上,让很多人难以入睡。

2021年8月20日,中概股[①]大跌。朋友调侃说:"中概股现在已经快从时间的朋友变成时间的狱友了。"

我没有股票账户,从不炒股,便速速请朋友吃饭以示安慰,席间他们面色不悦,长吁短叹。虽然无法感同身受,但朋友的情绪、气场真的会影响到你,真怕他们点最贵的酒来浇愁。我只好说:"你看你们都'进化'到权益分配了,我还在按劳分配阶段。还不开心,我只能拉出'中国现阶段仍是一个低收入人群占主体的社会'这一现实数据了。"

如果你还记得2020年"国内有6亿人月收入为1000元"

---

① 中概股,全称"中国概念股",是指在海外注册和上市,但最大控股权或实际控制人直接或间接隶属于中国内地的民营企业或个人的公司。

这样的新闻，或许也能想起当时网上有关低收入人群展开的争论。成立于2011年11月的北京师范大学中国收入分配研究院，利用北京师范大学中国收入分配研究院课题组2018年住户调查数据，在假定两年期间居民收入分布不变的情况下，推算了2019年中国低收入人群的比例和数量。按照绝对标准（家庭年收入10万元），城乡低收入人群占全国人口的近65%，约等于9亿人。如果按照相对标准（收入中位数的2/3），那么低收入人群占比约为37%，大约有5.1亿人。

该课题组还利用该住户调查数据计算了月收入500元以下、1000元以下、2000元以下人群的分布比例和规模，相应收入人群占总人口数的比例分别为7.5%、23.5%、50.7%，由此推算对应的人口规模分别是1.1亿人、3.1亿人和7.1亿人。按照估计结果，月收入2000元以下人口的为7.1亿人，是一个非常庞大的人群，更何况还有大约3.1亿人的月收入在1000元以下，近1亿人月收入不足500元。虽然按照官方现行贫困标准，农村绝对贫困人口已不足1000万人，但是有很大一部分人群的收入也只是略高于贫困线，具有很大的返贫风险。

2020年东京奥运会上，14岁的跳水冠军全红婵，其家乡在广东湛江，那是"另一个广东"。2020年，湛江的人均GDP不到全国平均值的51%，和广西、黑龙江差不多。这里有一个冷知识，虽然广东省人均GDP在2020年达到1.28万美元，高于世界银行2019年划定的高收入经济体标准线（1.27万美元），但广东21个地市中只有广州、佛山、深圳、珠海等几个城市的人均GDP能超过全国平均值。最高是深圳，最低是梅州，前者是后者的5倍。

一旦你了解了珠三角地区的发展特质，就不难理解为何会有"另一个广东"。外贸驱动的珠三角地区经济发展，原材料、市场都在"外"——从国外输入原材料，加工后直接出口，因此并不依赖本地的原材料和市场，推动粤西、粤北、粤东这些非珠三角地区经济发展的动力不足。

人能看到的世界其实并不大，而且大多数人只关心自己的实际得失与在经济环境中的感觉，并不太关心统计部门的数据。

受制于生活半径大小，月入千元是生活在一、二线城市的办公室一族不太可能拥有的体验。虽然他们也并不一定承认自己有钱，毕竟还背着房贷、车贷等各种贷款，但他们生活的"体感"[①]是相对一致的：无论是去"大厂"工作还是去创业公司工作；无论是买快时尚品牌还是买新国货；无论用25元是买奶茶还是买手打柠檬茶；迪士尼、文和友等场所开业要不要去排队；无论是出国旅行还是去西双版纳住一周；孩子是读国际学校还是民办学校；等等。

对于我们来说，中产阶层已经不是一个陌生的名词，但说自己是富是贫，大多数人其实依赖的是生活体验，对数字并没有太真切的感受。500~1000元可能是有的人一个月的收入，但也可能只是一、二线城市生活的人一次酒宴的费用。

什么样的人才有底气说自己有钱？中产阶层中大多数

---

① 此处的"体感"是指体验和感受。

人的不安全感在于：担心如果明天发生意外，自己可能会返贫。如果这个逻辑成立，那么假设有重大疾病的保障，有衣食无忧的保障，是不是可以说自己是有钱人了呢？未必。富豪榜上的有钱人还时不时"哭穷"呢。

最大的凭仗，还是看国家的钱怎么花。如何做到重新分配（redistribution）——通过收钱（税收）、花钱（社会福利），让人人都能享有一定条件的生活。比如九年义务教育，对贫困家庭来说，减轻子女学费的负担就是一件非常好的事。

我自己去过贫困山区两三次，参与过乡村图书馆计划，做过短期支教，至今仍然在资助甘孜州的学童，亲眼见识过城乡差距不是仅仅停留在概念上的认知。基于此，我会更关心国家的经济底色——这关系着你对生活的理解以及手里的钱该如何"有感觉"地花出去。

别担心，我说的花钱，是真正地把钱好好地花出去，而不仅仅是教你做公益、环保或慈善。

1. 提高生活水平的秘诀

好无聊先生：能吃得更好，就是在提高生活水平吗？

走不开小姐：那只是一个方面，改善基本生活条件只是一个基础。就像你除了喜欢吃零食，还希望能买到奥特曼卡片。

人的阅历一定是随着年龄的增加而增长的。好无聊先生都会叹着气说出类似于"想当年我才3岁,根本没有作业这回事"的话。人到中年的我,当然也有很多与生活舒适度、愉悦度有关的"体感"。

在中学,令人愉悦的是收到稿费;在大学,令人愉悦的是寒冷的冬日里在东区宿舍门口吃上一碗粉丝汤;读书打工时,令人愉悦的是一路在梧桐树影的呵护下骑自行车从工作地点回到宿舍;刚工作时,令人愉悦的是在记者站深夜跑突发,可以开着报社的小车风驰电掣;在广州的10年里,令人愉悦的是深夜值班后,可以和朋友们一起吃砂锅粥;在深圳的10年里,令人愉悦的是可以只管工作,不用应酬;当然,好无聊先生出现在我生活中的每一个日夜,都是令人愉悦的。

因为患有胃病,我每餐没办法吃得太饱,又因为总是值夜班养成了吃夜宵的坏习惯。每次发现好吃的,我都会眼前一亮、眉目飞扬,导致好无聊先生屡次狐疑地问:"能吃得更好,就是在提高生活水平吗?"

不完全是。对于提高生活水平的秘诀,太年轻的人还认为是多赚钱、多享受,大概还领悟不到"健康""持久"这种长期主义的精髓在中年人疲惫的生活中是何等重要,中年人完全可以写一本叫《那些不到40岁你领悟不到的事》的书。长话短说,秘诀如下。

(1)工作,卖力、尽责就好,不要卖命。机构和人一样,是有寿命的。不要被"洗脑",没有真正道德崇高得无可挑剔的公司,也没有不死的企业,亦没有不会变动的岗位。人们工作,是为了发挥所长、更好地了解世界、有经济收入以便过自己想要的生活。

（2）区分品牌和商品。要知道你作为消费者在什么领域需要品牌，在什么领域需要的其实只是商品而已。

（3）但凡是产品，入口的安全权重高于外用的。越是贴身使用的产品，其安全权重越高。

（4）要知道钱的重要性，但不唯金钱论。除了走运，钱是通过增长见识才能赚来的。而好运气并不常有。

（5）不迷信潮流，不沉迷滤镜社交。

对于消费生活，我就只有这五个秘诀。

品牌和企业是消费生活里无可或缺的商业元素。大型、高效的公司在商业竞争中诞生，又可能在竞争中被淘汰。这就是提高长期生活水平的秘诀之一——公司创造了更好的商业模式、更好的产品，给用户们提供更好的生活感受。

企业和人一样，也会经历生老病死，所以请你不要迷信企业会越做越大且能基业长青，或企业如"出厂设定"[①]一般的观点。

20世纪80年代，日本的企业地位飙升，韩国的商业几乎被几家大企业控制。大公司可以是成功的象征，也可以是怠惰的象征。

不迷信企业，在岗努力，但无须卖命——这是我自工

[①] 创业公司一开始对企业的定位、价值观、企业文化等方面的"设定"是非常贴近社会对企业道德的要求的，然而随着企业的不断发展，大多数企业管理层会陷入对利润的追求中，而忘记当初为什么要创立这家公司。"出厂设定"是这些公司已经忘记了的初衷。

作以来就一直在强调的,不是不热爱工作,事实上我加班的时间并不少。要记住这是在为自己的兴趣、为学到更多东西而努力,而不是老板让你站着死,你就不敢坐着生的那种卖命。

挑战自己要有度,不量力而行,你也不会愉悦。

每年观察应届毕业生的择业方向,会发现其中也带有时代的特点。互联网平台经济遭遇打击前,年轻人就业有两个趋势:要么往"大厂"挤,要么一毕业就创业。新冠疫情发生前后,考公务员成为新热点。杭州市余杭区街道办招聘,公布名单里清一色的从北京大学、清华大学毕业的硕士、博士;毕业于清华大学的博士放弃"大厂"offer而去深圳的中学当老师;毕业于北京大学的博士应聘北京朝阳区城管……这样的新闻多见于媒体客户端。

不要以为创业就一定是设立公司,其实先凭借一技之长取得稳定收入,亦是很好的起点。

我在深圳结识的多位年轻设计师,毕业后就开始琢磨如何在消费升级的时代里,用更具创意的设计来立足职场。

人越成熟,越知道不依赖任何平台的职场人,才是真正厉害的人。也有一些朋友,从事自由职业,一年工作8个月,或一日工作3小时,其他时间是在真正了解社区、做志愿者、感受生活。你以为他们都实现财务自由了吗?按2021年3月胡润研究院联合百富众鑫发布的《2021胡润财富自由门槛》报告的标准,他们并没有。这份报告称,中国一线城市财富自由的门槛入门级1900万元,中级6500万元,高级19000万元。这些数字对我们普通人来说，看上去是多么遥远。

如果你身在北京，看到一些财经媒体"宣称"北京人均存款22万元，会不会觉得自己住在一个假的北京城？然后你会发现，这种统计口径是不含负债的，或许一个北京居民有20万元存款，但背着100万元房贷。

就像抛开负债谈存款和财务自由很可笑一样，抛开已有的经济基础、职业现状和个人能力去谈生活前景悲观还是乐观也是没有价值的。

提高生活水平的秘诀，是清楚地了解社会现状，知道自己的能力边界，知道自己所处的位置，进而学会区分品牌和商品，不花冤枉钱，也不受消费主义影响，不迷信潮流，把工作、生活打理得都很好，让你的身体、精神处于健康状态。

既然我们只能作出最适合当时当地的自己的选择，那么，这里面其实是一个逻辑自洽的小循环：因为知道钱重要，所以读书赚钱，并且通过读书，形成自己独特的生活哲学，懂得区分品牌和商品，不把钱花在没有必要的地方……这样，你就能过上自己喜欢的生活。

如何不把银子花光

- 感受到一束花带来的喜悦，不比一个奢侈品带来的喜悦少。生活得好乃是为自己，而非为了向别人证明什么。
- 优先考虑一家人可以有健康、持久收益的花费。健康无虞、衣食无忧，不投亲靠友才是最大的体面。

○ 能在忙碌中拥有属于自己的空闲时间最可贵。这大概解释了为什么那么多人深夜舍不得睡。

2. 谁在控制数字

> 好无聊先生：妈妈，我要申请100元买奥特曼卡。
>
> 走不开小姐：你知道奥特曼卡的成本吗？

面对100元，现在的孩子想到的可能是去买奥特曼卡。他们父母（如我），童年时买的是1987年版《红楼梦》人物贴纸。

2021年，一盒奥特曼卡包的市场价是238元，用这笔钱来买菜，一家三口节俭些可以吃一周家常菜，奢侈些也足够两三顿饭。

很多人或许和好无聊先生一样，对产品的定价并不太清楚。为什么100元在过去可以买这么多东西，但在今天只能买这么点东西？这里有通货膨胀的概念，这也是很多人不太确切知道的。其实通货膨胀，就是货币贬值引起物价持续上涨的现象。

1945年，我国因为战争导致生产产出减少，故而出现过实物减少型通货膨胀。实物减少型通货膨胀也可能出现在和平时期，比如2021年8月的韩国，农畜产品价格涨幅超过7.8%。首先是韩国在夏季遭遇持续大范围极端天气，导致水果、蔬菜等农作物大幅减产；然后，接连暴发的禽流感、非洲猪瘟疫情致使韩国超过20万头家禽家畜死亡，生猪等畜禽出栏量下降，进一步促使了农畜产品价格的上涨。

国家处于战争时期时，因为印钱购买军需出现过货币恶意超发型通货膨胀；国家市场化初期，出现过追赶型通货膨胀；国家高速发展阶段，出现过需求拉动型通货膨胀；20世纪80年代中后期的外汇型通货膨胀，是因汇率变动导致国际贸易成本变动，或国外资本流入导致物价上涨而出现的。还有出口型通货膨胀，是由"世界工厂"地位带来的低成本，制造业发展，商品大量出口，外汇结汇导致货币超发带来的。

面对2008年全球金融危机，当年11月5日国务院提出对财政政策和货币政策进行调整，以4万亿元资金强力启动内需。2009年，我国累计发行各类债券4.9万亿元。"水涨船高"，所以也有财政性通货膨胀。而成本推动型通货膨胀是指资源成本价格上升导致物价上涨的通货膨胀。

什么时候才没有通货膨胀呢？完全废除商品交易的计划经济时期。

其实，我们对通货膨胀没有那么敏感，因为名义工资一直在涨。但直观"体感"不是没有，最直观的就是你的收入能匹配什么样的生活。

上面提到的钱、货币、财富，其实是不同的概念。因此我们也需要知道，利率、物价、汇率三者都是"货币的价格"。从不同的角度来看，这三种价格是让你在社会生活中更有体感的衡量工具。

有人会问，都是谁在控制这些数字呢？我们认为，通常是政府管理物价，央行控制利率。

英国经济学家大卫·李嘉图（David Ricardo）、托马斯·图克（Thomas Tooke）提出物价和利率是同方向变动的。美国经济学家欧文·费雪（Irving Fisher）在其发表的《增值与利息》一文中对上述理论作了进一步解释并指出，事实上，现实经济中物价变动总是发生在利率变动之前，即利率跟随物价而变动。

一国的央行总是把利率作为调整价格上涨或下降的主要工具，这会产生不同的效果。在物价水平过高时，央行会提高利率；在价格水平过低时，央行会降低利率。

在货币政策和财政政策不发生变化的情况下，物价下跌会出现财富效应，即人们不需要持有太多货币就可以满足日常生活需求，那么多余的货币会被存入银行或借出去。因此，借贷市场上的资金会变多，利率随之下降。投资是逐利的，于是投资者会把目光投向国外利率较高的地方，使本国资本流出（净出口增加），汇率下降。

然而，一切都处于动态平衡之中。从长期看，物价持续下跌导致利率持续下降，就会引起投资减少这一"并发症"，失业率则会上升。那么，央行和政府就会通过加大货币投放或者加大财政支出的办法，拉动总需求。而一旦货币政策过于激进，总需求不足，就会导致物价上升，同时利率下降，此种情况下，资金流出，汇率下降；假设货币政策相对积极，政府财政支出比较给力，则可能使物价温和发展而利率上升，此种情况下资金先流入，汇率后上升；假设货币政策疲软,而财政政策激进,则会导致物价上涨而利率上升,此种情况下汇率先上升,资金后流入。

事实上,经济场上没有单一现象。影响利率的除了央行货币政策,还有经济发展趋势。眼下国内是由出口、消费、投资"三驾马车"拉动经济,假设经济增速放缓、GDP增速下降,则需具体分析实际上是哪一辆马车跑得慢了。

对普通人来说,个人财富当然是相应时代背景下的财富,要知道是什么因素在影响这些"货币的价格"。出口、消费、财政支出对经济增长的贡献其实都相对稳定,投资则对利率最敏感,因此需要格外重视。

再说回奥特曼卡片的价格,对制定奥特曼卡片价格的厂家来说,除了要考虑奥特曼卡片的受欢迎程度之外,还要考虑供需以及小朋友们家庭的购买力:定价过高会吓跑家长这一实际付款方,定价过低则获利不足。当社区周围不只有一家店在卖奥特曼卡片时,在竞争环境下,一旦一家降价了,其他店家也要考虑降价。只要还有利润,就一定会有店家跟进销售,因此,有时候厂家会针对不同渠道销售不同的稀有卡片盲盒,或金装奥特曼卡片,或特殊的组合装,在区域市场进行差异化竞争。

事实上,完全竞争(perfect competition)的市场情况很少。比如,好无聊先生只习惯去附近的一家书店买奥特曼卡片。根据他的描述,一盒普通卡卡包售价在1元到10元不等,内含10张卡片,而稀有卡卡包的价格可以高至300元,他不是目标用户。如果是为了相同价格的普通卡卡包,他不太可能走好几百米的路或乘地铁去另一个街区买一盒只便宜五毛的奥特曼卡片。毕竟时间、交通成本也是成本。

一旦消费者接受了某个销售模式,他就很有可能成为被数字控制的人。如同好无聊先生和他的同学们一样,整日沉迷于斗卡游戏,看谁的奥特曼卡片最多,谁的卡片最贵、最稀有。

除了奥特曼卡片,我闺蜜说还有一种集换式卡牌——宝可梦卡片也很烧钱。她从国外给孩子把宝可梦卡片带回来,因此补交了不少行李超重的费用。

我很好奇孩子们如何看待这些卡片的价值,于是虚心请教了好无聊先生。

> 走不开小姐:作为消费者,你认为集奥特曼卡,是买普通卡卡包还是买稀有卡卡包划算?
>
> 好无聊先生(想了想):1元的普通卡卡包含10张卡片,平均每张普通卡片的价格是0.1元;300元的稀有卡卡包含有100张卡片,平均每张卡片的价格是3元,内含的稀有卡片大概有20张,其余80%是普通卡片。两种卡包里的普通卡片有很多重复的,对比价格,可以说稀有卡卡包里的普通卡片更不值钱。

看来,他初步了解了什么是"价格混淆"。我也好奇他对奥特曼卡片的忠诚度有多高。

> 走不开小姐:那你现在还喜欢奥特曼卡片吗?

好无聊先生（摇头）：我都上五年级了，那是低年级的小孩才玩的。

他俨然把自己当初的狂热忘得一干二净了。

走不开小姐：你认为通过集、换奥特曼卡片，能把花出去的钱赚回来吗？

好无聊先生（稍微迟疑一下）：不太可能。奥特曼卡片中值钱的肯定是稀有卡片，但也是花钱买来的；目前我花的钱都是过年红包和你给的零花钱。这个成本还没算上。而且稀有卡片又不是真的限量。换到后面，我的朋友都不玩了，也就不值钱了。

如何不把银子花光

- 要知道价格是如何被制定出来的，如果有必要，可以研究一种产品的成本，进而知道这种产品的真实价格与价值。
- 对商品如果有瘾，需要了解成瘾机制。
- 孩子如果告诉你，买奥特曼稀有卡片就像你买香奈儿2.55[①]一样，以后会升值，不妨试着从名牌手袋拥有者的角度思考，你在什么情况下才会卖掉你的香

---

① 香奈儿2.55是指香奈儿经典款手袋。

奈儿2.55？你对你的名牌手袋是终身热爱，还是像孩子一样，三五年后就失去兴趣？

3. 被数字控制的人

好无聊先生：我如果阅读了30分钟，可以玩30分钟的游戏吗？

走不开小姐：只要你能做到自己控制玩游戏的时间，就可以做到不被游戏控制。

小朋友的自控能力确实比较弱，往往一玩游戏就停不下来。从这一点出发，就不难理解国家为何要管制未成年人游戏时间了。其实，成年人的自控力也没有强到哪里去。尤其是在消费上，我们时常有"消费错觉"，也因此容易被"控制"。

错觉哪里都有。幸存者偏差是一种，对于金钱的"货币错觉"也是一种。还记得"朝三暮四"的故事吗？当我们"打工人"发现名义工资下降的时候，通常都会反对。可是我们通常忘了从另外的角度来衡量，名义工资上升但实际工资是不是下降了？

举个例子，我们对通货膨胀其实没那么敏感，当社会的人力成本上升时，会出现企业借助通货膨胀压低实际工资来保证企业利益的情况。假设由于通货膨胀，社会总体物价上涨了6%，企业收入理论上也会增加5%，但企业只给你加薪4%。你是不是觉得工资涨了，很开心？反之，如果由于通货紧缩，社会总体物价下跌了4%，企业扣掉你1%的工资，就算你的工资实际上涨了3%,你肯定也会反对。

这就是因为我们对名义工资敏感,却往往会忽视实际购买力。

谁不是用工作得到的报酬来支付相应的生活成本呢?如果你心里有数,你会发现从某个角度来说,我们是控制部分数字的人。

或许你有些小欣喜——事实上这种小欣喜是在增加的,随着你年纪的增长,你的收入可能也在增长,并且你会觉得自己更从容了。直到数字不被你控制,反而控制了你——你的收支平衡因为某些意外被打破了。

中年人恍惚间觉得过去好像都是有计划的,计划如何完成一天的作业、读什么学校、去哪里度假、何时结婚、何时生孩子、何时实现车厘子自由或草莓自由……可就像爱因斯坦摧毁牛顿的物理学大厦一样,你很难预计孩子的青春期什么时候来、孩子是不是按你期待的方式成长……现在的计划往往会被变化打乱。毕竟,谁也不曾预想到会有一场席卷全球的新冠疫情,更不会预想到自己所在的城市会因为防疫而被迫"静止"。

事实会让我们调整自己心里事物的优先顺序,转变观念。一开始,你以为只是做了一个小小的调整,或叫微调,其实人生已经发生了天翻地覆的变化。这些一开始你都不知道的变化,纯靠"体感"来感知。一旦经历过,你就能体会到其中的变化。

人为什么会被数字控制?因为某些硬性规定,或某些约定俗成的规则。

身高，决定了你可以从事哪些职业；分数，决定了你能上"985"院校还是"211"院校或是其他院校；体重，决定了你穿什么码数的衣服；甚至连长相，都有三庭五眼这样的数字作为衡量标准；月供，每个月要固定还给银行的金额。

人类利用数字来理解和管理社会，继而数字"统一"了我们对世界的理解与审美表达。从某个角度来说，大家都是被数字控制的人。

美剧《了不起的麦瑟尔夫人》（The Marvelous Mrs. Maisel）中，每天量一遍自己身体各部位数据的麦瑟尔夫人，与现代社会里每日监测自己体重的女士们一样，被束缚在数字带来的认同感里，身体的真相被掩埋在被赞美的数字中。

身体，不分男女，特别是超模、明星等的体型时常获得较高的关注度，作为广告载体的某种元素，与其他非功用性、无形的物品构成了一张同质符号网。尤其在当今直播带货的时代，"吃了这个可以美白""用了这个可以瘦身"……通过某些符号的感性呈现，身体已然成了一种消费品。

如果你观察消费社会里对女性"施咒"般的诱导，就会发现，美丽之于女性，就像一种信仰——虽然不是每个人都天生丽质，但可以通过后天的手段如整容、医美去实现。抽脂、削骨、拔牙……女性为之付出了极高的代价。

保养面部和身体线条，似乎已经成为当代女性的一种本能。但很少有人去思考，美丽之所以成为一个绝对的命令，是因为这是资本的某种表现形式，还是因为这是大众的潮流？如果是后者,潮流又是由谁来影响的?很少有人会发现"保持美丽"带着一种被动式:这是资本、社会、男性视角对女性下达的一个命令,或者说是一场共谋。

不要忘记,模特之所以要保持"0号身材",是因为她是表达社会感觉的功用性客体。

举一个最简单的例子,婚配市场中,没有一个人会先看中对方的心灵,天然的外形吸引力一直存在。

一个独立的女性会反对这样的观点,她想的是,"我是为了自己而努力美容、健身"。但她们容易忘记,我们活在一个怎样的世界里。是谁在定义医学上的健康与审美上的健康?健身是为了提高我们的生活质量,但又是谁在定义美和标准身材的体重与三围?我们都是被引导的,美不美,难道仅仅取决于她在自己的皮囊里感觉是否良好吗?所谓健康的生活方式,到底有没有陷阱?

别忘记,人造糖、人造奶油、碳酸饮料让它们的投资者和生产者发了大财,却导致全球出现了几亿名肥胖症患者。现在,低卡路里食品、减脂食品又将为投资者和生产者带来无数财富,但消费者的身体已经被它们控制了。各种电商平台、视频平台,正是通过植入范式身体的概念,来推动消费者接受时尚类消费品的指导进行消费的。

从这个角度讲,我们做不到真正的实践理性主义,而是活在了数字里。

如何不把银子花光

- 认清什么对自己更重要，比如健康比身材完美更重要。
- 默读王小波的这段句话："人的外表，其实什么都不是，皮囊而已。在时间里，皮囊终会老去，最后所有的光鲜都会被褶皱吞噬，而灵魂不会，这灵魂里包括你走过的路、经历过的事，还有你一生的思考。"数字往往是比较出来的，现实世界里的比较确实残酷，但最终比的是我们的生存智慧，而非三围。
- 这个世界总有些人节奏快，有些人节奏慢。每个人都有自己的轻重缓急，都有自己人生的时间表，不需要太着急。

四、稀缺与富足

> 好无聊先生：人一生需要多少钱？
>
> 走不开小姐：这是一个见仁见智（特别难回答）的问题。

影视剧中常说这么一句话："你懂很多道理，也未必能过好这一生。"借用该句式可以说："你有很多钱，也未必能过好这一生。"

现实中，什么才叫"过得好"？是自己内心舒坦，还是社会上约定俗成的功成名就？不同的过法，当然需要不同金额。

听到这个问题，很多人就先开始算账了：1个月的基本生活费是多少，如果还有孩子，教育费用是多少；1年的费用是多少；70年的费用是多少……最终你可能算出来一个数字。然而，这些问题都有前提条件；若贪得无厌，你的一生所需不可能得到满足，那么所需的金钱也是没有定数的。这个前提，就是约翰·梅纳德·凯恩斯（John Maynard Keynes）的假设——人对物质的需求总会有满足的一天。

事实上，人是不知足的。这么说未免对我们人类自己过于苛责，但事实就是如此，起初还只求温饱，然后食不厌精，出行要用代步工具，再往后不愿意衣饰普通，从成衣走向高定。消费需求一定会升级，从蜗居到别墅，很少有人愿意"逆行"，快速消费品的标准化不足以满足需求的时候，就自然过渡到稀缺商品。

你当然能理解，为什么相比于和大众一起在博物馆里人挤人地看不可复制的世界名画，有能力又有鉴赏兴趣之人更愿意自己收藏一幅名画，在家里斟一杯威士忌，坐在舒服的沙发上慢慢欣赏。或更愉悦于有朋友到家里拜访时激动地说："原来这幅画在你这里！"

有些物品是真正稀缺的，可称寡头商品，像列奥纳多·达·芬奇（Leonardo da Vinci）的手稿；有些物品是社会性稀缺资源，为了更高昂的售价和更高的利润而制造稀缺，如奢侈品钻石。

钻石商制造稀缺和编织象征永恒的故事的伎俩已经被人识破了，但数十年来的营销深入人心，你想想自己到求婚时是不是都会去买一只经典的六爪镶嵌钻戒？

那些拥有凡勃伦效应（Veblen effect）①的商品，除了功用，当然还可以用来炫耀、满足虚荣心。这是人性和人的社会性所决定的。

所以稀缺和富足，真的是"相对"的。

"相对"一词，无处不在。人有100万元能否过完一生？可能对于生活在乡镇的人完全没有问题，但生活在一线城市的人恐怕要哭。人有1000万元能否过完一生？一线城市的普通人或许觉得没问题，但希望住别墅的人自然是不会满足的。

正因为大家对"稀缺"这个词的理解基本达成了共识，而对"富足"的理解达不成共识，所以在"特别好"和"一般好"之间，还会有不同消费层级，也正是在商品极大丰富的情况下才有了更多选择的可能。

人的需求有生存性需求与社会性需求两大类，或者说有绝对需求和相对需求两大块。当我们拿到工资的时候，是不是会第一时间想起自己在购物车上放了一段时间想买而价格又相对高的物件，不管是衣服、手表，还是某种电器？然后你会发现，自己犹豫要不要买的产品一定不是绝对需求的产品，而是相对需求的产品——不买也不影响你的生存，但购买它，意味着你可以享受更高品质的产品或地位，或彰显自己达到某种消费水准。

事实上，在今天的消费社会中，随着消费升级概念的兴

---

① 凡勃伦效应，是由美国经济学家凡勃伦提出的，指商品价格定得越高越能畅销。这符合人们挥霍性消费的心理愿望，消费者对一种商品需求的程度因其标价越高而增加。

起，很多新品牌赚的是相对需求的钱。

1. 吃穿量家当

> 好无聊先生：如果一个人有100万元存款，算不算有钱人？
>
> 走不开小姐：当然算！

根据国家统计局的信息，我国2020年城镇非私营单位就业人员年平均工资97379元，按照这个标准，城镇非私营单位就业人员月薪大约是8115元。按照这个平均数计算，要不吃不喝约工作10年才能存够100万元。

所以，一个人有100万元存款，算不算有钱人？当然算。

要维持必要的生活，当然需要钱。根据《中华人民共和国2021年国民经济和社会发展统计公报》，全年全国居民人均可支配收入35128元，比上年增长9.1%，扣除价格因素，实际增长8.1%（图4-1）；按常住地分，城镇居民人均可支配收入47412元；农村居民人均可支配收入18931元。要注意，这是以年为单位的。那么再平均到12个月，每个月城镇居民月可支配收入为3951元，农村居民约为1578元。如果按五等份收入分组，高收入组人均可支配收入85836元，月均也就是7153元。

这份报告还显示，全年全国居民人均消费支出24100元，人均消费支出的结构中占比最高的是食品烟酒，为29.8%；其他依次是居住23.4%，交通通信13.1%，教育文化娱乐10.8%，医疗保健8.8%，衣着、生活用品及服务均为5.9%，其他用品

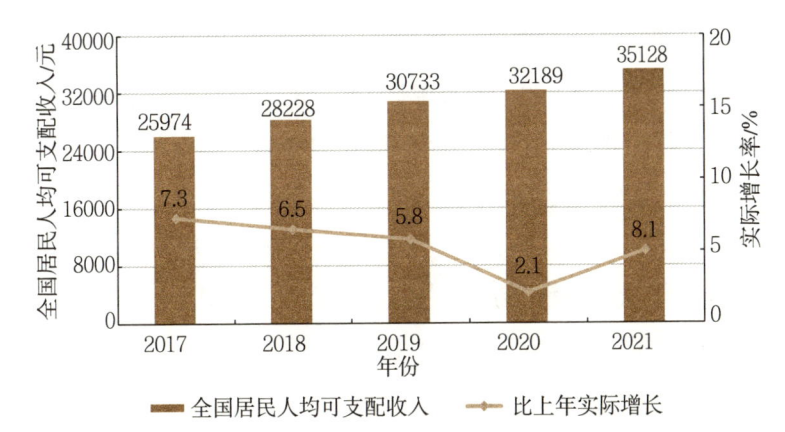

图4-1 2017—2021年全国居民人均可支配收入及其实际增长率

资料来源：国家统计局

及服务2.4%（图4-2）。从这个结构中，你大致能算出衣食住行占比超过了70%；然而可支配收入、人均消费支出，都是平均数。我们产生视觉偏差的原因往往就在于容易"被平均"。

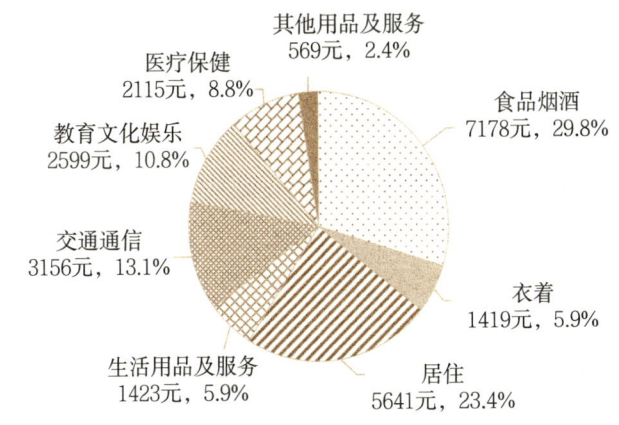

图4-2 2021年全国居民人均消费支出及其构成

资料来源：国家统计局

城镇居民的消费诉求与乡镇居民不同，况且在消费主义盛行的时代，除了用于维持生计的必需品之外，几乎所有的可用产品都能被纳入凡勃伦效应商品，即炫耀性消费的范畴，无形中已经促使人们增加了额外的消费支出。

这话或许说得略显刻薄了。换句话来讲，城镇居民并不一定刻意地想在消费的奢侈性方面超越他人，但他们渴望在消费物品数量和质量方面达到体面的惯常标准。

俗话说，由奢入俭难。一旦消费开支的规模和比重确定，一旦某些消费被纳入体面性消费的范畴，它就会成为你生活中不可或缺的部分，对其缩减，要比让财富增加更困难。因为人有社会性，也因为这些消费比大部分只满足身体健康或只是维持生活所需要的较低级开支更让人有幸福感。

举个简单的例子，以前的早餐是豆浆、油条、白粥，当医生告诉你，合理的早餐营养搭配是肉、蛋、奶时，当你接受"三明治、牛角包、鸡蛋和牛奶才是标配"这一观点的时候，就接受不了街头的白粥配榨菜丝了。生存环境让人后天适应，这或许是时代的真谛。

生活标准的本质是习惯。而这个习惯背后有着各种社会意识的引导。

很多时候我们会误以为自己吃饭穿衣量家当，有自主权，其实不然。

消费者作为需求方，在看供应方供应什么物资的时候，会发现工业体系的意识本身就已经把个体满足感和选择"维护"得严严实实的了。我们甚至可以像约翰·肯尼思·加尔布雷斯（John Kenneth Galbraith）一样，认为需求实际上就是生产的结果。

加尔布雷斯是美国新制度学派的代表人之一，1972年被选为美国经济学会的会长。他认为，生产本位主义带来的就是这种被创造的需求：企业在生产某种财富或服务的同时，也发明了使人接受它的各种方法，实际上也就产生了相应的需求。

例如，可口可乐这款"肥宅快乐水"的诞生与扩张，就是生产推动需求的结果。又如智能手机上的各种应用、平台上的各种补贴……如今多种消费、生活习惯都是时代造就的，在物资极大丰富的今天，我们很难否认部分需求、习惯实际上就是生产的结果。

如何不把银子花光

- 确保自己不像易卜拉欣[①]痴迷皮草那样有恋物癖。
- 明确地知道自己的可支配收入来源与支出结构。
- 如果需要改变支出结构，列出需要变更的项目，每个月变更一项，你会逐渐发现什么才是不可或缺的。

2. 被创造的需求

好无聊先生：你不懂我们小朋友为什么喜欢

[①] 易卜拉欣痴迷皮草，具体见汤姆·菲利普斯《愚蠢的人类》。书中提及奥斯曼帝国的苏丹易卜拉欣一世（在位时间为1640—1648年），是历史上著名的"疯王"，也是恋物癖的一个典型代表人物。

奥特曼卡片。

走不开小姐： 那就让我们来研究一下，出现于1966年的奥特曼为什么到现在还在影响着大家。

这种例子在现实生活中会反复出现。而且没有A，也会有B来替代。

大IP（intellectual property）①的需求，被称为创造出来的需求。奥特曼是如何被创造出来的？其时间可以追溯20世纪60年代，奥特曼出自日本"特摄之神"圆谷英二一手创办的圆谷特技制作株式会社（现名为圆谷制作株式会社）所拍摄的作品《奥特Q》。这是"空想科学特摄电视剧系列"的第一部连续剧，由圆谷英二亲自监修，共28集，也是圆谷特技制作株式会社创建后拍摄的第一部作品。

所以到2021年，奥特曼系列已经55岁了。

2021年7月10日，奥特曼系列55周年纪念展在重庆开展。为庆祝"奥特曼系列"诞生55周年，《迪迦奥特曼》在中国大陆地区的版权总代理方上海新创华文化发展有限公司（简称"新创华SCLA"）与圆谷制作株式会社首次针对中国市场联合推出了的特别企划《奥特曼英雄传》，赛罗奥特曼穿上了孙悟空战袍。如果不是受疫情影响，我是计划带好无聊先生去看看这些活动的。

成年人对小孩子喜欢某事、某物的切入点未必很了解。

---

① IP指思想的创造以及商业中使用的符号、名称和图像等。

看到他们挥舞着各种奥特曼卡片、嘴里喊着"正道的光"的时候，感觉确实与之有些距离感。

值得追问的是，为什么55岁的奥特曼仍然是孩子们的心头好呢？我之前陪着幼儿园时期的好无聊先生看过一段时间的《奥特曼》和《小猪佩奇》。你会发现，这一类动画故事和情节设计都无比简单，《奥特曼》就是用最浅显易懂的表现手法；以小孩能够理解的方式，讲述为保护地球和所爱的人与邪恶势力进行斗争的光之国战士的故事。

《奥特曼》从故事情节入手，让孩子们对其有了亲近感；集换卡片带来的社交需求，让孩子对商品产生黏性和复购行为。粉丝眼中是IP价值，企业眼里都是生意；孩子眼里只有趣味性，成年人眼里是IP带来的利润。

其实，商业模式大同小异。孩子们一旦过了某个年龄段及狂热期，就会失去对奥特曼卡片的关注，转向球星卡、盲盒、手办甚至比特币、NFT（non-fungible token，非同质化代币）。

需求反映了社会的进步，但不是绝对的。旧时，欧洲的束腰需求就绝对是一种陋习。我国古代的"楚王好细腰，宫中多饿死"，也是一种陋习。就像不喝可乐、酒，其实身体上并没有损失，甚至会处于更健康的状态，但对已经习惯每天喝一杯的人来说，会惘然若失。

你看，时尚界、潮流圈也总会兴起一茬又一茬莫名其妙的新需求。盲目的多，社会性的多，倒不一定对健康有利。比如吃金箔、文眉、抽脂……有些我很难理解，私下干脆将其统统归为"陋习"。

但是，需求一旦被创造出来，能让人们的生活更为丰富，需求成了某些人的生活标准，产品的用户画像就此产生，人也被打上了标签。

法国哲学家、后现代理论家让·鲍德里亚（Jean Baudrillard）则进一步将"需求是生产的结果"解释为"需求体系是生产体系的产物"。如果进一步挖掘，"双11"等购物节也属于这一类。

消费者如你我，不要真的以为商家参加"双11"活动的目的是售卖更多产品，它的目的是获取更多利润。所以，你会发现这些大促销活动越来越复杂，没有足够时间去理解的消费者，往往享受不到这些优惠。然而，商家通过这些活动规则，以及后台反馈的数据，进一步弄清楚了消费者是对价格更敏感，还是对时间更敏感。如此，商家才能从对时间更敏感的顾客那里，拿到让利给对价格更敏感的顾客的那部分利润。

同时，这种"节日"会通过各种"心机"来激发消费者的购物欲望。"限时清仓""限购2个""最后一日"……这些刺激性促销用语在诱发我们体内多巴胺的分泌；精心设计的广告让你心向往之，产生购买商品的冲动。人们会用很多不同的词语来形容显性与隐性的"人造需求"，比如隐性需求又叫"激发性需求"，即超出自身需求的以及超出自身能力范围的需求。

需求的范围确实很广，由内在生理需求及精神需求引发外在满足需求的系列行为活动，都属于商业活动的范畴。在苹果手机出现之前，智能手机还是一个概念。相信在那个阶段，产品经理们都不如史蒂夫·乔布斯（Steve Jobs）那么坚定。

产品经理研究消费者心理，试图从消费者的角度去判断他们需要什么，进而提供什么。但乔布斯说这不对，苹果要做的是教育消费者，让他们知道什么是好东西。在当时，"伟大的需求是被创造出来的"是一种颠覆式的思考。

如今，智能手机已经是刚需。乔布斯的这种思考，在近几年的新消费品牌创业项目中屡被引用：品牌商希望用"上帝视角"来告诉消费者什么才是好的产品，他们认为自己比消费者更懂消费者。当然，前提是他们提供的产品是真的有利于消费者身心健康的、跨时代的、品质有保障的产品。而在大家竞争"什么是好产品"的过程中，同质化的浪费与误会数不胜数。

如何不把银子花光

- 买东西之前先列好购物清单，再好的东西，你用不着，也不算什么。
- 有时候为情感滤镜花钱，也不要觉得羞耻，如果一支口红能让你信心倍增，那这钱花得就有价值。
- 花钱这种事，说到底，个人的感受比别人的看法重要。多接触一些品质好的物件，有助于提升自己的生活质感，是不亏的。

3. 我们到底缺什么

> 好无聊先生：说到刚需，为什么你不理解奥特曼是我们"小孩国"的刚需？
>
> 走不开小姐：因为我不是小孩子，而且我认为即使失去奥特曼也不会影响到生活。

作为超级IP，"相信正道之光"的奥特曼让其版权拥有方、日本著名娱乐公司万代在2021财年获得的总收入达到86亿日元，2022财年增至198亿日元。

当我告诉好无聊先生这些数字时，他掰着指头算了算，深刻理解了自己的贡献是沧海一粟。我告诉他，其实人们常常会为自己的喜好花钱，他花了一两百元在奥特曼卡上，实属正常。但如果对比用了5年的电话手表，买电话手表的钱当然花得更有价值。

在我们生活的环境里，有一些距离是无形但有质的。比如，有一些朋友特别焦虑，动辄把某企业融资过亿的消息，或某人又换了好车的消息挂在嘴边，觉得拥有100万元的人不算是有钱人；也有些朋友住在两室一厅里羡慕"顺义妈妈和铂金包"。如果这些信息能激励自己赶紧赚钱，达到"一个小目标"，这当然不是坏事。但如果让你加倍焦虑，那就大可不必关注。

2018—2021年，新消费赛道融资上行期间，我们大概都在看到太多企业动辄融资数百万、数千万乃至上亿元的信息，以及太多高净值人士的报道后，自己的代入感过强了。

创业者套现从而实现财务自由的故事、在资本市场里一飞冲天的故事是媒体报道的热门话题，却没什么人能看到失败者的案例。资本市场上的投资收益也是居民收入的来源之一。但我们总是只看到成功的案例，看不到在资本市场上倾家荡产的案例。在这个社会，失败者往往没有资格拥有姓名，或总被雨打风吹去。

　　"慕强"①是常见心理。如果问年轻人："你缺什么？"相信绝大部分人都会说"我缺钱"。只有中老年人才会觉得缺少时间，只有病人才会觉得缺少强健的体魄。

　　人都是没什么才想要什么。可事实上，我们所缺的一定不是一两样，所以，是不是也需要着眼于更为紧要的东西呢？如果我们过于受制于同侪压力，那么往往就会弄错重点。

　　眼下的社会中，中年人的焦虑越发深重，且存在感染力。有时候在校友聚会上，我会听到这些在上海都属于中产阶层的朋友们倾诉各种压力与忙碌，他们讨论如何"鸡娃"，有的已经给孩子规划到20年后了；他们考虑职场升迁，都急忙想跨过35—40岁的"刀口"；他们急于换更大的房子、更好的学区……我说一句"假如不太苛求，幸福也算到手"，他们会齐齐"咦"一声，觉得我太不思上进、安于现状。

　　要求不一样，幸福感也不同。别误会，我不是建议大家降低自己的需求去改写自己幸福感的算法，而是想提醒大家去想想自己的真实需求到底是什么，自己到底缺什么。

---

① "慕强"，网络热词，指崇拜和羡慕强者及比自己优秀的人。

换句话说，不是别人背着一个奢侈品包包，你也一定要有。大众成功学对你适不适用？以前看到互联网营销师们、朋友们推荐好物，常用的话术或理由是"对自己好一点"，年轻的我或许会懵懂地跟着下单；但中年的我会拒绝，并说声"谢谢"，因为我知道什么选择才是对自己最好的。

如果一直都对标其他人，那么你只会更不快乐，更感受不到什么是富足状态。暴发户总是担心别人笑他不会花钱，所以怎么消费都会用力过猛、过犹不及。

赚钱不就是要花的吗？为什么要让别人来告诉你该如何花钱呢？

确实，每个人都有实际诉求。

富足的状态，是你有足够的时间去做想做的事情。只有时间才是有限的资源，即使是比尔·盖茨（Bill Gates）这样富有的人无法买到的。富足的状态，是你有足够的认知能力来做判断，不至于走到十字路口就惶然无措。

在有限的资源这个维度去评估稀缺与富足，那么敢在现实中放慢速度的人，无疑更为富足、从容。

我问过一位创业的朋友："如果你实现了财富自由，会去做什么？"他的回答很巧妙："会去拓展人生的宽度。"也就是不放弃创造性的意思。

人生需要创造性，创造性其实不一定是创业、发明这类很大的事，可能是一种新的想法，或是对自己的某个"不重复之前工作"的承诺。那些有创造性的人认为，重复做某些事，是剽窃过去的自己。

那么，说到底，什么才是我们所在的这个社会中最重要的财富呢？是知识和能力，二者缺一不可。

如何不把银子花光

- 延迟满足在解决如何不把银子花光这个问题上极为有用。
- 不愁生活，才能略有自由度地做出选择。
- 如果你也是中年人，大概知道生活过于无常，因而更需要了解如何心平气和地与自己相处。

五、获得幸福的物质条件

好无聊先生：什么是幸福的生活？幸福的生活需要什么？

走不开小姐：发自内心地对眼下状态感到满意的生活。需要身心健康和一点钱。

人的胃口是被逐渐喂大的。要真正让一个人感到满足，其难度好比让骆驼穿过针眼。

其实在孩提时代，你就能感受到一种直接的、容易获得的快乐。如孩子第一次吃到糖果；家长们在生日、节日里赠予孩子礼物，如一个娃娃、最新款的乐高或笔记本电脑……你拆开礼物获得快乐的同时，还获得别的孩子羡慕的眼光，这时候这些礼物也实现了价值最大化。

孩子的思维更直接、简单，相互攀比起来比成年人之间的攀比更为"暴力"。兄弟姐妹等人有，我为什么没有？如果没有，看见喜欢的东西怎么办？

天然地，孩子就有吸引关注的诉求。

天然地，每个人都想证明自己比别人更厉害。只是成年人的幸福在不同阶段来得更隐蔽些。

起初，一块糖果、巧克力，一个拥抱就会让孩子觉得很幸福。逐渐成长后，他可能认为在一次生日聚会上让其他孩子们"哇"一声的颇有心思的生日蛋糕更让他觉得幸福。当然，那天他是主角，这是人们对生日赋予的某种莫名其妙的意义。随后他会发现，同学们的满足感已经从口腹之欲转到了"引领潮流"的能力上：谁玩的游戏最新潮，玩得厉害，装备最好；谁的奥特曼卡或者芭比娃娃最厉害。到了中学，比的可能是谁的成绩最好。

这些"最"的背后，其实都是成年人的"勾心斗角"，是成人社会的风气在孩子世界的微观折射。

有女性朋友问我为什么不焦虑，实话实说，我认为多数家长对孩子教育投入的比拼，要么是希望孩子维持在这个阶层或上升到另一个阶层；要么是为了通过孩子的成绩证明自己，把自己的社会需求寄托在孩子身上；要么是希望孩子有能力过他想过的生活。这些都没错，我只是认为尽力就好，不必搞得整个家庭鸡飞狗跳。

孩子是孩子，家长是家长，我们只是同处在一个家庭单元里，但并不是"一体"的。我们的悲欢也不相通。不是家长希望他如何，他就会如何。

即便是我们自己,有多少是出于机缘巧合而选择了今天的职业,或仅仅是凭直觉而选择了某所学校?我们偶尔会冷静下来理性地思考、权衡自己过去的选择。事实上,当时作出选择的我们并不确定自己是否做了正确的决定。

命运总是殊途同归。你会逐渐发现,孩子和你一样,也在受边际效应(marginal utility)递减规律的"折磨",早期简单的快乐随着年龄的增大变少了。

有没有糖果的区别是巨大的,但一周吃两次糖和一周吃三次糖的区别就没那么大。一个家庭有没有车的区别是巨大的,但车子是日产和车子是德产的区别就没那么大了。有没有爱马仕包,对一个喜欢奢侈品的女性来说,区别是巨大的,但有两个和有三个的区别就没那么大了。话说回来,很少有人会买一模一样的两三个同品牌的奢侈品包包。所以时尚潮牌、高奢品牌要出多个SKU(stock keeping unit,最小存货单位),才能赚到回头客的钱。

在某种意义上,越是家庭富裕的孩子,越难以通过普通孩子的方式获得满足;越成功的人士,也越难以通过一般的方式获得自我满足感。

我们会观察到,商品的需求量与商品价格呈反比,即价格上升,需求量减少;价格下降,需求量增加。为何需求与价格是呈反比的?西方经济学家用边际效应递减规律来解释这一现象:消费一种商品的数量越多,即某种刺激的反复次数越多,生理上的满足或心理上的反应越少,从而导致满足程度降低。

在我们今日所处的互联网经济中,你还会观察到这样的现象:消费者对某种商品使用得越多,增加该商品消费量的欲望就越强。因为产品或服务的网络价值有时候比其自身的价值更加重要——网络让更多消费者的使用场景被看到,所以更多人会去购买、使用这个产品或服务。

物质可以让我们与社会产生联系,并满足我们的基本需求。凯恩斯认为,人类的需求分为两类:基本(绝对)需求和相对需求。当基本需求得到满足时,我们会乐于把更多精力投放在非经济目的上。

不难理解,当你的孩子在学校与各种培训班之间往返时,获得教育优先权的快乐就比不上获得闲暇时间的快乐。

所以你会觉得,咱们应该先界定什么是幸福、快乐,对不对?然而每个人的幸福感都很独特,但是可以先做更简单的鉴别:保障不了温饱,你会幸福吗?没有健康,你会幸福吗?没有得到尊重,你会幸福吗?没有友谊,你会幸福吗?没有独立的个性,你会幸福吗?没有闲暇时间,你会幸福吗?

一直问自己,就能列出专属自己的幸福清单。

1. 幸福清单

> 好无聊先生:我的幸福清单是没有作业、玩游戏、有吃有喝、有爱的家庭、经济独立。
>
> 走不开小姐:你要的可真不少!

英国经济学家、新古典学派的创始人阿尔弗雷德·马歇尔（Alfred Marshall）在1873年提出"希望教育能有助于消除劳动者和绅士之间的差别"时，他没有想到，在他之后的美国经济学家加里·S.贝克尔（Gary S. Becker）会把教育定义为"对人力资本的投资"。

马歇尔更不会想到，另一位经济学家弗雷德·赫希（Fred Hirsch）在1976年提出，教育在本质上往往是位置性的——这就把位置商品限制于供应上严格受限的领域。

因为不是每个人都能住在好社区、就读好学校、获得好工作，所以位置才非常重要。

根据现实来分析，中国教育的现状无疑更接近赫希的观点。中国的家长往往希望孩子能在社会上占据一个好的位置。这从老话"吃得苦中苦，方为人上人""万般皆下品，唯有读书高"的"鄙视链"就能看出来。

当每个家庭都为孩子投入极大的资源，每个人都踮起脚时，谁都看不清楚前面。于是，人们又开始反思这种剧场效应是否有必要。

换言之，人们对教育的期待是得到非常现实的回报。

然而，像德国的教育体系那样，把十岁左右的孩子送上不同的轨道——义务教育之后往左走是大学，往右走是技校，这真的是正确的做法吗？很多家长不认可。

换句话说，如果你的人生方向很早就被拟定，你会服气吗？孩子们是否会因此而对那些在他们有生之年可能会改变世界的事不再有了解的兴趣？

如果教育的目的只是应试，我很怀疑其意义。

马斯洛需求理论把人的需求分成五个层次：生理、安全、社交、尊重和自我实现。窃以为，前二者是生存的基本保证，若生理上的需求无法得到满足，生存的环境没有安全感，其他的一切都很难搭建。社交、尊重和自我实现则是更进一步的需求。社交和尊重很容易理解。

"'自我实现'是什么？"好无聊先生曾问我。

这个问题的答案，必须由他本人去寻找。

2021年国庆长假期间，在一个读书群中，我聊到自己当年资助的甘孜州的一位女学生，希望她不要像当地其他女学生那样读到高二就辍学了。一位长期做上海流动儿童教育志愿者的师兄说到他的观察："部分孩子缺失内驱力，但问题并不仅仅在于应试教育，而是对城市年轻人而言，今天的生活实在是太容易了。"这种观察引发了他对眼下上海流动儿童教育的担心。

根据这位师兄的观察，在上海的流动儿童成年后，即便只有中专文凭，找份月薪六七千元的工作没有太大问题；初中毕业的也可以轻松找到一些月入四五千元的工作；然后花个两三千元解决食宿，花一两千元买部手机。接下去就是"工作+娱乐+结婚+家庭"的生活了。

物质需求得到满足后（不考虑买房的话，今天的生活成本真的不高），剩下的精神需求基本可以从智能手机中得到满足，包括玩游戏、听音乐、看电影或电视剧、聊天交友甚至谈恋爱……

流动儿童都如此，更不用说中产家庭的孩子了，他们面对的是容易得不能再容易的人生了，考上全美前三十名的大学几乎就可以视为他们人生的最高光时刻了。接下去还能如何呢？大多数孩子也就过上平庸、乏味的中产阶层的生活而已……

表面看上去，他们似乎都有自己的位置，无须担心。但仅此而已吗？

如今大家都在谈内驱力。企业家谈如何让员工有内驱力，教师们谈如何让学生找到内驱力。内驱力是驱使一个人实现自我的能力。然而，自我实现，还是要先有方向，若连对自己和世界的认知都不充分，谈何自我实现，又何来内驱力呢？

教育，应该是为自我实现这一需求层次准备的。

或者说，自我实现是一种状态。在这一状态下，个人会认识到自己与外界的整体性，也可以去全面、深层地看待事物之间的关联和发展过程。在自我实现的状态下，个人理解人生的意义，自然会清楚到底要去做些什么，也会去做对自己和整体更好的事情。因为个人与外界的整体性的关系，其行为更多的是跟随内心的指引或直觉。

达到这种状态，人或许才是自由的、逻辑自洽的、不别扭的。自我定位为高级技工的人，会因为在别人眼里不是绅士而感到难过吗？自我定位为知识分子的人，会因为在餐馆里刷盘子而感到尴尬吗？

如果无法为内心的热爱去抵抗"鄙视链"，那么像数学家张益唐在美国刷盘子还坚持研究数学的例子，就会越来越少了。

人总是会有喜欢得不想放手的东西。有时候，我会和好无聊先生讨论这个问题："看见喜欢的东西，你会怎么办？"针对这种情形，有很多种可能的选择。

选择一：强者为王，上手抢。

历史上大部分的战争都是由觊觎别人手上更大的蛋糕引发的。读史书的时候会看到有人喊"王侯将相宁有种乎"，江山是块饼，先咬一口再说。但如今抢是不行的，这会引发暴力冲突，规则就是规则。

选择二：等当家人话事，搞分配制。

分配制在奉行家长制的大家庭里，是存在且被证明有效的。但有可能家长并不知道你喜欢什么，给你的不是你想要的东西。

选择三：在具有竞争性的市场环境中，大家竞价购买（获取），实现资源匹配。

无论何时何地，只要有一个买家和一个卖家产生联系，就可称为市场。比如两家的孩子都想要一个玩具，要么商家供应充足，两家家长都愿意给各自的孩子买一个；要么玩具是限量版的，只有一个，就出现竞购机制，谁出的钱多就可以买下这个玩具。当然，也有大家都不想要的时候。

在教育市场，更常见的情况是，成绩好的孩子能拿到奖品或者奖金。这是一种财富分配的模式，只是当时我们并没有认识到这一点而已。从经济学的角度看，孩子拿到奖金，会去购买他喜欢的产品，这样这笔小小的财富就又回到了市场上。

选择四：通过创造性的方式，可以得到另一种获取的方式。

比如，对喜欢的物品，可以自制；知道喜欢的层次，理解、欣赏但不强求；对自己喜欢的东西加以诠释，从而产生新的理解，继而创造出新的内容。

有内驱力的人，大概才会理解真正的喜欢是什么，自我实现是怎么回事。在加埃塔诺·佩谢（Gaetano Pesce）的亚洲首展上，看到他82岁时的设计与他30岁时的设计，我就真切地感受到了什么叫自我实现。

柏拉图曾写道，教学的要素应该呈现在孩童的头脑之中，而不是强迫他们接受理念。因为一个自由人在获得知识上也应该是自由的。强制性的身体锻炼没有害处，但是，强制性的知识灌输则无法掌控其头脑。因此，不要加以强迫，要让早期教育成为一种娱乐，这样你才能更好地发现孩童的天性。

被发现的天性、主动获得的知识、沉浸式的学习，才能让孩子在他漫长的一生中受益。

社会学对"不知足"的解释，主要着眼于需求的相对性。可是驱动一个人不停往前的，当然不是简单的生理需求与被尊重的需求。

大多数人认为幸福的条件就是过上优越的生活。那么，根据这个条件，中国6亿月收入不足1000元的人，可能都是不幸福的。

比较不同国家的人均收入是容易做到的事，但比较不同国家的人民生活幸福水平是要慎之又慎的事。同理，人与人之间的收入差距可以一目了然，可幸福度衡量则需要看内心的认可程度。

在满足生理需求相对容易的今天，你不妨试着问问自己，问问孩子，你们的幸福清单里都有些什么？

如何不把银子花光

- 列出你的幸福清单，从最重要的开始。
- 不知足和后悔一样，都可能是一种动力，也都会影响我们对生活的态度。
- 每个人都会有特定的关乎自身论述的基本信念、关于社会秩序与组成的观念，这些基本信念一旦受挫，我们对自身价值的认识就会产生动摇。花点时间想想这些问题，它们比你消费了什么更重要。

2. 生活里都是"相对论"

好无聊先生：吃糖果和巧克力能感觉到愉快，说明精神层面的快乐有时候来自物质。

走不开小姐：不能说你是错的。

有了幸福清单，仔细观察，就会发现其实没有清单是不考虑生理需求的。

亚里士多德认为，人生想要实现幸福必须具备三个条件：身体、财富和德行。身体（健康）其实是生理层面。财富是让德行得以滋长的基础吗？诗人奥索尼厄斯曾说："谁是富人？无所求者。谁是穷人？吝啬之徒。"

在现实生活中，"仓廪实而知礼节，衣食足而知荣辱"，并非没有道理。

每年我生日，好无聊先生都会给我画一张肖像画。他画得很粗糙，并不像广告设计人员那样，讲究线条美；也不像给明星P图的工作室那样，讲究比例。他画的是他观察到的真实的我。这时候的他没有崇拜线条美，被画的我也没有。

作为母亲，我从他的绘画中得到了满足感，我的表扬让好无聊先生也得到了满足感。

绘画与音乐一样，都是人们对世界的某种回应与表达。毫无疑问，培养一名艺术家需要财力和时间。我并不指望好无聊先生在画画这条路上走多远，只希望他在想表达的时候，可以找到自己能使用的方法。所以，在他的孩提时代，我会尽量为他提供观察世界的机会，不管是从文字还是从实例中。在理论上，社会压力不应该影响一个人在生活中发现美和愉悦，可一旦孩子感受到了焦虑，过早地了解到社会的残酷，就很难有成年人的定力去投入艺术创作了。

很多东西其实是相通的。就好比快乐其实都源于发现，如发现一种美；发现问题得到解决；发现味蕾被美味包围；发现自己呼吸到新鲜的空气；发现自己能跑、能跳，身体强壮；发现自己瞬间明白了某种意义；发现原来某种颜色更适合自己；发现一段特别悦耳的旋律……

你会说，愉悦和幸福之间不能画上等号。幸福感当然不能像愉悦感那样，仅限于瞬间的感受，否则很难说有不幸福的人——任何人的一生都有愉悦的瞬间。

所以幸福应该是内心更深层次的体验，进而是一种对客体的、现实的看法。

有时候这甚至不应该是排他的。假设在你孩子出生的同一日，你所持有的股票跌停，你会因此觉得世间都是大不幸的吗？

生活，真是"相对论"。

相对而言，有同样阅历、相似背景的一群人对现实状况会有相对接近的看法，我们可以称之为认同感。所以在他们的人生选择中，你会看到很多相似的痕迹。这些相似性，在生活领域集中体现为认可某些理念，或消费某些类型的产品。

刚入行写财经新闻的时候，我曾执着于了解一些商业形态背后的历史。比如经济得到发展的1992年，燕莎友谊商城在一片麦田中落成，奢侈品从那儿走入中国消费者眼帘。那时候的消费者几乎有一种"logo崇拜"，买的奢侈品如果没有大logo，简直如同"锦衣夜行"。

如今的消费文化中，奢侈品logo成了中产阶层耳熟能详的元素后，更高阶层的消费者为了彰显自己，反而要去logo化，不想当"人形标签"。当消费品的去logo化成为潮流的时候，有炫耀性消费心理的消费者则苦恼于无法让他人一眼看出其消费上的前瞻性与高端性，于是有了《低调的奢华》这种"科普"文章。

德国设计师托马斯·迈尔（Tomas Maier）说："奢侈品是一种观点，其隐含之意比所显示的更多。这是一种对卓越品质和精神愉悦的不懈追求而非炫耀。"他作为为意大利奢侈品牌Bottega Veneta效力17年之久的创意总监，想必对"低调的奢华"理解得更深入。

讽刺的是，并非只有买奢侈品的人才知道"对自己好一点"，他们只是在消费能力上有区别。

迈尔设计的Cabat Bag系列成了Bottega Veneta的代表作，该系列手袋以棋盘格纹般的编织效果、纯手工穿梭串编著称。坚持手工制作，速度自然快不了，由此催生的饥饿营销带来的是长长的等待名单。迈尔坚持删除不必要的装饰，他说："我们的顾客有自己的品位，他们不想把别人的名字穿在身上。"

其实，很多产品、消费习惯一旦在传播时加上"品位""文化"等词语作为后缀，就会让人知道这是营销手法。营销高手懂得营造底蕴与氛围感，进而更能促使消费者购买，正如橱窗设计给人带来视觉舒适度上的认同一样。这一招，品牌商们相当拿手。

举一个近期大家耳熟能详的消费文化的例子。众人熟知的大型城市主题乐园——迪士尼乐园创建于1955年，它所传达的文化是"创造幸福"。国内异军突起的大型城市主题乐园当属超级文和友。相信大家也被超级文和友在深圳开店时万人排队的消息震撼过。

二者商业价值差距巨大，但逻辑殊途同归。即使外观迥异，给消费者带来的体验不尽相同，但是营造场景氛围的销售模式相同，即通过店中店复合经营的模式，生产内容，获取流量，商家赚的是全产业链架构的钱。利润来源于超级文和友的直营收入，各类子品牌加盟费，供应链、文创周边以及线上商城的收入。

和迪士尼相比,超级文和友缺什么呢?超级文和友的IP文化吸引力源自长沙的烟火气、广州的市井味儿。但这种IP的吸引力,往往随着时代进步而削弱。对20世纪80年代人文的猎奇和怀旧确实可以刺激人们的冲动消费,可惜这种人文感无法成为一代又一代人传承的烙印。

迪士尼乐园的消费驱动因素是孩子们的娱乐刺激,以及他们对米老鼠、冰雪女王等动画IP的亲近感。这也是消费文化带来的财富。场景是会消亡的,但形象会留存心头。

我们这一代人喜欢看金庸小说,下一代人比如好无聊先生或许也会喜欢看,但是以金庸武侠文化为主题的侠客小镇这种场景,最终是会消亡的——"江湖"或许在本质上还是那个"江湖",但每个喜欢"江湖"的人都有自己的"江湖"背景。而且未来他们可能都活到了元宇宙里,场景会转移到虚拟世界中。

如何不把银子花光

- 不否认物质带来的愉悦感,但要留意它存在的时间长度。
- 相对于物质消费带来的愉悦感而言,精神成长的愉悦感会更持久些。比如,能以自我认可的生活方式度过你的人生。
- 俄国大富豪们的豪华游艇停泊在西欧国家的海湾里,战争一爆发就被别国轻易扣押了。福布斯榜单上的富豪们在各地有庄园、别墅。但相对而言,主人在那些昂贵的大玩具里面享受快乐的时间可能比不上看守的雇员多。当你理解拥有和享受的差异后，就不会太执着于拥有。

3. 消费里的幸福感

> 好无聊先生：网上有"双11"，还有"618"，为什么消费会成为节日？
>
> 走不开小姐：因为消费文化无孔不入，某种程度上，消费成了我们这个时代的信仰。

2021年"双11"的预售时间是从10月20日晚上8点开始的。2022年"双11"的预售时间是从10月24日晚上8点开始的。我们这一代职场人完整地经历了自2009年到2022年的13场"双11"购物活动，眼看着线上可以购买到的物资越来越丰富，眼看着每年购物节的促销时间越来越提前，就个人体验而言也越来越没有消费幸福感。

2021年的"双11"，京东和天猫老实地不再去晒所谓的GMV（gross merchandise volume，商品交易总额）了。大品牌们也没有和京东、天猫就"选他还是选我"进行花式"磋商"，反而是国际美妆品牌欧莱雅和直播达人对上了阵。

实话实说，迄今为止，我尚未在任何直播间买过任何产品。这种消费习惯大概沿袭自上一代人，习惯了看产品文字版说明信息，文字版说明不仅信息全面，在表达上也是相对规范、准确的。更大的原因当然是我个人的购物习惯并未从电商平台转移到直播电商,具体原因就是实在没有时间关注直播电商。

对有更多闲暇时间的消费者来说,和主播一起分享一种产品的使用体验,通过主播的产品使用体验分享来获得产品信息和消费认同,是一种购物的乐趣。

除了直播间的美颜灯打得实在"过分"外,你也很难说这是值得的还是不值得的。毕竟寂寞的人需要情感共鸣,付出一些时间和更少的金钱,换来陪伴和所需的物品,听上去很划算。但对另一些人比如我来说,时间成本更稀缺。

之前和朋友聊过直播电商,个人看法有二。其一,直播电商,直播是手段,电商是核心。所以直播电商可以视为这个时代的新渠道,但重点是这个直播的人需要具有一定的专业度。如果人人都可以做直播,那么人人都是销售达人。其二,正如当年"淘品牌"能出来一样,渠道变化会带来一些新品牌和新销售思路,但市场的本质(买卖)不会因此改变。

人类最初的农业实践带来了稳定的粮食产出之后,出现了剩余产品,而后出现了物品交换,同时出现了集市等商业活动场所,进而出现了贸易需求。这些买和卖的本质,都是需求。

集市是较早的销售渠道,摆摊子的商人多了,就有了集群,进而出现集市管理所需要的管理费(摊位费、入场费)。因市而城,因城而市,又出现了城市及城市里的购物商场。这些都是传统渠道。渠道越强,越有议价权:希望该渠道销售什么产品,定什么价位,引入什么品牌,收什么场租,只要这个渠道的人不减少,它就有足够的议价权。毕竟,人类活动需要消耗物质产品。

卖得最好的产品,其需求量大不愁买卖,因此有和渠道谈判的筹码。它们彼此需要合作,共同去赚消费者的钱。但它们彼此又是有利益冲突的。

强品牌会认为,给渠道的价格低了,虽然能卖得多一些,但也降低了利润,且降价有损品牌价值。一旦破价,需要安抚品牌线下的专柜渠道。一旦降价,利润空间也就暴露出来了。

强渠道认为,品牌商不给最低价格,那么价格高,佣金也高,但渠道在消费者端的说服力就会减弱——渠道也要做品牌传播,"最低价"就是强渠道的品牌宣言。

如此一来,强渠道和强品牌终有一战。所以当看到某美妆品牌和头部主播的"冲突"时,不要觉得惊奇。他们最终会握手言和,一起面对消费者。

这种冲突,在解决问题时应该聚焦于事件矛盾核心,即消费者冲着该美妆品牌"全网最低价"的宣传付定金,后来却出现了预售活动后售价更低的情况。这算不算虚假宣传?与事实不符,应当算。简单来说,该美妆品牌给头部主播的全网最低价的承诺没兑现,从表面上看,这是该美妆品牌不守商业信用,有损自身的品牌形象。但这个美妆品牌犯得着吗?这次冲突大概率上是失误所致。

强渠道和强品牌之间必有一战,强品牌需要维持价盘,强渠道需要以低价保持自己的销售优势。最终,要么破价,品牌方认为自己遭受损失;要么实现不了低价,双方不欢而散。

头部主播的直播间无异于一个零售渠道，消费者愿意在这里蹲守，难道是看主播的颜值就可以熬过漫漫长夜吗？普通消费者当然是希望能以最低价格买入计划中的产品。

这就是常见的消费者心理：低价等于占便宜。在这个前提下，消费者甚至不太会考虑这个产品是不是用得着。

是为价格更低而去消费，还是因为获得了情感链接而去消费，抑或是为了获得别人的认可而消费？为什么而消费，越来越像一个哲学层面的话题。

当必要的消费品都触手可及的时候，尚未完成"阶层进化"时，好像什么都不想买。2021年的"双11"，我买的"最大件"是北京大学宋代艺术考古美学研修班的名额。

"大件"不仅仅是指学费，还指时间。我们都知道，人过中年之后，最大的成本其实就是时间成本。能抽出完整的一段时间去读自己感兴趣的书，幸福感又回来了。

能实现为自己的兴趣而学习，这能给中年人带来最大的成就感。除了在交作业时需要绞尽脑汁，更多时候是为能大开眼界而兴奋。

美味的食物满足口腹之欲，合身的衣裙凸显身材，制作精良的汽车带来风驰电掣之感……消费确实能带给人们幸福感。有意思的是，某一类消费带来的幸福感，是社会强加给你的。这是人作为社会人很难避免的。

"水的用途最大，但我们不能以水购买任何物品，也不会拿任何物品与水交换。反之，金刚钻虽几乎无使用价值可言，但须有大量其他货物才能与之交换。"①亚当·斯密（Adam Smith）在《国民财富的性质和原因的研究》中写下的这句话，说出了价值、稀缺性、价格之间的关系。

"如果够了还嫌少，那就没有满足的时候。"这是古希腊无神论哲学家伊壁鸠鲁（Epicurus）的看法。其学说的主要宗旨就是要达到不受干扰的宁静状态，并学会快乐。

这当然只是个体选择，如果真的只有甜品能让你快乐，又有能力实现这种快乐，那么管他呢。

人的幸福感有时候自物质而来，但更多的时候，并不来自物质，而是来自人对生命的感知。感知则很容易来自得到和失去。如果得到一件物品，无法触动到你并得到你的认同，那么这件物品存在的价值对你来说就会大打折扣。

大人控制孩子吃甜食的频次，因而，每当吃到糖果时孩子会觉得很幸福。当他可以自主决定吃多少糖果的时候，吃糖果恐怕已经不能给他带来以往那样的幸福感了。

孩子们当然想不到，自己长大后得为了身体健康而考虑控糖。时尚的"控糖论"让注重衣服码数的男女着迷，控糖的人偶尔吃一块糖果，又会让他产生幸福感。

幸福感还与稀缺性有关。商品的价格和品质，并不是简单的线性关系。

消费既能给你带来幸福感，也能给你带来受挫感。在下

---

① 亚当·斯密：《国民财富的性质和原因的研究（上卷）》，郭大力、王亚南译，商务印书馆，1972，第25页。

面一章,我会谈谈自己观察到的消费陷阱。

如何不把银子花光

- 时间多、钱少的人与钱多、时间少的人,他们的消费模式是完全不同的,需要分清楚自己属于哪一类。
- 什么样的物质真正让你快乐?有些消费者是发自内心地认为"包"治百病,得到新的时尚包包当然会让他们快乐。不要去评价别人,看懂自己就好。
- 了解商品的相对价值和交换价值。

六、你所不理解的消费陷阱

> 好无聊先生:什么是奢侈品?
> 走不开小姐:你就是我最大的"奢侈品"。

审美是一种符号系统,会迭代,也会更新。审美并非一种基本价值,却有一定的秩序。社会审美秩序顶端的物品,就是奢侈品。奢侈品的价格并不反映其使用价值而是反映其相对价值——身份认同、阶层划分。

财经作家温义飞在其所著的《脑洞经济学:人人都要有的经济学思维》中给奢侈品下的定义是:价值和品质关系比值最高的产品;无形价值和有形价值关系比值最高的产品;奢侈品的消费,是一种高档消费行为。

中国是全球奢侈品消费的最大市场之一。

我毫无时尚品位,对购买奢侈品也并无热情。唯一一个奢侈品包包，是黎贝卡送给我的礼物。她让我在纯黑色和撞色的两款包包中挑选的时候，我仅服从使用习惯，挑了一个纯黑色的。后来我知道包包的价格和品牌后，便赶紧供到衣橱里。这包不见天日，主要是因为我太"爷们"，是个出门揣上手机、钥匙就可以的人，也没有能用到这包包的机会。即便要出差，小型包包也装不下电脑。

当然，我知道奢侈品是如何定价的。

2021年5月15日晚上，我在朋友圈里看到身处欧洲的朋友Alfred发表了这样一句话："二手法国爱马仕VS全新意大利BUTI，同样的设计、同样的皮，同样在欧洲生产，不同的只是使用者的心态。"从配图上看，两款产品在设计上或许略有不同，但不熟悉奢侈品的我，几乎看不出来两者的差异。

我给他留言："我不是大牌用户。但大牌子通过广告和时间成本形成溢价，又通过高昂的营销费用、代言活动等去说服客户。这就是现代社会的消费主义。"

朋友回复："当然是。"

鲍德里亚在其所著的《消费社会》一书中提到，由于经济增长和物质极大丰富，现在商品的"使用价值"失去了原有的重要地位，取而代之的是"符号价值"。简单来说，符号价值就是"我用了什么东西，就能证明我是一个什么样的人"。

当一个人陷入用消费来证明自己的逻辑时，他所需要的并不是让自己真的过得好的东西，而是让别人觉得我过得好的东西。这可能正是消费主义的陷阱。

圣诞神话是非常适合用来消解理性主义的例子，因为它温情脉脉，也是你甘愿跳进去的那种消费陷阱。

如今，这种造节运动轰轰烈烈，几乎没有节日可以幸免了。当看到有商家打出"红色康乃馨送给在世的健康妈妈，白色康乃馨送给过世的妈妈"这样的广告语时，我真觉得商人太疯狂了。

商家比消费者更能深入地研究消费者的心理，在广告中无所不用其极地做暗示、符码控制，但千万别被他们的暗示"洗脑"。靠别人的思想活着会损害自己的尊严；靠买家秀活着会伤害自己的钱包。

1. 买品牌，还是买商品

> 好无聊先生：为什么会有"雪糕刺客"？同是雪糕，为什么有些卖得贵，有些卖得便宜？
>
> 走不开小姐：卖得贵的要么是大品牌，要么是概念品牌；卖得便宜的是为了吸引客户。

茶饮品牌喜茶投资了野萃山，后者在2021年11月出了一款"金价果汁"，一杯450毫升的橄榄汁，单杯售价1000元。

店方的说辞是，该产品采用的橄榄来自广东汕头金灶镇的百年金玉三捻橄榄，是橄榄中的一个名优特珍稀品种，橄榄的进货价格是每千克1600元，店家需耗3个小时才能制作出一杯橄榄汁。深圳市市场监督管理局调查取证后公布结果："经核查，该店的原材料实际进货价格与宣传价格不符，现已对该公司涉嫌虚假宣传的违法行为立案查处，后续处理情况将持续通报。"

支持特殊食材高溢价的消费者或许会说："店家明码标价了呀。"那么消费者到底是单纯想喝一杯橄榄汁，还是要像喝陈年红酒那样，喝一杯百年橄榄榨出来的果汁？

但市场监督管理局的调查结果告诉我们，"因为原料贵所以售价贵"的逻辑根本不成立。

所以我们还是要大概了解商家的套路，尤其是一些以为明码标价便可的消费者所不知道的信息。很多餐厅的产品也是明码标价的，那么为何一查就露馅？

品牌是一个极度有标签符号色彩的名词，通过品牌营造的各种极富感染力的概念，把世界区别成"我们"与"他们"。我们，是购买这个品牌的；他们，是不购买这个品牌的。

渴望融入人群，意味着我们极易被各种时尚、风潮和狂热影响。

品牌商并不希望我们思考。所以，有一种策略是尽可能显示出他们研发的专业、产品设计的贴心，以便我们能全盘接受销售策略中的搭配套餐，进而多卖出一些产品。

起初我们会觉得自己是轻松的，不需要花太多时间去研究每个环节，因为品牌商做得很用心。久而久之，我们会感觉到自己是被束缚的，因为各种案例告诉我们，即使品牌商再怎么宣传自己的品牌，都难免出现产品问题。

这也是当我们丢下一切信息时，才会产生消费快感的原因。

那么，商家如何用这个思路去获得消费者剩余呢？第一，人为制造稀缺，推出高端品牌限量版产品。第二，模糊资源价值。

为什么一款爱马仕限量版的包包价值几十万元呢？关键就是商家制造了稀缺，同时模糊了资源的价值。这样，就可以制造小小的"内卷"环境，最大限度地获取收益。

这个时代，赚钱的逻辑没有变，消费的逻辑也没有变。公式仍然是，盈利=[（客单价×毛利率－履约成本）×复购次数－获客成本]×付费用户量。消费的逻辑仍然是，用最合适的价格买到自己眼里的好商品。

但是，消费品牌的成长路径改变了。我在财经媒体工作期间看到的消费品牌，其从小到大的生长逻辑为"出生"（成立公司、注册商标）—学会生存—逐渐打出品牌知名度—以稳健的节奏扩张—推出更多的产品线—逐渐实现盈利—在符合证券交易所要求的时候进行IPO融资。

这个过程，过去可能需要10年到20年的时间才能走完。如今速度加快，比如瑞幸咖啡，从2017年正式运营第一家门店后，仅用了18个月便在纳斯达克证券交易所上市，成为史上最快在美国上市的中概股企业。当然，后面的故事会再反复强调：快，未必是什么好事。

"双创"呼声较高的时期，确实有不少朋友创业。我为创业公司做过几年顾问，除了战略和融资，还帮助他们解决包括传播物料是否夸大其词，是否违反相关法规在内的各种疑难杂症。近几年我观察到新消费品牌的成长路径是这样的：

"出生"(成立公司、注册商标)—花钱做营销、推广—品牌输出—融资—通过各种营销手段提升品牌知名度—利用资本进行扩张—亏损—继续融资—持续亏损或扭亏为盈—被并购或计划上市—继续生存(活下去)。

我们很喜欢用巴菲特那一句"潮水退去,你才知道谁在裸泳"来形容逆势而行的智者。巴菲特的本意是,市场大跌时才能看出谁在投机而谁在投资。在综艺节目脱口秀大会第五季的舞台上,一位脱口秀演员说出的那句:"本来人家没想裸泳,泳裤不是被潮水带走了吗?"或许更让创业者心有戚戚。

然而,经济周期是一定有的,潮来潮去是必然的,"泳裤"一定要系好,抗风险能力一定要增强。

如何不把银子花光

- 要知道品牌溢价是怎么回事,知道营销"套路"是什么。这些都知道了,还愿意花钱,那就得努力赚钱。
- 群体的无意识趋同消费行为,形成了一股浪潮,消费者以为那能反映出我们的品位和阶层,其实可能只是在帮助我们克服人类固有的孤独感。阅读荣格的《心理类型》与鲍德里亚的书《消费社会》,可以帮助我们了解消费者是如何被商家引导消费的。

2. 定价的技巧

好无聊先生:*产品的价格是由什么构成的?*

走不开小姐：价格=成本+利润+税，利润中有一项是神秘的品牌附加值。

好商品的基础定义其实一直没有变——能满足一类用户在特定场景下的特定需求（功能），质量好（工艺），好用（交互）。不同的时代会对商品增加一些不同的要求，譬如，工业设计到了某个阶段，人们要求产品好看（设计），Z世代[①]的年轻人希望产品体现好玩（趣味）的一面，讲求对地球负责的受众希望产品是有益于环境（不污染环境）的。

因此，即便是功能相同的产品，因为原材料、包装、工艺等环节的不同，也会出现有的贵，有的便宜的情况。其最关键的是成本和利润。

比如橄榄油，同样的原材料、同样的工艺、同样规格的最小销售单元，在同一个市场上销售，非垄断的情况下，会出现售价相差很大，或价格接近而利润率截然不同的情况。前者，可能是由品牌溢价引起的；后者，则有赖于高效的企业管理。

通常意义上的高段位企业管理，能控制好生产环节的成本以使利润达到最大化，并且能看得足够长远。更高阶的战略就在于处理复杂事物时的稳定性与可持续性。

[①] Z世代，generation Z，又称"网生代"，通常是指1995年至2009年出生的一代人，他们一出生就与网络信息时代无缝对接，受数字信息技术、即时通信设备、智能手机产品等的影响比较大。

2016年以来，D2C[①]（direct to costumer）的概念一直是有热度的。依托于我国"世界工厂"这一工业制造链基础，国内很多工厂的生产产能供过于求，在外贸有压力及电商平台极为成熟的背景下，"强制造、弱品牌"的供应链可以在从工厂到消费者的商品流通上实现加速。因为消除了中间环节，价格也相对低廉了，然而品牌的成长始终需要时间。"同款"毕竟还只是产品自身。

你觉得这是消费升级还是降级了呢？其实更多D2C平台还只是在做在消费升级的时代下加个"对美好生活的向往"标签的生意。其本质和ODM（original design manufacturer，原始设计制造商）也没什么不同。

消费者们对OBM、ODM、OEM等概念并不陌生。

OBM（original brand manufacture，原始品牌制造商）：A设计，A生产，A品牌，A销售，即A作为生产者自行创立产品品牌，自主设计、生产、销售自主品牌的产品，这种品牌称为自有品牌。

ODM：B设计，B生产，A品牌，A销售；即A作为知识产权持有方，委托拥有技术水平的厂商B来生产。

OEM（original equipment/entrusted manufacture，原始设备生产商）：A设计，B生产，A品牌，A销售，这种生产模式俗称"代工"，即代生产。

不难理解，如今在全球化背景下，社会分工极为细密精

[①] D2C，电商术语，意为直接面对消费者。

确，一家企业完全实现从研发、设计、生产、试用、迭代、渠道建设、市场投放等整个过程实非完全必要。这个时候就需要向专业的生产服务商借力。

打一个比方，如果你所在的城市里有山姆会员店（Sam's Club），会看到有的产品上，打着member's mark（会员优选）或者Sam's choice（山姆精选）的标签，这些是他们的自有品牌。山姆会员店的SKU大概有4000~6000个，其中超过500个SKU是自有品牌。

深圳有一家山姆会员店门店，据说是山姆会员店中全球最赚钱的门店，每次进去人流量都大到让人感到窒息。我在那里买过全家人都爱吃的山姆会员店自有品牌蛋卷，口感不比在香港北角买的手工蛋卷差。通常，他们的操作方式是公司经过调研，观察市场上受欢迎的品牌及品类（比如热销品，或空白市场的新秀），然后去找生产服务商委托加工生产，以公司自己的品牌名义来进行销售。比如，沃尔玛曾经在中国销售自有品牌的卫生纸，他们找的合作伙伴就是中国卫生用纸行业销售量最大的企业之一。

当贴牌、代工的整个流程变得非常纯熟之后，D2C就容易开展了。中间商这个环节的作用变得越来越小，无论是食品还是日用品，厂家都可以做到直接给消费者供货，再想办法控制各方面的成本。所以我们会看到，自有品牌商品的成本和价格，会比其他同类商品低很多。

这种玩法不新鲜。典型的案例是阿里巴巴基于天猫推出了"猫享"品牌，正式进军自营实物电商。事实上，从组货、物流、运营和心智四个层面看，阿里巴巴如果不做自有品牌就太可惜了。

屈臣氏也是自有品牌的其中一员，主打热销品。在屈臣氏的门店里，我们能看到贴着"Watsons"字样的自有品牌产品，大多是个人护理产品、美容产品。几年前，他们的自有品牌产品超过2000种，占整体货柜产品的25%左右。

目前做得最巧妙、全球最成功的自有品牌，个人感觉仍然是沃尔玛。如Sam's choice、乔治服饰（GEORGE）、Kathie Lee、Catalina、Basic Equipment、Bobbie Brooks、Faded Glory等，都是沃尔玛旗下的自有品牌，涉及食品、服装、玩具等多个领域。在很多品类里，沃尔玛的自有品牌的销售额都进入了行业的前三名。但消费者不一定知道Kathie Lee、Catalina、Basic Equipment、Bobbie Brooks等品牌都是"一家人"。

确切地说，不管是ODM还是D2C，都是消费品极大丰富时代带来的机会。

中国到底有多少中产阶层人口，可能是一个谜。投资银行暨财富管理公司瑞士信贷（Credit Suisse）在其2015年发布的财富报告中认为，中国中产阶层人口已经超过1亿人，这是因为瑞信财富报告以每人拥有5万至50万美元的净财富来界定中产阶层得到的结果。2016年，瑞士信贷的财富报告说中国中产阶层人口接近3亿。虽然我们对到底收入在哪个范围才算得上中产阶层，资产多少才算财富自由还有争议，但在大家都向往更美好的生活，愿意把钱花在体验更舒适的产品这一消费观层面上，是没有争议的。

越来越多的人跨过生存阶段，开始愿意为生活质量、健康、品位买单，愿意为高品质生活支付一定的溢价。如果说，山姆会员店是之前给资产较多的人群提供的精选模式，那么各种新消费品牌、各种D2C的电商业态就是给普通人群提供的选择模式。

2010年淘宝商城（2012年1月，淘宝商城更名为天猫商城）出现，电商成为大家普遍接受的购物方式。然而，假货也在电子商城中大行其道。人们希望物美价廉，千百年来都是这样的心理。有些平台可能忽然发现，ODM模式在线上还没有被验证。

产品从工厂直达消费者，需要一个桥梁。这大概是传统制造业做自有品牌的一种出路。除了淘宝，如今可选择的平台还有网易严选，以及包括抖音在内的电商等。

但是，某些时候平台显然比厂牌强势。现在在网易严选平台上，有厂商做出自己的品牌了吗？网易严选过去比较为人所知的做法是"傍名牌"，比如打出宣传口号"由××大牌的同一工厂生产"。

这是在玩文字游戏。即便产品是由同一家工厂生产制造的，代工厂是只负责按订单生产，还是像知名大品牌那样，对所有的环节严格把控？

工厂通常有好几条生产线，且不说原材料的层次，生产标准、生产工艺也分很多种。那么我们可以质问他们：你们用的是××大牌同一条生产线吗？用的是同样的原材料、同样的工艺吗？对生产的标准、环境、质量、检验设备等提出了同样的要求吗？和××大牌一样在生产管理环节上加派专人到工厂进行现场监督了吗？

因此，就算现在升级版10元店说自己的产品生产厂家和××大牌的代工厂是同一家工厂，也不会有什么用。

大牌代工等于大牌品质吗？富士康代工小米，锤子代工苹果，那么这些大牌的品质是在一个水平上吗？当然不是，成本不同，标准不同，最终产品也不同。

最终，还是要回到品牌上来。

网易严选也好，山姆会员店也好，难以跟一些成了文化符号的品牌相比。就像当年Sam's choice可乐的推出，95%的消费者可能分不出Sam's choice可乐和可口可乐的区别，但前者的销量始终比不上后者。在像可口可乐这样已经成为文化符号的品牌面前说自己有多厉害，也是没用的。

当然，商家不是为了比过某些品牌，而是为了赚钱。

D2C平台的出现，到底是在说明消费升级还是消费降级呢？

这要看我们从哪个角度去观察。从D2C对标大品牌的角度看，是把获取大品牌产品的门槛给降级了。无形中让大众以为，大品牌的产品也就值这些钱，品牌价值都是价格虚高堆砌出来的。这算不算贬损大品牌的商誉？算。

从消费者角度看，消费者不需要花太多精力挑选样式，就能以适中的价格买到符合自己生活方式和价值观且设计感强的商品，算升级吗？也算。

由奢入俭难。人都是这样的，用过质量好的，不会回头买质量差的。培养了一群"有要求"的消费者，他们就会成为商家的囊中之物。

遇到经济环境不那么确定的时候，我们可能会发现，有些常见的商品"瘦身"了或者干脆消失了。

如果市场上出现劳动力成本增加等变化，企业会根据价格来重新设计产品，而不是微调价格。其具体表现为要么减少生产过程中的用工量，要么把产品变得"瘦"一点。这些产品可能是我们不会太留心的卷纸，可能是我们不太关注的牙膏管，可能是可口可乐。市场上在售的商品成千上万，通常品牌方会在计算了成本之后，加上固定的利润额，或者跟上竞争对手的价格，这叫经验法则。

另一个做法是微调质量，而非价格。过去1瓶售价3元的可口可乐的容量是600毫升，如今已经变成了500毫升，罐装的可口可乐也从单罐335毫升减少为330毫升。容量变了，价格没变。其实从消费者的心理来说，这更容易被接受。

有的调整举措出人意料地普遍或难以察觉，因而温和的通胀数据很容易掩盖更为动荡的经济形势。

如果是商品价格年年大涨的时代，商家能轻易轻微调价而不引起消费者流失。一罐330毫升的啤酒连续多年涨价，从5%涨到5.5%，不太会流失消费者。这一类的例子很多，酒吧里一份含15%酒精的Botanical鸡尾酒128元，每年涨价5%，目标消费者仍然不会流失。但是一瓶可口可乐多年来价格不变，如果突然涨价0.5%，反而会让消费者流失。因此，饮料公司的做法通常是"瘦身"，比如原本600毫升的瓶装可乐容量变成了500

毫升，原本355毫升的罐装可乐容量变成了330毫升。

不过，时代在变，能源、劳动力等价格飞涨，品牌方恐怕需要把定价放在前面来考虑了。好在他们有大量交易数据，可以建立价格弹性的模型。

如何不把银子花光

- 不管是消费升级还是降级或者分层，在某个产品面前，先考虑的应该是你是否需要它。
- 此外，在合适的预算内，喜欢比"看上去合适"更重要。
- 越了解自己，越能理解价格和价值，越能避免被锚定的花招以及利用对比和暗示营造幻觉的手法动摇。

3. 广告幻象

> 好无聊先生：广告到底有什么用？
>
> 走不开小姐：制造认同感，让你愿意为神秘的品牌附加值付费。

从现代消费主义层面去理解，鲍德里亚认为，生产的社会已经被消费的社会取代。

这不无道理。所有的商家都在想方设法地让消费者不停地复购。是以，如今的产品，不是根据其使用价值或其可能的使用时间而存在的，恰恰相反，生产物品是为了让它快些"死亡"，这样才有更多复购的机会，才会有商家逐年增长的利润。

于是，商家想知道消费者到底需要什么，更看重价格还是更看重质量。在过去的零售渠道里，这些信息是由零售商根据货架上待补充的货物统计分析出来的，如今的信息则是通过消费者一次次点击鼠标构建出来的。

那么，如何让消费者认同商家为其量身定制的"实际需求"和"深层需求"并为之付费呢？制造消费环境里的同侪压力（peer pressure）。简单理解，同侪压力是指身处其中的人理解的社会期待带来的压力。

比如，一个班级的孩子们90%都有新一代电话手表的时候，剩余10%的孩子就会问出"为何他有我没有"的问题。

比如，在影片《穿普拉达的女王》里，初涉社会的安德丽娅·桑切丝机缘巧合地来到华美的时尚世界，逐渐蜕变。

这是两个有趣的观察案例。影片的最后，安德丽娅·桑切丝意识到锦衣华服和不择手段的工作不是她想要的，最终选择了自己的记者梦。对于前一个案例，有的父母会说，既然有能力，为何不给孩子最好的？比如最新款的平板电脑、最新款的电话手表、最好的度假酒店套房、最贵的夏令营。有的父母会说，物质不是最重要的，要让孩子聚焦成长、锻炼能力，以后自己买自己需要的东西。虽然二者不是必然对立的，但你仍然能看出，作为社会性个体，我们始终受到社会规范的影响。所以在涉及敏感问题的时候，我们可能会迫于社会规范的压力而说出违心但"标准"的答案。

这就是社会期望偏颇（social desirability bias）。

商业环境下，品牌的首要目标是提高消费者的购买意愿，希望借由神经影像技术找到大脑中控制消费者购买行为的关键区域并通过对消费者特定情绪的唤起来引导消费行为。因此不得不提到广告的示范作用。

作为消费者，我们常常认为是自己在做消费决策。其实不然。

《穿普拉达的女王》中有一个片段，米兰达和她的团队正为两条看似相同的蓝色皮带做选择，外行的安德丽娅·桑切斯穿着廉价的蓝色线衫，为之感到不可理喻而忍不住笑出声来时，米兰达说，他们的杂志在某期封面刊登了某设计师设计的天蓝色礼服，后来在几个设计师的发布会上也出现了这样的天蓝色礼服，然后它在全世界的各大高级卖场、百货公司、中低价货摊大卖，所以，有一天，你才在连锁店的减价商品堆里，买到了身上这件蓝色线衫。你以为你跟时尚无关，时尚不重要，事实是，在许多季度以前，这间房里的人，早已替你做了选择。

类似的例子非常多。比如，大家认为"美丽是可以被出售的"，然而美并不由消费者个人界定。这是最简单的消费陷阱，和知识付费的某些暗示类似：似乎你买了这些课，就能成为专家。

在大促之前你会发现，即使是知识付费，价格也变得有弹性了。

所谓价格弹性，就是随着价格的升降，需求增加或减少的程度。我们都知道，对价格敏感的商品，如果打折了，我们的采购意愿会增加。零售业把价格敏感的品称为"关键价值商品"。如何设计，才能使关键价值商品的价格降低，同时提高其他产品的售价，从而扩大销量却不损害利润空间，进而增加盈利呢？这种定价策略和如今电商平台上的"尝鲜"价格设计是异曲同工的。

如今，受新冠疫情的影响，宝洁、百事旗下的产品多少有些提价，你会发现定价权还是在它们手里。真正的定价权并不是决定这个产品售价定为多少的权力，而是在成本上涨的时候，是否可以将成本传导给客户，维持利润率的稳定。可以说，定价权在自己手里的品牌，才是大品牌。很多企业不一定敢涨价，是因为怕失去消费者，影响销量。这是没有定价权的表现，它们只能削减成本、提高生产率或牺牲利润率来消化成本。

所以定价权其实是一家企业值得投资与否的一个识别标准。当商业环境变化时，只有拥有市场支配力的企业能做到大幅度增加成本，还能维持稳定的利润率。通常情况下，规模更大、市场份额更大的公司有更大的定价权。正因如此，这些企业在广告端有更大的预算。

广告到底是什么？想出广告语"人头马一开，好事自然来"的黄霑先生可能比较有发言权。他曾在文章中写道："广告，只有一个目的！推销。不是推销商品，就是推销服务，或推销机构形象。不管拍得多漂亮，多精彩，不符合这目的，都不合格！今天，不合格的广告，很多。"

他话中的"今天"是三十多年前，然而，今时今日看广告界，会发现还是存在很多不合格的广告。只是黄霑可能没有想到今时今日出现了那么多软文、微信公众号推文、直播间，不需要精心设计的精妙文案，只要一句"买它"就能卖出那么多货品。

黄霑应该也没想到，做穿搭分享就能销售相关的产品，做直播带货能做成大渠道，算法比消费者更懂消费者，画面自动送到眼前来。

渠道做大到一定程度，就各有定位，比如所谓的"全网最低价""垂直化""产地直达"……渠道品牌的力量可以划分为三个层次，赚钱的能力依此类推也可分为三个层次。

第一层次是质量的保障，意味着冠以该品牌的产品达到了某种卫生、健康、功能方面的标准。就像在山姆会员店、永旺贴牌出售的鲜鸡蛋和大米，消费者对这些产品比农贸市场上销售的无品牌产品更为放心。

第二层次是特定的利益诉求。品牌商通过不断的广告投放，使消费者认同该品牌对特定问题的最佳解决方案。目前，大部分品牌停留在这个水平。

第三层次是文化层面，代表着一种生活方式。当然，这最赚钱。事实上，绝大多数消费者尚未意识到文化是一种消费品。

很多新消费品牌都是想往第三层次发展的。它们往往希望以文化建设者的身份出现，告诉消费者"你应该过这样的生活""这代表了你是自立自强的新女性"……但是，往往只有奢侈品品牌更容易做到这一点，因为它们确实有市场支配力，是基础生活之上的需求，因而有绝对的市场溢价能力。

你可以在经济学家简·埃克豪特（Jan Eeckhout）的著作

《利润悖论》里找到合理的解释:"如果一家公司在市场上占据主导地位,它抵御冲击的能力就会强很多。"因为奢侈品品牌已经成功地通过文化属性占领了消费者的心智,故而能做到在成本上涨时,将成本传导给客户,以维持利润率的稳定。

文化和价值才是品牌的实力,而非功能。黄霑估计也没有预见到,在如今消费品供应极度发达的时代,会出现一边有直播达人说芝麻类产品生发,一边有专家指称"这是'智商税'"的情况。

但黄霑是非常懂得广告能量的。如今很多新消费品牌都在内部自设广告部和设计部,负责广告设计、创意设计,黄霑对此不以为然,他曾说:"广告客户不少喜欢减广告公司收费(不少广告客户喜欢减少广告公司的费用)。其实愚不可及。广告公司为什么要为广告客户服务?当然(是)为了赚钱。钱赚得不多,那会用足(尽)心机(心思)?又不是和客户有亲(人关系)!而广告创作,有心机(用心)与冇[1]心机(不用心)做,分(区)别大得很。"

为什么公司内部的广告部门永远做不好呢?用黄霑的话来说:"因为绝不客观。而且,通常变成'Yes部',对老板说的话,亦永远不(说)'No'!"

这些话让人忍俊不禁。确实,在以老板口味为标准的情况下,不好的创意很难改得好。

---

[1] "冇"是粤语方言,意为没有。

如何不把银子花光

- 现代社会很流行"You are what you eat/read/wear"的句式:食物有关健康,书籍有关心灵,服装有关外在形象,这都是认识自己的过程。可能要交一些学费,但需要提醒自己不能一辈子都在交学费。
- 如果对自己的认知不够充分,就很难学会区分"买家秀"和"卖家秀"。
- 识别掌握定价权的公司,对投资者和消费者同样重要。

七、人人都交过"智商税"

> 好无聊先生:凭什么说奥特曼是"智商税"?
>
> 走不开小姐:相信超级英雄和相信圣诞老人一样,都是让你获得一定程度的愉悦而非有实际效用的行为。这些都容易被某部分觉得自己更聪明的人认为是交"智商税"的行为。

"智商税",几乎在每个领域里都能看到它被用于降维打击的场合。

其中一个原因固然是消费世界物质极大丰富,从供应端推动产生了更多的细分市场;另一个原因是人们总是要为阶段性的认知付出代价。

关于燕窝的例子,你应当不陌生。2018年3月26日,《消费者报告》对市场上6款即食冰糖燕窝进行了测试,结论是,

6款即食冰糖燕窝几乎毫无营养价值，其唾液酸和蛋白质含量远远不及5毛钱的鸡蛋和2块钱的牛奶。燕窝的主要化学成分包括水溶性蛋白质、碳水化合物、唾液酸、氨基酸、水分、少量脂肪、微量元素及矿物质等。不少即食燕窝品牌宣称其产品有唾液酸，而如今唾液酸已经可以人工合成了，成本还很低。

但是这不影响燕窝作为高端礼品出现，也不影响一些女性朋友仍然对燕窝一往情深。或许，吃燕窝被认为是一种"对自己好"的方式，让自己心里熨帖；也或许能让自己通过概念性的滋补来获得幸福感。

西方盛行亨利·西季威克（Henry Sidgwick）的"普遍快乐主义体系"概念①，对此我们看看就好，不必奉为圭臬。西季威克这种以直觉主义为基础，具有普遍快乐主义和理性利己主义特色的功利主义伦理思想，成为后来的剑桥伦理学派的一个主要特征。虽然西季威克并没有解决普遍幸福的原则和个体幸福原则之间的矛盾，但他指出，追求自己的快乐并不是不道德的，只有那种追求自己的快乐而不顾他人的快乐的行为才是不道德的。

确实，我们可以问自己一些问题，来加深自己对幸

---

① 这是西季威克的一个主要贡献，他把功利主义阐述为区别于私人快乐主义的普遍快乐主义。西季威克指出，"按照最有利于普遍幸福的方式去行动始终是个人的真正利益"这一命题是错误的，功利主义的理论根据不在于人们具有基本的自爱冲动这一事实，而在于对幸福这一合理目的的追求在反思中将引导人承认，应当合理地把这一目的理解为普遍幸福。主要论述见亨利·西季威克的《伦理学方法》（廖申白译，商务印书馆2020年版）。

福的理解。例如,更新款的笔记本电脑、更昂贵的电子阅读器、带金箔的食物、出国度假、名牌包、公司上市、大笔年终奖,以及难以尽数的一切,是否增加了我们的整体幸福感?

我们好像很难否认那些瞬间的愉悦。但事实上,大多数物质利益对幸福感只有短暂的影响,之后我们的幸福值会回到原来的水平。

人的理解有其生命周期,一开始会直观地认为事情很简单,即消费是为了满足需要,之后我们会发觉消费的需求变得越来越复杂。就像一个孩子,得到糖果就喜悦的情况会随着他的成长变得越来越少。我们或许会想到主观预期效用(subjective expected utility)理论。分析人们在不确定情况下做出决策行为时,主观预期效用理论的模型假定人们是根据主观预望效用值的高低来作出决策的,通过了解概率和一系列决策选项的效用,就可以根据这个模型预测出一个"合理"的或内在一致的选择。

简单来说,"我"作决策的方式,能够给"我"带来最高的满意程度和最好的结果,这就是主观预期效用理论。借用这个理论,可以发现我们对消费品有一个预期概率和一个期望实现的价值,若相对理性一点,就会将这两个数值相加,实现主观预期效用最大化。但是,一旦发现某一个数值出现下滑,就会失去这个最大化的效用,从而减少我们作为消费者的消费动作。

数值越小,我们越难以产生消费行为。想起FIRE(financial independence, retire early)那群人了吗?

1992年，作家维姬·罗宾（Vicki Robin）和乔·多明格斯（Joe Dominguez）在他们合著的畅销书《要钱还是要生活》（*Your Money or Your Life*）中首次提出FIRE概念，呼吁人们通过财务规划早日逃脱劳心劳力的工作。

一方面你需要非常"抠门"，减少一切可能的开支；另一方面就是拼命地赚钱投资，尽早实现财务自由，这样可以提前过上"退休生活"。因此，在消费领域的目的性非常明确。

当然，在现实生活里，效用关系的完备性（completeness）、传递性（transitivity）与替换性（substitution）、决策者偏好的一致性（preference）等因素未必都是确定的，正如经济活动并非总是具有确定性的，带有不确定性的消费选择可能更为常见。

在实际经济活动中，我们作为决策者，真的并不理性，涉及的概率一般都是主观概率与客观概率的混合体。决策者对事物的判断既有主观的成分，也有客观的因素。

实践理性主义也未必是我们真正的消费准则。现实仍然在告诉你"相对论"：价格不算贵的，负担得起、绰绰有余的，心里感觉有需要、试错成本不高的，消费了也就消费了（不然就没有"智商税"了）。

价格相对昂贵、试错成本相对高的，比如会影响到健康的物品，还是要进行分辨，这样既省钱也避免了身体的损伤。

1. 对常识的否认

> 好无聊先生："智商税"到底是什么？

> 走不开小姐：税是一种资金成本，"智商税"就是一种认知成本。

我给好无聊先生买了很多科普类的书，学点常识才不容易吃亏。他很喜欢看生命科学家王立铭所著的《吃货的生物学修养》，同时感慨王立铭写书的速度比他看书的速度还快。

某电视频道被称为"'智商税'鉴别大师"。高举高打、大投广告的品牌们，今安在？

2021年也产生了很多"智商税"。

比如，根据标准，制作真正的全麦面包，其原料是没有小麦粉的，必须是100%的全麦。

比如，防脱洗发水绝大多数并没有真正的防脱发功效，包括不知为何深得人心的生姜防脱发洗发水。

有人会说，自己买的可是"国妆特字号"产品呀。"特字号"是指特殊用途化妆品，在上市前经过国家审批后获得的批准文号。然而，要留意的是，药监局并未对产品宣称的功效进行审核，也不代表认可这个产品的功效。不少小代工厂靠着一个10多年前拿下来的证、一个完全相同的配方，就能生产出十几甚至几十款产品，俗称"一证多牌"。

有意思的是，2021年1月1日起施行的《化妆品监督管理条例》去除了育发功效，并在《化妆品分类规则和分类目录》中进一步明确了调节激素影响的、杀（抗、抑）菌的和消炎的产品，不属于化妆品。原有取得"育发"特殊用途化妆品行政许可批件的产品，统一设置过渡期至2025年12月31日止。

此外，2021年5月1日正式实施的《化妆品功效宣称评价规范》提到，防脱发产品必须通过人体功效评价试验的方式进行功效宣称评价，证明其的确有防脱发的效果后，才能进行"防脱发"宣传。

在药物领域，被临床证明能起到防脱生发作用的物质是米诺地尔和非那雄胺。在国内，米诺地尔属于非处方药物（OTC），也是唯一一种专业用于治疗脱发的OTC药物，而且米诺地尔只允许在药品中使用。

比如，熟地、当归、川芎、芍药等植物药的补血效果其实比阿胶好。

比如，各类保健品的厉害之处是营销，不是营养保健价值。

比如，果蔬脆片多数是经过低温油炸的，油脂含量多得吓人。

比如，蜂蜜的主要成分中，糖占80%。

比如，一般人通过日常饮食可以充分摄取蛋白粉的营养。

比如，代餐粉减肥的本质是你吃得少了。

比如，完整的皮肤只能吸收很少量的外界水分，补水喷雾喷到脸上随即就蒸发了。

比如，根本不存在穿着"躺瘦"的裤子。

比如，孕妇的防辐射服其实没什么用。

比如，水中自然溶解的氢分子含量高低跟人的健康一点关系都没有。

比如，如果睡眠喷雾有用，就没有人会失眠了。

比如，对于真性皱纹，眼霜这种产品就是种心理安慰剂。

比如，口服胶原蛋白在效果上可能和摄入普通的蛋白质并没有差别。

…………

难以尽数。

很多时候你交的"学费"其实是在为某些二手信息付费，而不是为知识付费。我也交过"学费"。在消费市场上没有交过"智商税"的买家不是好的业余科普人员。

还有一种"智商税"，是"人们可以通过理财实现财务自由"。这句话应当有一个前提条件：在主动收入有一定基础之后，才可能通过合理的规划使你的被动收入增长到超过主动收入，才能实现有限度的财务自由。

文字的准确性很重要，常识也很重要。

我在公众号里写过对瑞幸咖啡财务造假曝光前的做法的一些观察。简而言之，品牌不能也不应该靠补贴来笼络消费者。如果消费者讲求实惠，那么总是会出现比瑞幸咖啡更大力度的补贴，他们会因此产生兴趣转移。如果消费者讲求品质，那么以目前的成本和定价来看，瑞幸咖啡算不上最优选。

试想，如果有一天，瑞幸咖啡停止了补贴，消费者还会购买他们家的咖啡吗？

这就是做品牌要知道的基本常识：好品牌是有一天即使不打广告了，消费者依然记得它，并愿意为之付费。

靠"烧钱"，不一定能烧出伟大的品牌。

如何不把银子花光

- 我们往往关心学习成绩和工作业绩，却忘记生活需要足够的常识和科学知识。
- 投资人、消费者都不是纯粹的理性人，决策和行为会受到复杂的心理机制、感情、外部环境的影响，这是主观预期效用理论的缺陷，也是品牌加大感情渲染的原因。
- 其实世界上最好的东西不贵，可能还是免费的。比如调整生活方式并不用多少钱，却能带来健康体态。工作20多年我还能穿大学时期买的牛仔裤，多省钱。

2. 橱窗诱惑

> 好无聊先生：为什么每次我经过乐高店的橱窗，都迈不开脚步？
>
> 走不开小姐：给你展示产品的最佳姿态以激发你的购买欲望，这就是橱窗诱惑。

展示有一定魅力，如果在展示物品时，商家注重拍摄的技巧、画面的构图、搭配的色彩和突显材料的质感，会营造出一种美好的氛围，进而增加人们付费的概率。这并不完全与广告有关，但肯定关乎广告。用今天的流行语来说，这就是"卖家秀"。

自2014年兴起的自媒体文章至今天的小红书种草体验，几乎都是一种软广告。直播带货中，将美颜滤镜开到极致的人、物展示，是这个时代的橱窗诱惑。

研究一下就知道，"大淘宝"业务是以直通车为代表的广告逻辑，京东是电商零售的逻辑，那么直播带货抢占的当然是广告逻辑的市场。

商品在线上展示是需要付费的，这就是互联网广告的业务。根据第三方机构Quest Mobile发布的数据，国内互联网广告市场规模在2020年为5439.3亿元，在2021年为6550.1亿元，2022年上半年互联网广告市场规模约2903.6亿元，同比下滑2.3%。

互联网行业中，电商平台之间的投放竞争最为激烈；非互联网行业中，美妆、护理品牌占据头部市场，并以国际品牌为主。互联网广告增长以流量为基础，那么流量的逻辑是什么？

流量是在橱窗里或横幅广告（banner）上投放文字、图片或视频广告，吸引用户点击进店。行业变化正是在这里发生。

环境都在变化，"流量税"越来越贵，流量从起点平台传导到商业平台，再传导到商家，广告行业的ROI[①]（return on investment）越来越不好看，模型难以为继。此外，流量起点的玩家新玩法迭出，拼多多、快手、抖音……都在抢着瓜分这部分的蛋糕。

[①] ROI，即投资回报率或投入产出比，计算公式为"客单价×转化率÷PPC（平均点击单价）"。

我们所看到的"大淘宝"此前此后所做的事如收购优酷、入股微博，打造淘宝直播、逛逛，其背后的算盘不是在想着如何用媒体批量采买的方式来降低"流量税"，就是想着如何开展自家的流量起点型业务。

这部分业务当然会持续，但增速在事实层面也会让人感受到压力。2021—2022年，很多新消费品牌对投放越来越保守，越来越谨慎。除了疫情带来的资金压力，更有对流量性价比的权衡。

个体和企业的风险大同小异。企业在感知市场环境变化时，先想如何降本增效，把钱花在刀刃上，而非增加市场预算。对个体而言，疫情次生灾害未完全明朗，如果拖个两三年，个人的工作能保住吗？个人的生活规划做好了吗？此时，最重要的事情，不是鼓励消费者多花钱，而是创造更多的就业机会，使更多人有稳定的收入。我一直认为，就业是社会的稳定器。

换句话说，如果各行业的营收数字都不好看，那么直播带货就真的是基础不牢的楼阁。各位投资人无须把直播带货说得那么神乎其技。

消费，还是要量荷包而行。一个大明星直播带货，卖的是我们非刚需的物件，价格又不是最低的，为何一定要买呢？换一个角度，你会明白为何我们说中国消费市场大有可为，因为差异化实在太大，任何一个细分领域都有极大的购买力，养活几个品牌不是问题。

但我们时常会从消费者的角度去思考：如果价格不是最低

的，那么守在直播间里，花时间等待主播上链接又有何意义？要看明星，可以去看综艺、影视作品；要看段子，可以看一些脱口秀表演。

直播电商是当下一个热门的行业，但自上而下地吆喝那么多人做直播电商，它的可持续性在哪里？

直播带货的明星，也属于人力资源和社会保障部2020年增设的"直播销售员"。明星们带货有自身的知名度加持，既有销售属性，又有广告属性。据此，明星们自然会希望提高合作的费用或销售分成比例。

如果不是明星或头部主播，不喊着"全网最低价"，不是独家渠道，消费者为何会花时间停留在某一直播间呢？

在头部主播议价能力高的时候，实力雄厚的商家会选择让利，不是其产品的利润高得可以使其承受渠道费用，就是将市场投放预算放在直播间的合作上；有的商家能接受低价销售，是以去库存为目的的。

并非是明星就能当好直播销售员。

公开的数据会告诉你，在电商直播间，吸进一个访客的成本大概为1元，真实转化率只有1.5‰~3‰，流量投入巨大。前期培养主播，也需要投入大量的资金购买流量。何况，从这么多明星直播"踩坑"的故事中，我们可以看到，选品方式、商品的售罄率等都很难控制，试错成本很高。所以明星直播带货"翻车"的故事屡见不鲜。

目前看来，直播电商更适合商家做私域流量，适合品牌用来维护和用户的关系，拉来新用户及稳固复购。

那么，直播电商与电视购物有什么差异？在物流与网络极度发达的今天，大概是购买便捷度和视频清晰度的差异。

直播间是另一种橱窗，时时上演着卖家秀，看秀的人不知不觉被吸引，进而点击、付费。然后下一帧继续，浑然忘记了自己与橱窗模特的距离。至于为感动付费，只是一时的。所以新东方的直播间要做的，是搭建更好的供应链，有更好的选品，才能真正留住他们的消费者。

曾经有位朋友和我说，有人觉得直播带货起来了以后，孵化新品牌的速度会更快，所以他们部门在孵化更多的直播带货商务园区。我便建议他们再去调研一下淘宝、天猫、京东、拼多多等平台。

定义品牌不是这样简单的事情，打造品牌更不仅仅在于前端的出色表现。我们需要知道的是，产品的质量不是在直播间里说着溢美之词的主播能保证的。

如何不把银子花光

- 当一名主动型消费者，不依赖广告，只在需要时去寻找产品；当一名主动型学习者，不等待被告知，用自己的逻辑系统去了解信息。
- 经济学里，常用羊群效应来描述经济个体的从众心理、跟风心理。羊群效应就是比喻人都有一种从众心理，从众心理容易导致盲从。盲从，就往往会陷入困境。
- 如何克服羊群效应？那就让视野变得更开阔一些。比如知道快时尚对环境的危害，会带来资源浪费，有的品牌使用的廉价物料甚至会带来环境与健康风险。平时多花一点时间，做决策时就能少花一点时间。

3. 功用性宽容

　　好无聊先生：你为什么有这么多杯子？

　　走不开小姐：就像你运动穿球鞋、洗澡穿拖鞋一样，喝茶与喝咖啡的杯子也不一样。

　　如果不看社交上的需求，仅仅看功能的话，1万元的包包和100元的包包的基本功能是一样的，穿着T恤和穿着速干衣都可以运动，铅笔与签字笔都能用来答题，饼干与面包都可以充饥……

　　但为何我们仍然避免不了在冰箱里放上N种蔬果，在衣橱里挂上N条牛仔裤，购买各色精美文具？你知道这种牌子或那种牌子的2B铅笔，除了价格上不同，还有什么不同吗？涂答题卡需要2B铅笔，画素描需要用4B、6B、8B铅笔打形上调子、画暗面，可以用HB、2B铅笔画亮面和细节。这种需求就是功用性需求。

　　迄今，全世界已经授予了5000万项专利，这是人类创造力的明证，但并不是每一项都有实质用途。

　　或许你听说过山崎舜平——日本半导体能源研究所的总裁，他最重要的专利涵盖了计算机、照相机和其他半导体设备上的显示装置。我们的生活已经离不开他的发明。有的专利具备实质功用性，我们完全绕不开。所以，人们会为之付费。

除了这些，作为消费者，我们的眼睛还会自动停留在设计得更精美的物品上。

你或许也能想象得到，人们会为了美颜相机上的一些热门风格付费，它的功用性是展示精修后的照片，并得到一种在工业美学时代主流承认的滤镜宽容。由此，你会发现大家都"心、眼愉悦"了，并习惯于滤镜下的社交。

那些滤镜开得让人惊悚、号称"轻美颜"的男男女女都不接受自己真实的面目。恕我直言，这是一种不自信。就像一些时尚博主倡导中年人要追求少年气和少女感一样，完全不正视客观规律。若好不容易活到中年，还一脸少年懵懂青涩的样子，可真对不起几十年来所经历的江湖风雨。我接受自己的每一道皱纹、每一寸赘肉，这是私人定制的时光烙印，比私人定制的奢侈品更奢侈。

鲍德里亚说，最美的消费品是人的身体。其实，人的身体也是最昂贵的消耗品。

消耗热量，你需要为之购买果腹的食物；消耗布料，文明社会需要你衣冠整洁；消耗护肤品，社交吸引力需要靠美妆产品维持；消耗能源，出行让你很难从低碳的政治正确中脱离出去；消耗情感，这毕竟是灵长类动物的精神需求；消耗土地，从食物到住宅，我们都在消耗这个地球上产生的大量物资。

但不管你付出再多的成本来维系，这副躯壳到了衰老之时还是会衰老的。

更有意思的是时尚圈，它直接消耗每个消费者的身体。

审美在任何时代都有垄断性,"楚王好细腰"这种风尚在21世纪卷土重来,虽然大码模特在日渐突破封锁圈,但拥有"0号身材"依旧是时尚圈的用人首选标准。

如何变化,才符合这个时代的审美?各类时尚、美妆广告犹如传道授业般苦口婆心,势不可挡。美丽成为人们的一种信仰。

于是,在企业主和消费者的商业共谋下,人们形成了对消费的功用性宽容:买数十支唇膏,因为色号不同;买瘦腿器,因为直而纤细的腿才是好看的腿;买健身卡,因为马甲线才是健康美的标准……

我们后来才知道,其实世界上没有所谓的"瘦腿器"或"躺瘦"的产品,但你已经为了一点点宣称的功用性付费了。而此情此景,会引起共鸣。谁不是在工业美学的支配下被改造的呢?不管女性、男性,为了变得"美"一些,为了得到赞赏,为了得到更好的工作机会,谁能不把身体变成一个"工程"的客体呢?

这会让我们想起美国观念艺术家芭芭拉·克鲁格(Barbara Kruger)那幅著名的丝网印刷作品《无题(你的身体是战场)》:一张美丽的女性脸庞被左右正片、负片分割成对称的两块,三个醒目的红色色块分别位于她的额头、鼻尖、下巴,将红色色块上面的白色英文连在一起,就是"Your body is a battleground(你的身体是战场)"。这幅原本用于1989年华盛顿妇女反堕胎法游行的抗议海报,用在消费主义盛行的今天,依然是适用且有说服力的。

流行，本身就是一种消费场的艺术。我们不是在此处，就是在彼处付费。

想让自己更符合主流的这种心态，其实绝大多数人是一样的。然而我们想成为什么样的人，以及我们最终变成什么样的人，应当由我们自己决定。

如何不把银子花光

- 更好地接受自己，那些教"普通女孩如何营造富家千金感"的建议，大可不必在意。
- 一个人最想得到的，以及主动拿来炫耀的，往往是心里最缺乏的。
- 生活并没有捷径，有一些成本该花还是要花，比如失恋的成本、成长的代价。

八、消费心理学的是与非

好无聊先生：为什么最终决定消费的是心理活动？

走不开小姐：看你大姨的衣柜就知道了，她并不缺衣服，但她审美的心理活动会推动她去下单。

前面提到过，交"智商税"在中老年人身上的表现尤其明显。

发展心理学中把老年人主观幸福感不降反升的现象称为老化悖论（paradox of aging），并以老年积极效应（positivity effect，即人老年时倾向于注意和记忆积极而非消极的信息）[1]来解释。也就是说，研究发现老年人在对情绪性刺激的记忆上存在积极效应，即对正性刺激（词语、图片等）的记忆与对负性刺激的记忆没有明显差别，甚至比对负性刺激的记忆更好。

我们的父母年纪越大越喜欢积极的信息——可以延缓衰老、可以延年益寿、可以增强抵抗力等概念都会促成他们的购买。别笑话父母，也许我们到了他们这个年纪，也会如此。就像我的皱纹已经爬到额头，虽然知道难免与不可逆，但还是在黎贝卡告诉我保湿与皱纹的关系后，买了一些必要的护肤品。中年人的"积极效应"告诉我，世界上虽然没有"防腐剂"，但有"心理安慰剂"。

研究"积极效应"，其实对研究消费是有帮助的。大家可以想一想，为什么中老年人的保健品市场如此风生水起。

怀疑论者威廉·庞德斯通（William Poundstone）认为，价格只是一场集体幻觉，在心理学实验里，人们无法准确地估计"公平价格"，反而受到无意识、不理性、政治不正确的因素的强烈影响。这些因此是营销专家们最擅长应用的内容[2]。

我与一些国内的投资机构偶有合作。在投资消费领域的时候，他们曾提及一个时代背景，即在"互联网+自媒体"时

---

[1] Mather M. Carstensen,"Aging and motivated cognition: the positivity effect in attention and memory," *Trends in Cognitive Sciences*, 9 (10, 2005): 496—502.

[2] 威廉·庞德斯通：《无价：洞悉大众心理玩转价格游戏》，闾佳译，华文出版社，2011。

代，消费的理念被无数次地解构、重组，以至商品已经不再是简单的商品，它们的包装、配料与使用者之间形成了一串意义，互相暗示着更为复杂的信息——消费这类、这个产品的人，和以图、文、个人形象出镜为这类、这个产品背书的人，才是"一伙"的，是睿智的，是高级的……

鲍德里亚认为，广告的窍门和战略性价值就在于此：通过他人（的示范）来使每个人对物化社会的神话产生欲望。广告从不与单个人对话，而是在区分性的关系中瞄准这个人，好像要捕获其"深层的"动机。

这是一个"内容即广告"的时代，分享者（共谋者）收费，用自身的逻辑与体验去诱导更多人产生消费冲动。或许，我们将之称为"标签化"会更合适。

1. 去标签化

> 走不开小姐：你觉得自己是个什么样的孩子？
>
> 好无聊先生：我是信仰"正道的光"的"孩子国"成员。

2020年11月，蔡依林在一场演唱会上说："40岁是个很棒的年纪，如果你现在还没40岁，我跟你讲，40岁真的feel damn good！"

作为跨过了40岁关头的中年女性，我也有同感，认为这有可能是她的真实想法。

康奈尔大学社会学家、老年病学专家卡尔·皮勒摩（Karl

Pillemer）认为，相比年轻人，年长者拥有更丰富的人生经验，如曾经历战争、疾病和其他种种的人生剧变，在以上经验的积淀下，年长者能更清晰地意识到自己曾经历过些什么，岁月又把自己变成了一个什么样的人。

当我们对自己的样子有更清晰的认知时，便不会再那么执着于他人眼中的自己是什么样子，也就更不容易为他人如何看待自己所困扰。

相较于20岁的人，30岁的人思维和记忆更倾向于乐观，40岁的人眼中的世界可能比30岁时的更美好。这其实也是积极效应。

有一个极有意思的现象是，当人到了某个年纪的时候，更见多识广了一些，自然就不会觉得只有消费出现盈余或多余的情况，自己才是在生活，而不是在生存。

这大概会体现在更多个性化的细节里，比如体现在女性的衣帽间里，丰富充盈的冰箱里，琳琅满目的饰品、香水中，手机相册里记录了天南海北的照片中，不经意间爬到眼角的皱纹里，无法恢复原态的腹直肌脂肪中。

同时我们也接受了自己的多重身份：是某些人的子女，是某些人的父母，是某些人的同事，是某些品牌的会员，是某些人的拥趸，是小区业主或租客，是本地人或外来务工人员……

在这些身份中，我们看似要寻找标签认同，其实是在寻找我们的生活坐标。

白领是要穿着套装出入写字楼的；高跟鞋似乎是秘书的标配；买一个轻奢的真皮包是犒劳自己；戴一块万元表才显示

自己是中产阶层；买10万元的代步车太寒酸了，朋友们会嘲笑自己；如今流行假期去滑雪……这些曾经对年轻的你来说是很重要的消费指标，如今，随着你的成长，随着你对生活的了解，都不那么重要了。

为什么我会知道？因为我也经历过容易被影响进而冲动消费的青春，也产生过那些焦虑。如今，当我用一个十来元的小布袋装随身物品外出，穿着十多年前买的牛仔裤和球鞋到处晃悠时，已经完全不在意路边精致女性们眼里的不以为然。

诚然，这是先敬罗衣后敬人的时代，但因为你对那些眼光完全免疫，所以根本不在乎。我们无法摒弃一些身份带来的责任与义务，但绝对可以"去标签化"。

没有法律规定当妈妈的一定要每天下厨或学会做"满汉全席"，也没有铁律要求女性一定要穿裙子，没有任何餐厅会规定只有背着名牌包包的顾客才能入内……非要走进某些圈子里的情况除外，因为各个圈子有各个圈子的规则。当你在意时，你和其他人一样，都活在众人审视的眼光中。有一些标签你撕不开，但有一些完全可以。

人到中年，我也学会了说这样的话："世间事只分两种，一种关你什么事，另一种关我什么事。"对有的归类，不必放在心上。除了母亲一职不能松懈，除了工作一定要认真对待，其他事我均持"世路如今已惯，此心到处悠然"的心态。

这几年，我活得更松弛了。不出门的时候，我连脸都不洗，两套家居服轮换，可以打发一周。

越不在意别人的眼光，越过得松弛。我偶尔出门散步，把手机往裤袋里一塞就可以出去了。如果要装点什么物品，就用环保袋或用了近十年的书包。去甲方那里开会，干净整洁就行，手上只需一个电脑包。

不在乎别人眼光的时候，你才是自由的。

如何不把银子花光

- 冲动消费（impulsive buying）也是过多选择导致认知疲劳的一种消费行为。
- 是人穿衣，而不是人为衣服作陪衬，注意不要沦为移动的广告牌。
- 能让你真正鹤立鸡群的不是外形，而是工作能力，能力自由当然比财务自由更重要。

2. 符号化群体

> 好无聊先生：如果美是个体的主张，为什么那么多人会反对选择眼梢上挑的细眼模特？
>
> 走不开小姐：审美确实是个性化的，但当审美成为一种社会性活动时，是有文化属性的。有文化属性就有意识形态问题。

有一种难以抗拒的消费驱动力，叫"美即生产力"。换一句话说，色彩、线条、优质材料、富有诗意的文字"解说"都在构造一种新的消费诱惑。这其实是一种人际关系功利主义的体现，也是一种工业文化。

在商业世界，有这样一句话："这个世界上所有的产品都值得被重新设计一遍。"听得多了，简直可以让耳朵长茧。

工业美学—设计—产品—销售，其实这是一个连环套，该链条的唯一目的是使那些深受分工影响并被标明了功能的工业产品重新具有一种美学同质，一种形式上的或游戏式的统一。这种统一通过它们的"环境功能""氛围功能"等次要功能使它们全部相互联系在一起。或许，这是今时今日诸位美学大师或工业设计师们正在努力实现的。

包装、文化的再循环，其实与工业美学赋予物品的美学价值一样，是一种市场手段。那么，为什么这些市场手段是成功的，或者说为什么新的消费品仍然是受欢迎的呢？

我猜测大概有这么两个原因。

其一，人们对好产品的需求从来没有停止过。

写这本书的时候，我正和合伙人商讨制作《繁花》的作者金宇澄老师独家授权的以《窗外》版画为原型的丝巾。

绝大多数女性家里都有一两条丝巾，那么为什么还要做这一款？当《窗外》这个作品的撞色部分展现在小尺寸的斜扣丝巾上时，色泽美丽，随便一搭都是独特的风景，是可以瞬间点亮人面目的道具，这是产品的描述，但不是原因。

根本原因是我们喜欢美的物件。

其二，新时代的消费除了消费本身，还有社交沟通的属性，与人性有关。

由于增加了金宇澄创作的丰富内涵，这款《窗外》丝巾已经不只是简单的丝巾了。这是一款具有文化属性的，体现使用者的艺术品位和穿搭功力的丝巾。

当使用者愉快地向同伴介绍金宇澄的版画作品时，她无异于在隐性地认可自己：看，即便是一条丝巾，我也会因为独到的眼光而让这款产品与我的穿搭融合形成某种特色。

停！这些都是广告语。

更重要的是，这是限量版的。我们打算只制作500条，即限量版。当人人都有的时候，独特性就是稀缺的。

停！这是销售噱头。

正如《百年孤独》这本书里所说的，世界上凡是人群聚集的地方，谈论的话题无外乎三个：拐弯抹角地夸耀自己、加油添醋地贬低别人、互相窥探地搬弄是非。

最终要看消费者是否为这种审美和产品模式买单。但符号化的作用是毋庸置疑的，这也是那么多品牌希望与艺术家做联名款的原因。

最强大的符号化影响是通过内容传播的代际影响。

就像孩子们喜欢奥特曼、小猪佩奇和孙悟空一样，就像我们的父母辈喜欢太极拳、广场舞、《高山下的花环》以及各种养生之道一样，就像我们自己喜欢某个头衔、名包、名表一样，除了在成长中祛魅，别无解药。

如何不把银子花光

- 面对外界的干扰，要建立自己内心的锚点。比如，你有独特的审美趣味，就可以减少为不必要的所谓颜值产品付费。

- 好的审美，在于感受、发现与创造，无关价格。
- 选择并非多多益善。更多的选择是要付出代价的，因为这要求你有更强的信息处理能力。

3. 资本与大众的密谋

> 好无聊先生：我听你和别人打电话说"消费新品牌是资本和大众的密谋"，这是什么意思？
>
> 走不开小姐：这是一种作用力和反作用力，也是花钱的教训。

有时候我会与投资机构的朋友们讨论什么是好的消费品品牌，发现他们往往在不断地修正自己的定义。

若把观察的时间维度放在2020年到2021年，就能发现很多品牌"眼看它上榜了，眼看它下榜了"，基本是在热销榜单上昙花一现。

2020年的消费品市场，一级市场和二级市场都很热，到了2021年下半年基本降温，到了2022年估值就是"停滞"。搞清楚这些原因，对减少你不必要的消费需求很有帮助。请注意，我不是在反对消费，只是建议：在消费的整个链条里，作为消费者，我们不要被品牌方和资本牵着鼻子走。

鲁迅先生说："梦是好的，否则，钱是要紧的。"[1]

---

[1] 鲁迅：《娜拉走后怎样——一九二三年十二月二十六日在北京女子高等师范学校文艺会讲》，载《鲁迅著作分类全编》，甲编二卷《生命的路》，广东人民出版社，2019。

国家统计局2022年10月24日发布的数据显示,9月份,社会消费品零售总额为37745亿元,同比增长2.5%。前三个季度,社会消费品零售总额为320305亿元,同比增长0.7%,增速比1~8月份加快0.2百分点。分季度看,第三季度增长3.5%,第二季度下降4.6%,第一季度增长3.3%,第三季度较第二季度有加快恢复趋势[①]。

2021年3月至2022年9月共17个月社会消费品零售总额的单月同比增速,有明显起落(图8-1)。

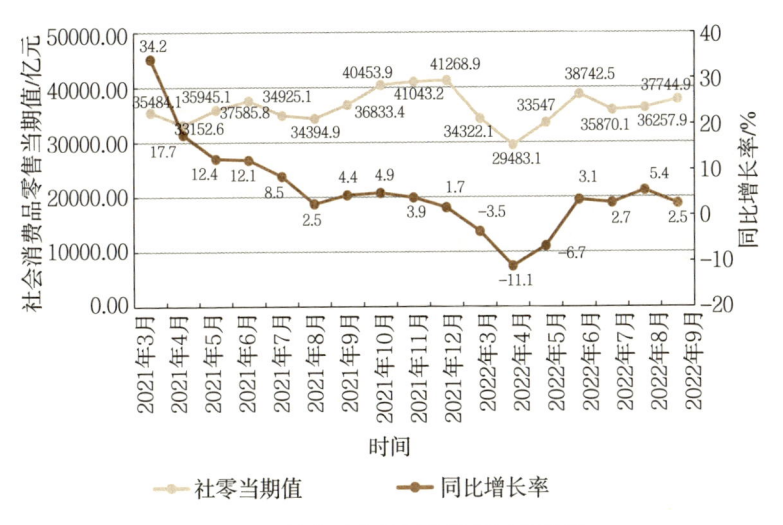

图8-1 社会消费品零售总额同比增长
数据来源:国家统计局

---

① 《董礼华:前三季度消费市场逐步恢复 新型消费增势良好》,http://www.stats.gov.cn/tjsj/sjjd/202210/t20221024_1889468.html,2022年10月24日。

疫情暴发前，为何资本汹涌地流向消费领域？在今天这样的环境下，资本还会往消费领域涌去吗？

我们总是有一系列的选择，有各种目标，有无数方法与世界和未来建立联系。不能只看到失去的，更应该看到关联。疫情暴发前，2019年，我国人均GDP首次突破1万美元大关。大众的购买力让消费市场一片欣欣向荣，更因为移动互联网时代消费者的消费模式已被"驯化"，新消费品牌确实有了能快速起量的流量模式。

简单来说，由于疫情暴发前的互联网发展，人均使用智能手机的时长已经奠定了短视频流量快速增长的基础，通过短视频展示产品卖点，通过算法匹配有效用户的流量模式的成功性已经被验证了。

中国网络视听节目服务协会发布的《2020中国网络视听发展研究报告》显示，截至2020年6月，短视频以人均单日110分钟的使用时长超越了即时通信。如果视频中的卖家秀能让消费者清楚地看到使用过程和使用该产品前后的对比，就会提高消费者对该产品的接受度；当流量平台让比消费者更了解消费者的算法来做推荐的时候，比如用户前一秒刚搜索了"香座"，后一秒就能刷到各种有趣的香座时，他的购买欲望就会被激发出来。这些需求的变化有助于商家做极其细分的产品，因为不管哪一种细分的类别，都是推荐越精准越容易触及目标群体。

除了仍在被探索的元宇宙和仍待深度消费化的人工智能，互联网上的新机会和新模式不多了，TMT（technology,

media，telecom，科技、媒体和通信，即数字新媒体产业）领域不再是基金公司广泛看好的投资方向。所以原先投放给互联网的资本现在更关注与零售相关的模式，很多原来以TMT为主要服务领域的FA（财务顾问）机构都开始降低服务费，来争抢消费品企业融资的业务。

基于中国制造的转型升级，各种供应链分工明确，体系完备，各种消费品都有良好的生产基础。基于优化后的流量算法逻辑，各种消费品被生产出来之后，都有办法"找到"匹配的用户。这是新品牌的"从0到1"的路径。

但"从1到10"非常难，这也是2021年天猫美容护肤品前十的序列中，国产品牌"十仅存一"局面形成的原因。

新消费品品牌商如何花钱？砸钱在流量上，以找到用户为第一阶段的要务，这确实可以让新品牌快速产生销量，但要提高消费者对品牌的忠诚度、产生自动复购行为，并不是那么简单的事。此外，品牌商还需要搭建好强大的供应链，才能保证品质的稳定和供应的稳定。沉迷于流量的品牌，砸钱砸得再狠，价格再低，如果质量上出现瑕疵，消费者就会抛弃它们，也许会提前打一打招呼（给产品写差评），可一旦抛弃了之后就再难回头，毕竟可选择、可替代的产品太多了。

客观来说，面对所有商业环境中的不稳定因素，首先付出代价（金钱、健康等试错成本）的是消费者，其次才是品牌商。

今时今日，年轻的消费者似乎活在抖音、小红书，以及其他各平台的直播间，他们很少会去细究这些种草视频是如何精心制作的，看到之后萌生购买欲望是常态；他们也很少会去细究KOC（key opinion consumer，关键意见消费者）说的对不对，看到KOC对某产品进行负面评价就拒绝，看到热情洋溢的赞美就接受。

他们盲从吗？其实也不盲从，他们不仅看性价比，还看价值观。确实，不是所有的消费者都只看价格。实际上，这些年轻的消费者更理解什么是品牌价值，不要忘记他们很早就接触了"温室效应""环保""双碳"和ESG①这些概念。

可毕竟消费者并不会深入地了解一家企业的真实做法是否如宣称的那般。所以一旦品牌出现任何不稳定因素，最终买单的是消费者。

2021年，我们已经目睹了好几个消费品品牌从花钱砸口碑到后来的苦苦挣扎、降本增效。一旦被投企业出现问题的时候，相信我，资本跑得比你快，止损止得更坚决。

好无聊先生问，社会消费品零售总额的统计数据，到底包含哪些消费品呢？其实远不止粮油食品、烟酒饮料、服装鞋帽、化妆品，还包括中西药品、文化办公用品、家具、通信器材、石油及其制品、汽车以及建筑装潢材料等。如果仔细看国家统计局的社零细分数据，你会发现，从逻辑上来说，越是在不确定性较大的背景下，大家越会看重生活必需品——不管年景好坏，人们都需要消费，总归要吃饱方能谈其他；不管收入高低，生病了都有问诊需求。这是消费和医疗被看好的大时代格局。

---

① ESG是environmental（环境）、social（社会）和governance（公司治理）的缩写，是指一种关注企业环境、社会、治理绩效而非财务绩效的投资理念和企业评价标准。

如何不把银子花光

- 刺激消费确实能增加GDP，但绝对不是最核心的驱动力。同样，"买买买"也绝对不是增加一个人幸福感的基本因素。
- 不需要的东西，白送都是一种浪费。
- 能让消费者跟随着成长的品牌，少不了价值观附加值，但多数企业的价值观也只停留在书面。不要看企业怎么宣传，要看它们如何对待消费者。

九、成为聪明的消费者

好无聊先生：怎样才能成为聪明的消费者，是买性价比最高的东西吗？

走不开小姐：不是，是买你最必需的东西，买东西的时候"怂"一点，从心。其他的都可以放一放。

2021年的8月，看了国家统计局的数据以及一些企业的规划后，我写了一篇名为《花钱动力严重不足》的文章。

好无聊先生放学回来看到后，忧心忡忡地问我："妈妈，我们会破产吗？"

我忍着笑安慰他："虽然国内已经有个人破产的先例，但我们家并不是不看重现金流的家庭，你放心好了。"

他好奇地追问："那你为什么说花钱动力不足呢？"

我给他讲了经济增速、社会消费品零售总额的增速以及城镇调查失业率等背景信息，在他困惑的目光中，我下了一个结论：我们（全国大多数人）可能要过一两年"紧日子"。

他问："所以影响是连带的？我们会像欧洲人那样去抢厕纸吗？"

我再三保证不会发生那样的事。刚需品的补给对一个家庭来说是必需的、及时的。

回答好无聊先生关于家庭收支的问题，我当然非常有自信。但经常会有人来问："你怎么看中国房价（或制造业等产业）未来的走势？"面对这些问题，我通常会苦笑。

研究一个现象与预测一个现象，是两回事。

证券行业的分析师们喜欢预测、评估与建议，我没有这个能耐，也没有这个兴趣。大家在互联网上看到的信息过于繁杂，不少专业科班出身的经济学家们预测股市已经到底了，但股市一直跌了又跌。研究楼市投资的人士大喊抄底的时候，"底部"已成"高位"。试想，那么多研究俄罗斯的专家，谁又真的预测到了俄乌冲突的升级呢？

真要像某些老师那样"专业看空"数年，就需要专业的经济知识背景、长期的观察与面对"键盘侠"的莫大勇气以及忽视现实的固执。毕竟，随着时间的推移，他总有一天会准确预测。

若要像各机构、各院校的经济学家们那样考虑各种叠加因素，对经济作出各种预测，需要研究很长时间，然而大家给出的预测会出奇地合拍，像事前对过口径一样，你谨慎乐观,我保守看好,他在悲观中坚强……总有一个人会押中。

然而,这世界上只有巫师和气象专家适合作预测,经济学家的本职是研究经济现象,媒体人的本职是采写新闻,评论员的本职是发表评论。至于半只脚踏出媒体圈的我,就更不适合作任何预测了。

如此想来,年轻时的我曾经犯过类似的错误,长期写经济时评,逮着一个西方经济界的"大腕"就想问:"你怎么看中国宏观经济未来5年的发展?"那是因为我要做新闻,有国外的"大腕"来中国,谈的话题若不和中国沾边,稿子就发不出来或者发不了重要版面。谁会关心这个诺贝尔经济学奖获得者因为要和夫人庆祝结婚周年而放弃来中国参加某论坛?我们关心的是这个人怎么看中国的经济,他是乐观还是悲观,他是看好还是唱空。

当我以普通市民的角度来看新闻的时候,反而喜欢看一些小数据。比如珠三角工人工资的涨幅,长三角企业对人工成本上升的预估,两个地区的工业用电量变化,所居住城市最低月工资的变化,民用水、电、气等基础生活用品的价格,二手房的成交量,公交票价、地铁票价的调整……这些细节,说的是市民的成本,是城市的细节,而城市的细节正是一个国家经济发展变化的细微之处。

这些观察或许能让我成为相对聪明的消费者。

1. 居大不易

> 好无聊先生：同学戴的电话手表比我的高级得多，但我不会要求妈妈你给我买。
>
> 走不开小姐：非常好，虽然你还小，但也要知道在一线城市居大不易。

从初中就开始拿稿费的我一直试图和孩子讲述经济独立的重要性，以及社会经济系统是如何运转的，谈话往往从产品和我们的生活，以及如何看待消费这类话题开始。

新冠疫情暴发以来，我在家庭开支中做得比较正确的事之一是给好无聊先生买了任天堂Switch和健身环。家里大尺寸液晶电视一直是用来当电脑屏幕的，居家上网课的日子，或上完课不方便下楼玩的时候，就会间或玩会儿健身环，权当运动。

2020年2月6日，当看到任天堂为产能不足致歉时，好无聊先生忍不住为我的先见之明"点赞"。

我同时买了很多书和零食，确保居家的日子有精神食粮与口粮。不出门的人，买那么多衣服、包包做什么呢？另一种需要买的是可以减少家务劳动的小家电。更有意思的是，价格不高的小家电几乎"攻克"了各个领域，让厨房家居事务变得更容易了。到邻居家串门，当邻居给我展示她新买的早餐机，告诉我如何利用这台小机器解决四口人的早餐时，我马上就动心了。

不得不承认，消费本身就是一种生活交流。

这种交流发生在你们在菜市场中打量对方买的什么菜，

在理发店找的哪个"Tony老师",去哪个超市购物,住在什么社区,穿什么牌子的衣服,孩子用什么包书皮,买什么自行车等场景之中。

消费品(物),其实本身就是符号。其首先是具有功能性,其次是具有社会性。这就是社会人必须经历的一个过程。我们作为社会人,是通过消费来注册于社会的。其中既有无意识行为的部分,也有下意识行为的部分。作为消费者,我们总在害怕错过什么。我们总是会害怕自己跟不上技术进步带来的日常生活的改变。

你想象不到的是,人们对纯消费的向往既有社会机动性的一面,也有文化系统的一面。比如,一个人吃多少是有限的,能消化多少食物也是有限的。但食品企业的广告营造出来的文化系统,却是更深层次的。各种广告,在给消费者做阅读理解的过程中,已经把他所向往的那种社会文化聚集到了一起。而这些都在人口密度高的区域里进行,城市里人口的集中带来了需求的无限攀升。

消费在分层、"内卷",投资也在分层、"内卷"。"内卷"已经是全社会现象,不局限于某个领域了。正因为"内卷",我们一部分人被卷进了大城市,感觉到居大不易。多少人站在灯火辉煌的都市街口,心中默默念叨:"有压力,未解决。"

刚毕业的年轻人面对的是职场、生存压力;中年人面对的是房贷、孩子未来的教育费用、老人的养老等问题。而且我们很明确地知道,人到中年,改变眼下社会地位的机会越来越少。所以我们会寄希望于孩子，在孩子身上投入更多教育资源，让孩子实现"向上流动"。

2021年6月，高考前后，朋友圈中比较欢乐的段子是"支付宝学神基金经理高考打call集结令"。你会发现很多省、市、区的"高考状元"都流入了金融行业。这大概与深圳很多中小学出现毕业于"清北复交"[①]的老师一样，"内卷"到了极致，做什么事都像是狮子搏兔。

据我观察，正如学校并没有使学生获得一致的教育机会，反而使教育资源加剧分化（如"衡水模式"）一样，消费也没有使整个社会更加趋于一致。代表这个世界的精神态度已经被拉到物的水平上，被称为实证主义。但物的秩序带来了个体自我之丧失的威胁，对生活的畏惧就不可避免地增长。

消费品成批地被供应，成批地被消费，留下的废料被扔掉。当现代工业完善到如此地步时，对某一特别品种的喜好便是没有意义的，新奇的事物层出不穷，这种喜好又会迅速被遗忘。

消费的力量远超你想象。中国的GDP结构中，自2014年起消费已超越投资成为拉动经济增长的首驾马车，对经济增长的贡献率基本维持在60%以上。2021年，中国已成为全球最大的单一消费市场。根据国家统计局的数据，2021年中国社会消费品零售总额达到创纪录的44万亿元，并呈持续稳定

---

① "清北复交"是指清华大学、北京大学、复旦大学和上海交通大学。

增长态势[①]。不止于此，消费占GDP的比例必然还将增长。2022年12月，中共中央、国务院发布《扩大内需战略规划纲要（2022—2035年）》，明确2035年扩大内需战略的远景目标是消费规模再上新台阶，因此，中国的消费领域仍存在极大的发展潜力。

那么想一想，中国14.1亿人的消费能力为何比不上美国3.3亿人的消费能力？理论上，只要经济稳步增长，庞大的人口基数必然会带来惊人的消费能力。

前提是我们读懂了杠杆率。与父辈不同，"90后"善于运用"杠杆"。这一代的年轻人出生、成长于经济上升周期，社会安定，经济繁荣，个人收入相对稳定。所以他们的超前消费欲望得到了支持，看到信用卡账单时，压力也不会很大，毕竟有稳定可靠的收入来源，下个月工资一发就能还贷。然而，一旦杠杆率高了，比如大部分收入需要还房贷的时候，他们的消费动力自然不足。

对于杠杆率，最通俗易懂的解释大概就是，还债的钱（包括房贷、车贷、信用卡等）占个人年收入的比率。杠杆率高，就代表个人的可支配收入低，消费水平也低。

我们说大城市居大不易，其实最大的负担是住房成本。杠杆率高的情况下，我们还是应该去了解如何不成为时代的"新穷人"，去了解自己消费物的价值中哪部分是被赋予的与

[①] 《2021年全年社会消费品零售总额超44万亿元》，http://www.gov.cn/xinwen/2022-01/17/content_5668985.htm，2022年1月17日。

被"习惯化"的,从而减少这部分的开支。

生活必需品的供应并不一定按照一个统一的计划进行,这是一个复杂的系统结果。其中有着我们自以为的无数来源不同的因素,汇合成巨大的机器化、合理化的供给系统。每个人在自己的位置上的善意与资源合作,是社会经济体系运转的根本条件。同时,人作为某种社会环境的组成部分而存在,通过记忆和展望的纽带与这种环境联系在一起。

无须把关于消费的道德争论放到更长的历史中看,我们也知道一部分人会从物的获得中得到满足感,尤其是获得一些他人无法获得的"物",比如更新鲜的空气、更大的空间、更长的假期、更多元的选择、更自由的精神。

"消费促进增长"的经济和思想转型从欧洲西北部到我国的内循环,确实是通过支持创新和创造未来的市场来应对竞争压力的一种表现。但是请记住,我并不是鼓吹抵制消费,仅仅是希望你能看清楚消费对个体而言在我们生存中的现实意义而已。

如何不把银子花光

- 不要让自己陷入焦虑——消费文化有高度适应性,亦有道德观念的反复"变奏",甚至会牵涉到对炫耀性消费、攀比和模糊阶级壁垒的道德焦虑。
- 市场主导的消费者社会中,消费已经成为衡量人生成功的标准。承认你不会拥有一切,知道自己可以拒绝被完全同化,其实需要更大的勇气。

◐ 每个社会都会按照自己的标准孕育为之奋斗的愿景，我担心的是你会不加思索地接受它。

2. 消费分层

> 好无聊先生：同一类产品，为什么有的卖得昂贵，有的卖得便宜？
>
> 走不开小姐：物品的价格，从来就不仅仅是由物品自身决定的。

消费分层是一个伪概念，或是阶层消费的一种委婉说法。美国资深文化和时尚作家黛娜·托马斯（Dana Thomas）在《奢侈的》一书中写道，20世纪60年代，青年学潮暴发，这场政治变革席卷西方世界，打破了阶级藩篱，也抹掉了区分富人和平民的符号。随之而来的是奢侈品不再时髦，退出了时尚潮流，直到20世纪80年代一个新富阶层——单身女性主管崛起，情况才有所好转。

20世纪80年代，奢侈品牌是私人拥有的，虽然也都在追逐利润，但企业的首要目标是尽可能制造出最完美的产品。大集团接管奢侈品牌之后，开始一门心思追逐利益，将生产线转移到成本更低的地方，用更低成本的原材料，卖更高的价格，推动奢侈品崇拜。

那是黛娜·托马斯怀念的时代。让她诟病的就是奢侈品大众化之后，圈大钱、上市赚大钱，引发了大众崇拜奢侈品的现象，这也正是国内消费者今日所见的。

然而，就像孩子收集奥特曼卡一样，成年人收集名牌产品，像炫耀某个符号一样来炫耀它们。本质上其实没什么不同。

奢侈品是成年人社交场上的标签，也是成年人的玩具。中国奢侈品消费群体年轻化趋势明显，各大平台大同小异的奢侈品消费调研都能告诉我们，30岁以下的奢侈品消费者占比越来越高。一方面，这固然是年轻人的人均收入提升表现之一；另一方面，这何尝不是一种消费的时代特点，尤其是文化权力在信息传递中的作用的体现。

根据《证券时报》2022年4月20日的报道，网传的奢侈品集团酩悦·轩尼诗-路易·威登（Louis Vuitton Moët Hennessy，LVMH）大中华高管电话会议要点图流出，该集团把客户分成三类：个人年收入1000万元以上或家庭年收入3000万元以上的归为超高净值人群，个人年收入300万元至1000万元或家庭年收入1000万元至3000万元的被归为高净值人群，而低于前两类的都被归为无收入群体，即年收入低于300万元或家庭年收入低于1000万元的，包括学生和普通白领。

这不由得让人联想到电视剧《三十而已》中的女主角顾佳无论如何也要买爱马仕包包的行为。

中国人如此热爱奢侈品，乃至于中国成了全球最大的奢侈品市场。任何一家国际奢侈品集团都知道，要是没有中国市场撑住的话，在过去几年，奢侈品集团的日子会很难过。

我们当然都向往美好生活，但不应将美好生活等同于高奢消费。

越是会营造氛围的品牌，越会用虚构的信念来诱导情感消费从而获利，消费者越早看清这一切，越不容易被消费的层级误导。真正的高贵不是背什么包、开什么车，而是像德国著名的哲学家和精神病学家卡尔·西奥多·雅斯贝斯（Karl Theodor Jaspers）于《时代的精神状况》中所说的那样，"真正的高贵是以人对自己提出要求的形式而无名地存在的"，虚假的高贵则是"对他人提出要求"[1]。

作为消费者也不妨换位思考，生产得越多，厂家、品牌方就越在大量生产过程中强调必要性。如果我们理解有需求才有供给的逻辑，那么品牌方认为的需求和我们所认为的需求是一样的吗？显然不是，前者是生产范畴中所谓的"需求"，极具概括性和数字逻辑。后者是我们作为个体消费者的实际需求，极其个性化。

创造财富的同时也激发了需求。创造财富的节奏与我们现实世界工业经济的生产力相关，激发需求的节奏则与社会城市化发展、社会文化的变化相关。

近两三年，我接触了几十家投资机构中看好消费赛道的朋友，发觉他们也有矛盾之处。他们一方面希望所投的项目能大卖，另一方面又知道那不一定是有真实价值的，甚至是可以被替代的。

前文简单谈过为什么投资机构要将目光都瞄向大消费行业。很简单，这个世界无论如何变化，一些基本的规则是不会变

---

[1] 卡尔·雅斯贝斯：《时代的精神状况》，王德峰译，上海译文出版社，2016，第226页。

的。是人都需要考虑衣食住行玩，这是可支配收入的主要去向。此外，消费者心理既容易被煽动，又容易失去兴趣，表现为拥有前想象，在购买瞬间获得满足，在获得过后兴趣破灭，再重新期待，再即刻消费，再周而复始地被卷入消费主义的陷阱。

就像如今消费者习惯了去看食品包装袋上的配料表一样，大多数奢侈品消费者都知道他们买的包是什么材料做的，是否为人工缝制，更能从各品牌门店精美、奢侈的装修里知道这是暴利行业。但人们还是趋之若鹜，即便买过奢侈品的人也知道买的不是产品本身而是"较劲的感觉"。为何这种热爱旷日持久？为何消费者会想方设法把自己从头到脚用奢侈品填装起来？买到奢侈包包后，背着挤地铁、公交车又小心翼翼，带着上飞机还舍不得放到前排座椅后方。

大概国内部分消费者对奢侈品的理解还没进化到更好地使用而不是更好地摆拍上。黛娜·托马斯会告诉你，奢侈就是穿着昂贵裙服却如同身着T恤衫一样安逸自在。如果你没有这份自在，那你就不是一个习惯奢侈的人，你只是一个买得起东西的有钱人。

国外消费的"度"比国内要高。这当然有国外人均GDP更高的缘故，我们固然也可以认为，这是因为经济市场化程度和金融发达程度的差异。你可以看到住房抵押贷款、汽车贷款、教育贷款、医疗保险、退休养老保险等金融产品在西方社会大行其道，既减少了人们对未来生活的担忧，又帮助了个人平衡消费水平。但这种"过度"也隐含着相对的风险，比如金融风险。

若你是年龄在30岁左右的读者，应当对2008年始于美国、席卷全球的金融危机还有记忆，并且知道其形成的根本原因是什么。

前文提及的消费陷阱是需要警惕的，并且要尽量理解工业制造的美学仍然在追求自身符号体系，仍未脱离媚俗文化的范畴，"是与社会赋予媚俗的功能深刻相关的。这一功能便是，表达阶级的社会预期和愿望以及对具有高等阶级形式、风尚和符号的某种文化的虚幻参与"[1]。这就是我们这个时代"物品亚文化的文化适应美学"。

别不以为然。有些朋友会说，他们愿意为苹果电脑、Apple Watch付费，他们是"技术咖"。可是他们忘记了，技术消费品一旦成了一种神奇的心理实践，或一种时尚的社会实践，技术消费品本身就成了一种带有装饰功能的物品，比如数字藏品（NFT，non-fungible token，即非同质化代币）。

不管是NBA著名球星库里花18万美元买的无聊猿数字藏品头像，还是音乐人周杰伦大力吆喝的幻影熊数字藏品头像，抑或是与其他明星IP捆绑的"无辜猫"数字藏品头像，NFT的风都吹不动了。艺术品的唯一性与审美带来的回响，在现实社会中很容易理解，但在数字世界里，更像是以"唯一性"彰显币圈参与度而带来的换装笑话。

---

[1] 让·鲍德里亚：《消费社会》，刘成富、全志钢译，中国社会科学出版社，2014，第82页。

如何不把银子花光

- 个体通过消费方式，进入某种大众生活逻辑之中，这是一种世俗性的便捷方式。但如果不想进入那个圈子，则不必花买路钱。
- 每个时代都有每个时代的消费特点，没必要去和上一个时代或下一个时代的消费者比较。
- 人们在消费物品的同时，也在消费这种主体成功的神话，比如创业致富的故事。由此需要警惕消费文化对精神智力的危害。

3. 对抗与认同

好无聊先生：用了十多年的吹风机，为什么换了？

走不开小姐：需求不一样的时候，就需要选择功能更匹配的产品，自己舒服最重要。

我有一个价格几十元的吹风机，是2005年住在广州福今路一带的时候，在广州王府井百货买羽绒被子时商家送给我的，一直到2021年"双11"之前都在用它。2021年11月30日，这家王府井百货也关张了，时年25岁。

曾经在和好无聊先生聊物品对我们生活价值的提高时，我举过这个吹风机的例子："对妈妈来说，质量符合国家标准，基本功能指标达到了的产品，就是可以使用的产品。坏了再说。"

"双11"期间,看到我换购了一款更方便的吹风机,好无聊先生看了看价格,问:"你为什么买这个贵的?"我告诉他:"因为我头发长了,又臭美地烫了卷发,这款吹风机的配置更适合我。这就是需求改变了之后,选择消费物品的标准随之改变的例子。"

好无聊先生又问:"很多人买东西是为了发朋友圈。你会发吗?"

"不会,我消费是为了满足自身需求。关起门来,自己舒服最重要。"这是我认为作为消费者应该有的理解——"必需品"虽然以行使自由意志之名出现在消费者面前,但不必以他人认同来佐证自我选择的正确性。虽然我们知道自己活在消费潮流里,很难脱身。假设消费市场对消费者的诱惑是一个驱动力,热衷于被诱惑的消费者的配合也必不可少,此间自然有下意识的认同与对抗。

如何调动消费者的热情与活力进而让消费成为一种生产力?最绝妙的办法,就是让消费者产生深切的认同感。2021年,一家善于用社交叙事来打造爆款广告的广告公司引入了新的PR(public relations,公共关系)业务合伙人,消费者可能忽然意识到,这个时代的PR和广告其实不分家了。过去或许我们能抵抗某些广告的吸引力,如今我们会被社交叙事中看似漫不经心的场景设定打动,继而接受其中植入的品牌,以及该品牌宣导的某种生活方式。

广告内容也好,PR内容也好,在大部分的时间里都对我们隐瞒了媒介的真实功能，这一点在近五年尤为明显。

很多讲良心的KOL（key opinion leader，关键意见领袖）尚能把自己的生活体验与推广分开，但绝大多数并不是这样的，他们几乎每一句话都是在推广，无不是溢美之词。甚至很多有资质的媒体为了生计会承接软文推广，将软文等同于新闻内容。整体传播氛围也如此，广告媒介的边界已经超乎人想象地泛滥了——广告在冒充信息。

马歇尔·麦克卢汉（Marshall McLuhan）说得对，每一种媒介都在把自己作为信息强加给世界。消费者如你我，所消费的就是这些表达被切分、过滤后重新诠释的商品，背后毫无疑问连接着文化或消费主张，但其价值很快就被某些夸张的体验表达掩盖了。

你是买家，但会被卖家秀所传递的美、消费价值、定义所影响，恍惚间以为一旦拥有了卖家秀所展示的产品，你就就会拥有如同卖家一样的效果了。

这些"内容消费"背后所隐含的解读系统，有其内在的逻辑严谨性。这就是大众文化意识形态的编码规则。

2021年12月28日，《光明日报》发表了一篇评论，名为《"平替"为什么火了？》，文中提到，年轻人审视自身消费观，"把钱用在刀刃上"已成为共识。这篇评论刊发在《消费日报》选出2021年五大消费年度热词之后，五大热词分别是：攒钱、平替、理性、国潮和断舍离。

这些看上去更像是消费的态度词，而不是消费的动作词。

若观察消费现象，我们确实可以看到，在一、二线城市出现的临期商品店，拿到风投的二手奢侈品交易平台，在电商平台上出现的促销商品网店确实也受到当代年轻消费者们的欢迎。

在电影《爱情神话》里，徐峥饰演的老白去临期进口产品超市购买与李小姐共度良宵的食材，打折啤酒只有一个星期的保质期了，老白觉得这不能用来做什么了，喝不完就坏了。于是邻居七嘴八舌地提出建议：用来洗头，头发会顺滑；拿来浇花，花长得快……

但这不代表年轻人已经摆脱消费主义的裹挟。

事实上，这还是消费分层的表象，消费人群更细分，也有更多的产品可以选择，因而消费者更会考虑性价比和品质。但"平替"的火热说明的是如今的年轻人掌握了消费的分寸感吗？不一定。还要看其购买的数量。

不得不说，多读书是会减少消费冲动的。读书让你能思辨、批判性地看待万事万物，能锻造出自己的解码系统。

芭芭拉·克鲁格（Barbara Kruger）有一幅出名的作品《无题（我买故我在）》，带着很强的思辨属性。作品中，黑白照片上是一只向前伸出的手，中间是红色的色块，醒目的白色英文写着："I shop therefore I am."这幅作品完成于1987年。对于这句模仿勒内·笛卡儿（René Descartes）名言的流行语，你可以理解成是在讽刺消费主义，也可以理解成它是在理直气壮地宣扬消费至上。

往什么方向"解码"这幅作品以及这句话，其实就在于你通过读书构建起来的认知系统是如何运作的。

如何不把银子花光

- 理智的消费者能掌控的就是经验法则,为此或多或少要付出一些成本,也应当善于归纳总结。
- 消费者同时也是消费社会的需求制造者,常常忘记"该买""不该买"是很私人的消费体验。朋友们推荐好物,常用的话术或理由是"对自己好一点",但还是要想一想,你是否真的知道什么选择对自己才是最好的?
- 东方哲学倾向于认为,获取过多会导致物质主义与虚荣,会遮蔽一个人的本性,从而阻碍我们对真正幸福的追求。

十、消费转移

> 好无聊先生:咱们家一年最大的开销是什么?
>
> 走不开小姐:房贷等固定开销,还有吃吃喝喝。

现在的在线支付系统都自带记账功能,每年、每月、每日的钱花在哪里,我们都能清清楚楚地看到。

以我2021年12月的开销构成为例,33.28%是出行(仅是指当月出差和春节的机票)。12.24%是服务类消费,这里就蛮有意思,我在某在线平台上买菜、叫外卖、寄快递及用于修鞋的费用,都算在了服务类消费内,在这一类中占比99%的还是吃吃喝喝。家政服务和好无聊先生假期上速写考级班的费用被归为转账支出，占比为12.01%。购物占比为11.85%，其中的90%是买茶叶和在山姆会员店买食材，也属于吃吃喝喝。餐饮占比为9.17%。交通占比为8.8%。服饰占比为6%，是给表弟新生的女儿买礼物的费用。其他占比为6.07%，其中在年货上的消费占了80%。医疗占比0.2%，主要是核酸检测的费用……

这样计算下来，其实37%左右的费用都是花在吃喝上。这算是开销构成的最大类目了，也非常符合我国居民消费的结构比。

生活态度是自己的，比如我是一个人吃饭也可能下馆子认真点菜、好好吃饭的人；是一个买零食也会认真研究配料表，但更看重口感，会将零食放在一个零食柜的人；是一个会根据不同的茶叶搭配不同茶点的人；是一个宁可穿得宽松也要多吃几口的人；也是一个不会下厨的人。我很反感以所谓的约定俗成的社会规范来要求女性。法律可没有规定"女主内"，也没有规定女子一定要下厨房。

了解消费逻辑，更直接的方法就是看自己的需求，而不是看他人的供给。人到了中年，当然最知道自己要什么。叔本华告诉我们，幸福的三个来源是"人是什么、人有什么、给他人的形象如何"，除了最后一个，前面两个都是可以深入想一想的。

这时候，广告对我这种"铁石心肠"的中年劳动妇女最没有用，"如果这时候还要别人来告诉我，我缺什么，那不是白活了吗？"

想减轻消费压力，一方面，可以根据自己银行卡的剩余数字，圈定一个切实可行的消费范围。另一方面，可以多了解消费逻辑，少看广告信息。有时候，从我们的消费结构中，就能知道我们是否了解自己。了解自己，意味着我们的钱都花在了应该花的地方。

作为一个中年劳动妇女，我必须严肃地指出，在商业领域，重男轻女是非常不对的。国人在"重男轻女"领域里的"辉煌战绩"带来了很严重的后果。

中国卫健委发布的《2012—2013年中国男女婚恋观调研报告》称，"70后""80后""90后"非婚人口中男性比女性共计多出2315万人。"70后"非婚男女比例为206∶100，"80后"和"90后"的这一比例分别为136∶100和110∶100。再看看第七次全国人口普查结果，男性比女性多出约3490万人。

性别比例失调的影响很大，美国私人经济研究机构——全国经济研究所（NBER）——于2013年发布的一份报告认为，性别比例失调是中国储蓄率高的一个原因。这种失调导致年轻男士，特别是他们的父母提高了储蓄率，目的是让自己或者儿子在婚嫁市场的竞争中处于有利地位。不知道这一论点是否会让你认同？然而从现实生活中观察，"天价彩礼"背后的经济归因和"丈母娘经济"类似，很多地方在婚嫁方面存在性别消费的现象。

据《人民日报》2021年的报道，2018年，我国有超过7700万的"空巢青年"，预计2021年"空巢青年"人数将上升到9200万人。与此同时,我国家庭结构正呈现单身化趋势。自2015年起,一人户占比逐年增加,2018年已经达到了16.69%[①]。根据国家统计局的《中国人口普查年鉴-2020》,2020年我国家庭户中一人户的数量达到了1.25亿户,占家庭户的比重高达25.39%。也就是说,有四分之一左右的家庭户为一人户。

了解这些有什么用呢?美国纽约大学社会学教授艾里克·克里南伯格(Eric Klinenberg)在《单身社会》一书中预言:"单身社会正在成为一次空前强大、无可避免的社会变革。这也会带来我们消费模式的变革[②]。"

1. 性别经济

> 好无聊先生:妈妈,你往脸上涂的是防腐剂吗?
>
> 走不开小姐:护肤品,俗称心理安慰剂。

2008年,市场调查公司思纬(Synovate)在一份关于中国女性的财政状况与购买力的调查报告中指出,75%的中国女性现在不向自己的另一半伸手,而是用自己的收入随心所欲地购物。其中,北京女性与香港女性的经济独立程度并列位居榜首

---

① 《一人独居,两眼惺忪,三餐外卖……空巢青年,孤独谁懂》,https://baijiahao.baidu.com/s?id=1700082402787384575&wfr=spider&for=pc,2021年5月18日。

② 艾里克·克里南伯格:《单身社会》,沈开喜译,人民文学出版社,2017。

（皆为81%），然后是上海女性（为71%）。

根据第七次人口普查的数据，20～69岁的女性人口约为4.13亿人，如果按2021年全国居民人均消费支出24100元计算，她们掌握着将近10万亿元的年消费支出。市场上出现"女神消费""悦己经济""女性向游戏"等词，也就非常容易被理解了。越来越多商家瞄准了这个群体。

当下，女性的购买力有多强？2014年9月19日，阿里巴巴正式在纽交所上市，随后马云在2014年出席克林顿全球倡议大会时，肯定了女性对于阿里巴巴的重要性，"我今天想告诉你们阿里巴巴的商业机密，阿里巴巴70%的买家是女性，55%的卖家是女性，这就是我们主要的资源。所以，我要感谢女性，没有你们阿里巴巴不可能到纽约来上市。"

如今，不少机构都在研究女性消费力。波士顿咨询于2018年发布的《中国奢侈品市场消费者数字行为报告》显示，新一代奢侈品消费的主力军，有71%是女性。

2022年3月7日，贝壳研究院发布《女性居住消费调查报告2022》，从近年的房屋交易数据看，女性正在成为居住消费领域的"半边天"，部分城市女性的购房比例已经超过男性。比如，2021年深圳女性购房者占比在一线城市中最高，达到54.76%，较2018年上升了4.18百分点，增速高于其他一线城市。这就是说，深圳每100个购房者中就有约55个是女性。

以前，我们通常认为，手游玩家基本上以男性为主。2014年8月，移动数据分析公司Flurry公布的报告给出了否定的答案。在对110万名使用Flurry平台的用户进行调查后，发现女性玩家在内购程序上的购买力要比男性高31%，在游戏时长上女性会比男性多出35%，7日留存率平均要比男性高出42%[①]。

回到国内市场，根据QuestMobile发布的《2021手机游戏人群洞察报告》，2021年6月手机游戏App整体用户及付费用户男女占比分别为57.3%、42.7%。在2022年发布的《QuestMobile 2022"她经济"洞察报告：女性线上消费、商业价值持续崛起，内容创作持续增加，视频工具女性用户大增24%》中，2022年1月关注王者荣耀、和平精英职业联赛的男女用户比例分别是49.6%、50.4%[②]。

手游，需要用到手机。QuestMobile在《2021中国智能终端半年洞察报告》中指出，三线及以上的高线级城市用户为中高端、高端机型的主流消费人群。2021年6月的中高端机型及高端机型用户人群画像中，中高端机型女性用户占比为50.2%，男性用户占比为49.8%；高端机型男性用户占比为54%，女性用户占比为46%。

以前，生产商们一般把家用电器分为两种类型：厨房与洗衣间的"白色电器"（一般由女性购买）和包括电视在内位于客厅的"黑色电器"（一般由男性购买）。不过，美国艺电

[①] Simon Khalaf, "Mobile Gaming: Females Beat Males on Money, Time and Loyalty," *App Insights*, August 7, 2014, https://www.flurry.com/blog/mobile-gaming-females-beat-males-on-money-time/.

[②] 《QuestMobile 2022"她经济"洞察报告：女性线上消费、商业价值持续崛起，内容创作持续增加，视频工具女性用户大增24%》, https://www.questmobile.com.cn/research/report/295，2022年3月8日。

（EA）的创始人、经营一家手游公司的特里普·霍金斯（Trip Hawkins）认为，自从iPhone和iPad占领了我们的生活，女性已经成为家庭科技产品的主要购买力，接下来游戏市场也将被她们攻陷。

女性的标签越发多元化，在游戏时空里，她可能同时是女明星、峡谷召唤师、律师、画家，是咖啡店的经营者，是个母亲，是可以"穿越古今"的时尚人士；在现实的时空里，她的身份当然也可能一样多元，是公司职员、瑜伽爱好者、喜欢点茶技法的人、爱钻研当代艺术的人、厨艺达人，是母婴消费品的决策者以及电商零售渠道的从业者。

在2022年中国国际服务贸易交易会高峰论坛之"2022中国电子商务大会"上发布的《中国电子商务报告（2021）》提及，2021年全国电子商务交易额达到42.3万亿元，同比增长19.6%，其中商品类交易额为31.3万亿元，服务类交易额达到11万亿元。

数字经济的发展改善了女性就业创业相对弱势的情况，根据阿里研究院的《妇女创业社会责任大数据》，在阿里平台上，女性创业者占比为49.25%。

中国电子商会发布的《社交电商行业发展白皮书（2020）》显示，2019年社交电商从业人员规模达到4800万人，同比增长58.3%，在性别分布上，女性占比为78.6%。

电商商家意识到女性的购买力在增长，每年推出各种购物噱头，如蝴蝶节、美妆节、妇女节、母亲节、七夕节、撒娇节……

不要以为年长一点的女性就不敢花钱，或不懂网购。她们在奋不顾身地投入拼多多的怀抱，同时也在奋力拉起黄金市场。

如果要细分市场的话，"她经济"目前可简单分为健康管理、美容、母婴、网络购物、婚恋、女性理财、网络文学、社交等8大细分领域，以2021年国人人均购买力和20～59岁女性消费力人口计算，总体市场规模达10万亿元量级。

母婴市场主要指为孕产期女性和0～14岁婴童提供商品和服务的市场，分为产品和服务两大类。2022年3月，艾瑞咨询发布《中国母婴行业研究报告》称，随着人均可支配收入的增加，以及母婴童家庭消费能力的提升，中国母婴市场持续扩大，2021年中国母婴市场的规模达到34591亿元，预计2025年将达到46797亿元[①]。

从我个人及亲友们的案例来看，女性备孕怀孕后，家庭中各种相关产品的准备、置换或迭代，包括但不限于母婴产品如家电、家居、汽车、房子等，大宗商品消费需求突出，并且做出购买决策者多为妈妈群体。男性在这个领域的权威度，不但低于伴侣，也低于丈母娘。

此外，在房地产、汽车业、金融服务业等原来是男性购买力比较强的这些行业里，女性的决策力也在慢慢地增强。几乎各行各业都在发布"她经济"洞察的分析报告，关注女性消

---

① 《中国母婴行业研究报告》，https://report.iresearch.cn/report_pdf.aspx?id=3960，2022年3月。

费群体的动向。一方面固然是致敬女性的购买力，另一方面何尝不是通过这些报告来引导女性消费呢？

你是不是也想起那个顺势而来的演变？18世纪之前，奢侈品更多的是和男性挂钩，18世纪开始，奢侈品渐渐延伸到女性的范畴，并被女性占领。

其实这是亘古不变的逻辑：谁有购买力，谁就能占领时尚的阵地，并重新定义时尚的概念。

美国营销专家法拉·沃纳（Fara Warner）在《女性营销：世界顶级公司女性市场运作案例与实战》这本书里很诚实地宣称："女性消费已经正式成为全球市场的最大蛋糕。"

说到全球市场，有人肯定会想到中国人在全世界买东西。不要因为中国游客2017年在出境游上花费2577亿美元[①]，继续保持世界第一，就总觉得中国人老是胳膊肘向外拐，到海外买东西，是在拯救他国经济。事实上，中国经济也多亏了这些女性消费者。

一谈到"买"这个字，女性消费者真是所向披靡。

第一，女性消费者是购买的决策者。她能挣钱、敢花钱，不但能做自己的主，还能做别人的主（家庭消费决策）。人民智库2022年3月发布了《当前公众对女性经济发展状况的态度调查》，通过回收有效问卷调研调查发现，64.31%的受访者认为"女性在家庭消费支出决策中的主导地

[①] "UNWTO TOURISM HIGHLIGHTS：2018 EDITION，" UNWTO, accessed September 11, 2018, https：//www.unwto.org/global/publication/unwto-tourism-highlights-2018-edition.

位突出"是推动女性经济的重要力量。这与银泰百货2022年发布的《家庭消费决策用户调研》提到的"七成家庭消费由女性决策"的结论也非常契合。

第二，女性消费者找到了拯救中国经济的痛点。中国经济正从出口导向型转向内需增长型，而消费成为激活内需的新引擎。2022年上半年度全国网上零售额实现6.3万亿元及3.1%的同比增速，其中家庭刚需消费品增长明显。如果承认女性在家庭消费支出决策中占主导地位，你可以理解，很大的功劳归于女性消费者。

确实，女性不但参与创建这个世界，还负责购买这个世界。我们还有什么理由不研究女性经济学（womenomics）？女性经济学不仅仅停留在裙摆理论、口红效应这些层面，早就上升到国家层面了。

对日本来说，"女性经济学"和"安倍经济学"都是日本政治词典里的重要词汇。二者的关联是，日本前首相安倍晋三号召日本女性加入职场，因为女性劳动力在日本未被充分利用。安倍的号召源于高盛副主席、首席日本策略师、亚洲宏观研究部联席主席松井凯蒂（Kathy Matsui）等人于1999年的一项研究结论：如果更多日本女性加入职场，填补劳动力性别鸿沟，日本国内生产总值可增加15%。是以，安倍于2014年9月重组内阁时把5名女性纳入麾下并委以重任。但是在2014年10月20日，经济产业大臣小渊优子和法务大臣松岛绿相继因丑闻递交辞呈。因此，日本要改变这个状况，可不仅仅是号召女性加入职场那么简单。

女性经济学对中国来说，从比较简单的层面上看，就是"得女人心者得天下"。不但商家要了解我国移动互联网约5.82亿活跃女性用户的心理需求[①]，决策者们也应当正视女性消费者对经济的正面拉动作用。

如何不把银子花光

- 作为女性，可以在购物时建立自己的效益体系，将一个能持之以恒带给你幸福感的商品价格作为衡量其他消费品价值的标杆。
- 对女性来说，人生苦短，无须多想，为自己花钱又能做到不后悔，就是值得的。
- 这么多人琢磨女性消费者，是为了能更大限度地从女性的荷包中掏出钱来。那么，作为女性消费者，也应当研究一下自己冲动消费背后的原因：为什么知道大部分奢侈品手袋的利润是其制造成本的10～12倍，还愿意为之付费呢？

2. 消费的鄙视链

> 好无聊先生：为什么学科类培训机构都被取消了？我的画画兴趣班也会被取消吗？

[①] 《QuestMobile 2022"她经济"洞察报告：女性线上消费、商业价值持续崛起，内容创作持续增加，视频工具女性用户大增24%》，https://www.questmobile.com.cn/research/report/295，2022年3月8日。

走不开小姐：你从来没去过任何学科类培训机构，不要杞人忧天。

2021年的11月25日，中国网络媒体论坛在广州举办，小红书创始人瞿芳出席了其中名为"擘画未来、数字发展"的产业分论坛，并发表主题演讲。演讲中提及，2021年以来，小红书按照各专项整治行动的要求，从严处理违规的内容和账号，累计处置笔记上万篇，封禁违规账号7000多个。以治理炫富为例，2021年5月到10月，小红书累计处理炫富内容8787篇，处罚账号240个[①]。

那些炫富笔记都是什么内容呢？是五星级酒店的总统套房，是配置了桑拿房的浴室，是龙虾和进口牛排，是各种名车和限量版包包……

就像理解时尚杂志不会有真正的批评家那样，我们也应当理解，公开平台的种草号们也不会说衣食父母的坏话。如此，这些收费了的种草内容不就是广告吗，到底有何价值可言呢？

奇就奇在，欣赏这些内容的人，也欣赏自己做菜、种豆子、包抄手、做家具的网络红人李子柒。李子柒说："我们有梦想，我们有鲜花，我们有自由，这才是真正的财富。"这话说得很对。

然而，李子柒理解的财富和杭州微念品牌管理有限公

[①] 《小红书瞿芳：做好平台生态治理，营造更清朗网络环境》，https://baijiahao.baidu.com/s?id=1717390805465588986&wfr=spider&for=pc，2021年11月25日。

（以下简称"杭州微念"）理解的财富可能不是一回事。自2021年10月25日李子柒正式起诉杭州微念开始，双方矛盾未得到缓解。2022年7月4日，杭州微念起诉四川子柒文化传播有限公司股东知情权案，在四川省绵阳市中级人民法院开庭。在此期间，投资机构如字节跳动退出，杭州微念去李子柒化，推出新竞品"臭宝"螺蛳粉。

根据《时代财经》的报道，李子柒螺蛳粉和"臭宝"螺蛳粉两个品牌其实共用数个生产商：广西兴柳食品有限公司（以下简称"兴柳食品"）、广西佳序食品贸易有限公司（以下简称"佳序食品"）和广西中柳食品科技有限公司。这三个生产商中，兴柳食品由微念持股70%，佳序食品由微念持股15%，都成立于2020年。

如果看二者的天猫旗舰店，一包3袋的售价都是11.6元。那么，同样的代工厂，同样品类，几乎一样的产品内容物，一样的价格，购买李子柒螺蛳粉的消费者会对购买"臭宝"螺蛳粉的消费者嗤之以鼻吗？

除了李子柒的忠实粉丝，很多人不会认为这种消费是有鄙视链的。李子柒与杭州微念的官司不会影响到热爱螺蛳粉的消费者。但在很多消费领域，存在明显的鄙视链。

"万般皆下品，唯有读书高"是很明显的鄙视链，由此带来了教育消费的极度"内卷"。有一年，中国台湾开放自由行不久，我就去走了一圈，发现台北高雄街头密密麻麻的教培广告牌。2015年，我到香港出差，看到报纸头版的"明星"补习老师广告，回头就请记者写了一篇深度报道《香港"明星"补习老师年薪千万的秘密》。随后，香港教育（国际）投资集团有限公司（01082.HK）出资将补习老师广告刊登在2015年10月8日的《信报》上。广告篇幅为一整版，内文指称，欲以8500万元港币年薪及3000万元港币签约诚意金，从竞争对手香港遵理国际教育集团处聘请一位名为林溢欣的"明星"中文补习老师。

这个年薪大约是当年内地上市银行行长年薪的9倍，当年内地上市银行行长的最高年薪不过835.27万元人民币。

家里有孩子的成年人更知道教培这种社会性供给的重要性，毕竟大多是要走高考这条路的。

2021年5月18日，高瓴资本、老虎环球基金等知名机构相继披露2021年第一季度持仓报告，大家才发现，高瓴资本在该季度清仓好未来（NYSE：TAL）和一起教育（NASDAQ：YQ），又重新建仓买入新东方（NYSE：EDU）；老虎环球基金清仓高途（NYSE：GOTU）；景林资本则大幅减少了手里77.61%的好未来的持股。随后2021年7月24日，"双减"政策出台，各类教培行业"沉寂"了下来。

这个时代，商业社会中几乎任何东西都可以交易，任何东西都有标价，教育领域也如此。如果你看过某企业家卖空气的新闻，就会意识到买卖（交易）关系可以发生在任何人、任何物品之间。

商家渴望和消费者建立的是服务关系，因而会表现出特别关心消费者的姿态。哪些消费者特别渴望被关怀呢？除了习惯"自己给自己买花戴"的女性，就是孩子和老年人了。

教育产业如今在"双减"政策下有了更为明晰的方向，养老产业也不远了。我们可以好好读一遍民政部于2019年9月23日印发的《关于进一步扩大养老服务供给 促进养老服务消费的实施意见》。

真的不要在乎社会上的消费鄙视链。小红书上今天实现奢侈品自由，明天实现豪车自由，后天实现移居自由的人，都不如真正处于消费链最顶端的人——那是身体健康、精神独立、心智健全、能实现养老自由的人。

如何不把银子花光

- 创业者们时常说"不要在下雨的时候买伞"，未雨绸缪的原则用于任何领域都合适，包括教育和养老。
- 社会总供给和社会总需求的关系构成了国民经济中最重要的比例关系，这个关系需要保持平衡。同理，我们需要厘清自己生活中的供需关系。
- 做家庭全年的消费预算时，要和你做工作预算时一样认真。

3. 未定商品

好无聊先生：陈丹青的油画《牧羊人》为什么可以卖到1.61亿元？画家知道他的作品会这么值钱吗？

走不开小姐：艺术品是一种未定商品。画家在创作时,并不一定知道他画作未来的价格。就像你见过的一些创业公司的创始人,他们起初只是埋头努力,也并不确切地知道自己的公司会做得那么大。

当日常消费得到满足时,人们就会有生存之外的精神消费需求,消费链条自然会延伸到投资市场。

随着通胀加剧,越来越多的人将艺术品视为一种不受金融市场影响的另类商品,即"未定商品(contingent commodity)"。过去的未定商品通常是指彩票,如今艺术品、股票与证券等可金融化的商品都被归为未定商品。这些未定商品的特点是,只有在将来特定条件成立时才能进行特定行为,与概率或投资有关。

我们不一定知道未来的行情,但都会算数。

走不开小姐:假设你有1000元买了基金,跌了8%,再涨回8%,还剩多少?

好无聊先生:还有993.6元。

走不开小姐:反过来想,假设先涨了8%,再跌8%,还剩多少?

好无聊先生:也是993.6元。

走不开小姐:所以你看,你投资的基金或股票,如果跌的幅度和涨的幅度一样,不管先跌后涨还是先涨后跌,都是亏的。

好无聊先生:除非涨幅大于跌幅0.7%,才可能差不多回到原位。涨幅大于跌幅0.9%才可能赚1.88元。

走不开小姐：但是如何能确保每次的涨幅都大于跌幅这么多呢？

好无聊先生：不知道，没有办法保证吧？

看，算一下算术题就能知道一些可能性。要想在这种涨跌中赚钱，要么在适当的低点进入，要么涨幅远远大于跌幅，要么本金特别雄厚。

言归正传，未定商品都具有相当大的风险。当然，投资一定是有风险的，不然也不会存在各种风险提示。

前文说过，我对股票没有感觉，我对奢侈品也没有感觉。虽然有理性消费者算出某个品牌的某款经典包价格上涨的速度堪比一只绩优股，但问题是，不愿意出手的包，浮盈再高也没到你手里，这叫无效溢价。

"纸上富贵终觉浅"，若不是迫不得已，女性并不会把自己费心思买回来的深爱的包，像卖股票一样出售。能够实现理想涨幅的包，也是少数。

未定商品均有此特性。但和我这个能穿十几年前买的牛仔裤，没有衣帽间，能把朋友送的口红、眼霜放过期的中年妇女聊时尚毕竟是件很扯的事。

我在未定商品上最大的一笔消费，是收藏了自己欣赏的艺术家的作品。为之，我有好几个月不敢请客吃饭。

近十年里，我一直和朋友约着到处去看展，对这类信息也分外留意。2021年6月18日晚，由知名的艺术收藏家、文化艺术领域青年领军人物郑志刚引入，周杰伦作为客席策划的香港苏富比当代艺术拍卖"JAY CHOU×SOTHEBY'S"顺利收槌。这次拍卖共46件作品，全部顺利成交，斩获白手套，总成交额达8.459亿元港币，远超此前约6.2亿元港币的估价。当中63%的拍品以高于预估价拍出，刷新了9项艺术家世界拍卖纪录，让人咂舌。

随着我国人均GDP连续三年超过1万美元，艺术品收藏确实在中国火起来了。

2019年6月，法国电信大亨、艺术品收藏家帕特里克·德拉西（Patrick Drahi）以37亿美元收购了苏富比拍卖行。当时我和财经媒体的朋友讨论过这个问题，为什么一个电信大亨会选择购买艺术品拍卖行？因为这其实是一桩非常好的生意。

大银行的私人银行部门从20世纪70年代起，就可以提供艺术品抵押贷款了。目前，没有哪个国家的银行能像美国那样，开展大规模的艺术品抵押贷款，不过英国伦敦的Fine Art Group和德国柏林的Westend Art Bank等艺术品融资机构已经进入这个领域了。而且，大机构接受的其实是将知名艺术家的作品作为抵押物，因为只有这些作品才具有长期稳定的价值。因此，艺术品抵押贷款的风险其实没有大家想象的那么高。2019年7月4日，《经济学人》（*The Economist*）发表文章，用"世界最美的名画背后是一场借贷的狂欢"总结了当前艺术品借贷的热度。

德勤会计师事务所自2011年起每年发布*Art & Finance*

Report（《艺术与金融报告》）。2017年的数据显示，美国未偿还的艺术品抵押贷款在2017年达到170亿～200亿美元，比2016年增加13%。在2021年的报告中，2019年全球艺术品抵押贷款市场规模约210亿～240亿美元；艺术品融资市场规模是240亿～282亿美元，年平均成长率10.7%，并预计2022年有望增长至313亿美元。

虽然国内不少银行开展了此类抵押贷款业务，然而这类业务在国内仍处于"看着螃蟹不知道怎么吃"的状态，因为艺术品还没能得到各方采信的评估机构的鉴定。而为了避免学术腐败，体制内的专家又不被允许对外出具鉴定证书。

即便艺术品抵押贷款业务在国内尚未成熟，我们也听过某些未定商品身价百倍的案例。2019年8月17日，华谊兄弟董事长王中军在2019亚布力中国企业家论坛第十五届夏季高峰会上提及，他卖掉了一批艺术品以换取现金来解决流动性问题。重要的是这个信息：多年前王中军以11万元的价格在嘉德入手过一幅刘小东的画作《求婚》，2018年秋天以1000多万元的价格卖掉，回报近百倍[①]。

另一个不知道怎么吃的"螃蟹"是NFT。这个圈子正在陷入"指标陷阱"。

指标陷阱是美国学者杰瑞·穆勒（Jerry Z. Muller）提出的，用以指代人们因膜拜指标而产生的认知误区：越来越忽

---

① 《卖名画，救华谊！11万买的画作1000多万卖出，王中军真的沦落到卖画救公司了吗？》，https://baijiahao.baidu.com/s?id=1642251234086218936&wfr=spider&for=pc，2019年8月19日。

略"质"的优劣，只注重"量"的积累。如今，指标的地位已经太过显赫，以至于在它明显出问题的时候，人们依然选择盲从。

不管是艺术品拍卖市场，还是NFT市场，都很容易陷入"指标陷阱"。数字指标在发出错误的信号。拍卖行是一个公开的、流动性很强的平台，只对短期结果负责，多数时候所谓的梳理艺术史和旁家的观点，都是为了不容错失的"数字"，以及不容败坏的名声。NFT交易尤其具有指标导向，人们在购买的时候，所谓的艺术性恐怕敬陪末座，更看重人为的稀缺性与价格。

张大千等艺术家的作品，拍卖时无人出价，但不影响它们还是美丽的、有艺术价值的作品，不影响这些艺术家在画史上的地位。而NFT这种数字藏品一旦没有人接盘，就只是一串哈希值或某个图像而已。

事实上，文化，包括艺术，当它变得和其他物品同质（尽管在等级上更高一些）并可以互相替代时，就成了兼具投资价值的消费物品。

从这个逻辑来看，我认可艺术史学家徐小虎的观点：真正的艺术家，其作品应该能够穿越文化和时空感动人们，而有些知名艺术家只是在做生意和买卖，作品都是机械的，无法打动人的哪怕一寸灵魂。

未定商品，总是与价值、炒作、趋势、眼光、概率等名词联系在一起。

如何不把银子花光

- 为生存消费时,买自己能赋予它意义的东西,而不是其他人赋予它意义的东西。为更美好的生活消费时,确实要考虑精神层面的抚慰。
- 从消费到兼具投资属性的消费转移,仍然要看清方向,不跟风盲从。
- 在任何领域都应该知道什么是风险,保持敬畏之心。

CHAPTER

第二部分

消费观

上半部分之所以要谈"观消费",是因为生活的体验是大不相同的,求同存异是讨论问题的基础。

聊过世间消费百态,是时候来聊聊普通人如何量力而行地通过花钱来为美好生活增色了。

基于眼下人们讨论问题容易陷入非此即彼的状况,我们是不是需要先对"美好生活"有一些基础共识?否则会像"拥有多少钱才是真正实现了财务自由"这类议题一样,人们会因各自不同的生活方式与不同的消费认知而争论不休。

有些人一个月的花销不足5000元,有些人月入5万元却不够买一个包包;有些地区月入8000元是富足水平,有些地区8000元是一家三口一年的收入。然而这就是现实,没有人活在完全相同的"数字"里。

美好生活是人类共同的愿景,只是美好的形态因人而异,非要给个概括的话,美好生活大概就是有能力达成自己的生活舒适状态。比如行有余力,想买些好吃的不会因拮据而不舍和犹豫,想给家人添件新衣服而不至于犹豫不决;比如压力适度,工作之余可以在精神上得到放松,扶老携幼不至于感到喘不过气;比如尚能为自己留出一些闲暇时间,做一些虽然无用但能感受到自由的事。

故此,美好生活还是得有经济基础,经济基础决定了我们的消费观和投资观。而消费观、投资观最终的指向其实是我们的人生观与价值观。

容易被人们忽略的因素是时代背景。"90后""00后"的消费观,无论如何都与"70后""80后"不一样。

有没有吃过苦头,是否经历过"三年困难时期",是否经历过1997年亚洲金融危机、2008年次贷危机,是否成长在互联网时代……都对我们的工作、生活方式与消费、投资理念有着难以磨灭的影响。

同处一个时代的消费者,在消费观念上当然会带着时代共性。

我们一同处于中国经济与资本市场的重要转折期——从GDP增速优先到兼顾公平,全国统一大市场。我们观察到,眼下强调的是可持续发展、社会公平、数据安全、自主可控的经济结构,对金融科技、互联网科技巨头、教育培训、数字货币以及服务增值等领域的限制升级……这些都是转折期逻辑重置的体现。

小人物在大时代总是容易随波逐流。时代的一粒沙落到个人头上就是一座山,其实说的就是问题落到个人头上才有具体的"体感",才知道沉重与否。

老实说,没有人会对另一个人的切肤之痛感同身受。所以不管是消费还是投资,都要为自己做相对周全的打算。但是,这本书不是教你学会如何投资理财的实操书,因为财富不可能是按图索骥就能得到的,尤其这世界上不存在所谓的"手把手教你,跟着做就能赚钱"的好事(这些是电信诈骗的套路)。

要知道,每个人都有自己的个性,如何获得财富,其实和你对人性、现实的理解有关。

说不定这部分内容能给你一些启发。

十一、所谓幸福经济学

> 走不开小姐：你的幸福感什么时候是最强烈的?
> 好无聊先生：考完试的时候，知道成绩是A等级的时候，收到玩具的时候，过年收到红包的时候，还有玩游戏的时候……

经济学仿佛可以解释一切，但在很多时候是隔靴搔痒。有朋友问我："拉动内需，刺激或鼓励消费，不就是和你那句'是银子总会花光的'一样的逻辑吗?"

我赶紧澄清说："不一样。我说'是银子总会花光的'，强调的是个人对金钱的态度，不要太吝啬。辛苦工作赚钱是为了让自己生活得更好，增加幸福感。绝对不是为了把银子花光而花银子。收入和预期决定了消费水平，没有可支配收入的持续增长，花银子的动力就不足。"

一旦冲动，今天把钱都花光了，明天要还房贷，怎么办?要吃要喝，怎么办?

教育有教育经济学，婚姻有婚姻经济学，就连幸福似乎也有经济学模型可以推敲出几个观点。那么，真的有幸福经济学吗?

一提到家庭幸福，人们容易联想到麦片包装上或保险公司海报上一家四口（或是六口）整齐地咧开嘴、露出8颗大牙的笑脸。这简直是一个泛化符号——幸福概念的意识力量，也是社会传播上的需求。幸福要成为"看得到""摸得着"的场景化内容，测得出来的表象，除了排排坐、整齐笑，还有什么是更直观的呢？

哲学世界多有关于"什么是幸福"的探讨。在国人的语境里，幸福往往被替代为满足感，所以才有了可以用金钱来衡量的等式。

在古希腊文学中，悲剧让人难忘，皆因为幸福依赖于命运。伊壁鸠鲁是享乐主义者，苏格拉底和柏拉图则坚称没有什么可以夺走一个好人的幸福，即使是磨难也无可奈何。然而，亚里士多德会反驳，即使幸福源于美德，仍然会受运气的影响，因为美德本身或美德的发挥至少需要有利的条件。

一千个人有一千个理解幸福的角度。

人们会自然而然地想："我得到什么才会有幸福感？"很少有人会想："我如果不要什么，会有幸福感？"这大概还是因为在物质世界里，人们对需求比较有具象化的概念。

从使用价值、实用主义层面来看，在物与财富的使用价值面前，人们的需求容易得到满足。简单来说，人有我有，不会感到缺失，因而有满足感。满足感当然不一定是幸福感，可幸福感里一定有满足感。人之所以感到愉悦、幸福，皆因需求得到满足。所以，假设经济学领域有未知数，那么需求就是经济学领域所有未知数中最令人费解的，且是相当"顽固不化"的未知数。

你还会发现，一般的需求得到满足后，人还会有更新、更高、更多的需求。正因如此，每个人都具有改善生活的持久动力，人类才会进步。

从国家层面来看，消费者的消费升级，比如把电风扇换成空调，从购买快时尚产品到购买高端手工定制产品，也为GDP的增长做出了贡献。

因此，虽然众多思想者认为金钱不能带来幸福，但金钱确实有助于提升幸福感。

当然，这不是绝对的。

2019年3月20日，联合国发布的年度研究报告《全球幸福报告》（World Happiness Report）公布了新的盖洛普世界民意调查数据。数据中有典型的例子表明，居民收入和幸福感同步升降，但相关性有限。在获得充分数据的125个国家中，有43个国家的人均GDP和幸福感呈负相关。

1. 幸福感和GDP

> 好无聊先生：GDP重要，还是国家财政收入重要？
>
> 走不开小姐：都重要，没有足够的GDP增长，国家财政收入也不会有增长。

虽然没有可靠的证据来证明财富与幸福感之间的相关性，但是从英国华威大学的丹尼尔·斯格罗伊（Daniel Sgroi）和格拉斯哥大学的欧金尼奥·普罗图（Eugenio Proto）这两位学者的研究中，可以看到财富作用于幸福的结论：维多利亚时期经济稳步发展的同时，英国人的幸福感也在提升；20世纪20年代的经济繁荣也一样让英国人和美国人的精神有所提振；两国人的幸福感在1929年股市崩盘后再次下降；经历了20世纪70年代的低谷之后又再次上升。

沿着历史时间轴展开研究，除了发现幸福感会随着GDP的变化而改变外，还会受健康和预期寿命的影响，而且影响更大。例如，平均预期寿命延长一年，对国民幸福感的影响和GDP增长4.3%的影响相同。此外，战争导致幸福感下降最多。比如，英国的国民主观幸福感在两次世界大战期间急剧下降，到1945年之后上升，1950年触顶后又逐渐下降，直至1980年跌到谷底。

然而，这个研究依赖的是报纸、图书中人们对内在幸福感体会的描述，精准程度与客观性见仁见智。两位学者研究了自1820年以来在四个国家（美国、英国、德国和意大利）出版的数百万本被数字化的书籍和报刊文章，以国民幸福价指数（national valence index）为参数，描绘出了每个国家的幸福感历史，该研究于2019年11月发表在《自然人类行为》杂志（*Nature Human Behavior*）上。

一直都有学者在以各种不同的维度来研究幸福指数。2012年，好无聊先生出生不久，我在休产假期间读到了联合国首次发布的《全球幸福指数报告》，当时是在不丹发布的，并举办了一场幸福指数讨论大会。通过这份报告，大众恍然，原来幸福的调研维度包括教育、健康、环境、管理、时间、文化多样性和包容性、社区活力、内心幸福感、生活水平。报告指出，全球156个国家中，幸福指数排名最高的国家是丹麦（满分10分，丹麦得分接近8分），幸福指数排名最低的是多哥共和国（3分）。毫无疑问，北欧国家高踞前列。彼时，中国香港排名67，中国内地排名112。

多哥共和国是一个西非国家，在这份报告发布之前，很多人并未听过这个国家。假设报告可信，最不幸福的国家自然是那些战火纷飞的国家，尤其是撒哈拉以南的非洲国家，这样的国家除了多哥共和国之外，还有贝宁共和国、中非共和国和塞拉利昂共和国。

在这份报告中，若只看高分国家，北欧国家收入都很高。报告也指出，较幸福国家倾向较富裕。不过，虽然国家财富与国民是否幸福有一定相关性，但两者之间并非有必然关系。美国的国民生产总值自1960年增加了3倍，2011年的GDP还是世界第一，但按幸福指数排名，只是第11名。

这份报告称，人类生活质量不断上升，但全球过去30年的幸福指数仅有微升。财富的多寡也并非国民幸福感的决定性因素，《全球幸福指数报告》的编撰者、美国哥伦比亚大学经济学家杰弗里·萨克斯（Jeffrey Sachs），是联合国前秘书长安南的高级顾问，也是"休克疗法之父"，他以美国的例子来作说明，指出了经济增长带来的一些弊端，诸如饮食不合理，引发糖尿病、肥胖等健康问题；沉迷于购物、电视、赌博，往往养成不健康的习惯。

在这份报告中，关于经济发展带来的一些社会问题，杰弗里·萨克斯说："人们社区意识丧失，社会信任度下降，在变幻莫测的全球化经济时代，焦虑感在不断扩散。"

大概对社会认知越深的人越有一种责任感。如今，人们更看重社会支援、清廉度以及个人自由，这些远比财富重要。

当初看这份报告，让我印象尤其深刻的是，它提及"失业之痛可与生离死别相提并论"，这也是经济陷于瘫痪的东欧诸国连前20名都进不了的原因。报告还提及，女性比男性更知足，以及中年是人一生中最不顺心的时期。

2021年，新冠疫情带来的影响仍未平息，这期间再看联合国发布的2021年的《全球幸福指数报告》，149个国家和地区中，芬兰连续4年位居榜首，新西兰是前10名中唯一一个非欧洲国家，中国排在第84位。多哥共和国的名次在第139位，而末位149位为阿富汗。

你应该知道2021年的阿富汗发生了什么。

如何不把银子花光

- 每个人的归宿都是健康与才能；人活到最后，没有健康，其他的都是浮云。所以为健康花钱花时间都是应该的。
- 失业之痛可与失恋相提并论，所以经济基础很重要，无论男女，都不要忽视这一点。
- 个体对幸福的感知不尽相同，故而影响幸福感的因素也有不同的权重。个体永远都不应停止关于"如何做才能让自己内心富足"的探索。

2. 性别里的幸福感

> 好无聊先生：同学的父亲说，他要养家糊口，压力大，那么男性会比女性更累吗？
>
> 走不开小姐：并不会。压力的大小取决于能力和承担的责任而非性别。

尽管表述上不尽相同，但是我们仍然在"生命、自由与追求幸福是人们不可剥夺的权利"上达成了共识。

但幸福又是极度自我的感受，依赖个人的体验，人们不否认财富、荣誉、名气等是幸福的众多指标之一，也无法忽视更为细分的人均可支配收入、房价、物价、污染指标、失业率、寿命、闲暇时间等，这些都可能成为某些人幸福的指标。

因此，幸福感调查的结论也只能是一个参考而已。从20世纪40年代的美国开始，幸福感调查逐渐蔓延到了世界各国甚至联合国。行为主义者对内省的否决已经不具参考意义了。"自我认可"的题型得到允许，可以作为证据，《全球幸福指数报告》就是这类题型代表。但大家别把这份报告太当回事。

事实上，《全球幸福指数报告》的编撰主要依赖对150多个国家上千人的调研对象提出的一个主观性问题："如果有一个从0分到10分的阶梯，顶层的10分代表你可能得到的最佳生活，底层的0分代表你可能得到的最差生活，你觉得你现在在哪一层？"

我姑且将通过上述方式调查出的幸福感称为"主观幸

福感"。

即便是在同一时期，围绕同一主题，如果调研对象不同，报告结论也很可能迥然不同。2021年底，香港中外城市竞争力研究院等联合发布的"2021全球最具幸福感国家排行榜"中，排第1名的国家是中国。在疫情肆虐而防控得当的当时，相信国内接受调研的人的幸福感是发自内心的。相比之下，国内确实安全、宜居，社会福利和保障水平都在逐年提升。

毫无疑问，在一个安全的、生态环境舒适的、国家机构运转良好的地区生活，人的幸福感会高一些。此外，从女性视角来看，性别越平等的地区，给人的幸福感越强。

2020年的《全球幸福指数报告》首次对"全球最幸福城市"进行排名，芬兰的首都赫尔辛基居首位。

这让我想起2007年我到芬兰采访的场景。当时随团出行，飞机降落到赫尔辛基的时候，所见特别让我吃惊，机场虽小，动线却无比"丝滑"。这个城市给我的印象如同赫尔辛基机场一样，小而整洁，效率极高。

停留芬兰期间，我采访了核电运营商Teollisuuden Voima Oyj（TVO）和芬兰环境部的政府官员、造纸企业的高层。直至今天回想起来，直观印象还是女性高管、官员非常多，且人人都是"大长腿"，让我这种"哈比人"如入巨人国。

当地人告诉我们，2003年，芬兰的中间党主席安内莉·耶滕迈基（Anneli Jaatteenmaki）成为芬兰首位女总理。当时的芬兰总统塔里娅·哈洛宁（Tarja Halonen）也是女性（2000年3月1日就职，2006年连选连任，2012年3月1日卸任），此前，她于1995年成为芬兰政坛上第一任女外长。故此，2003年，芬兰是第一个同时由女性分别担任总理和总统的欧洲国家。

芬兰于1987年颁布《男女平等法》，该法案明确规定在招聘、升职、照顾家庭中男性与女性员工有同样的机会，并严格打击职场性骚扰。并且，芬兰设有专门的监察机关，用于检查企业是否在运行时存在歧视的现象，这也能帮助受到不公正对待的男性或女性解决问题。此外，芬兰的国有金融机构会帮助有需要的女性创业者申请贷款，让她们与男同胞站在同一条起跑线上竞争。芬兰的女性不但可以担任牧师，还可以自愿参加兵役，如果被选中将要接受和男性同样艰苦的训练。之后可以进入战斗岗位，能力足够强也可以上前线。因此，芬兰也是世界上允许女性上战场的仅有的16个国家之一。更不用提芬兰长达三年的慷慨产假、充足的育儿托儿补贴，让其他国家或地区已婚已孕已育的女性羡慕不已。

越是文明发达的地区，对女性越是友好。

我国于2021年5月发布的第七次人口普查数据显示，男性人数比女性人数多了约3490万人。出生人口性别比是111.3，即每100个女婴对应111.3个男婴。重男轻女的隐患如今变成了明忧——过去担心的重男轻女现象导致男女比例失衡。

但人口性别比在大城市的表现与之有所不同。从2021年2月起，有一个话题一直在引发讨论：大城市女人多，小地方男人多，为什么？

2021年2月，《第一财经》统计发现十大城市的户籍人口是女多男少。这10个城市分别是北京、上海、广州、深圳、南京、苏州、杭州、成都、厦门、沈阳[①]。同年5月,《光明日报》把调查的城市扩充到了15个,新增了宁波、佛山、青岛、天津、东莞(都是新一线城市)。

我居住在深圳,留意到《第一财经》报道的10个户籍人口女多男少的城市中,深圳市在2019年第一次出现女性户籍人口超过男性户籍人口的情况(表11-1)[②]。

表11-1 10个城市户籍人口性别比

城市	男性(万人)	女性(万人)	性别比(女性=100)	年份
深圳	274.92	275.79	99.68	2019
广州	474.9	478.8	99.19	2019
北京	694.7	702.7	98.86	2019
南京	352.8	357.02	98.82	2019
成都	732.2	743.8	98.44	2018
杭州	394.26	401.11	98.29	2019
上海	724.14	738.23	98.09	2018
厦门	128.41	132.69	96.77	2019
沈阳	374.1	388.1	96.4	2020
苏州	352.7	369.8	95.38	2019

数据来源:《第一财经》

---

① 林小昭:《女性更易留在大城市?这10大城市户籍人口均是女多男少》, https://baijiahao.baifu.com/s?id=1690847757458654250&wfr=spider&for=pc。
② 同上。

深圳市从2015年开始发布社会性别统计报告。这是非常好的举措，值得其他城市效仿。这些统计报告能提高我们对社会性别状况的认知。

2020年12月30日深圳市统计局发布了《2019年深圳市社会性别统计报告》，报告显示2019年深圳户籍人口达到550.71万人，其中，男性274.92万人，女性275.79万人。2019年深圳户籍人口[①]的性别比低于100，达到99.68，意味着每100个深户女性对应99.68个深户男性。如果查阅2015—2019年间深圳市每年发布的社会性别统计报告，会发现2019年深圳市的户籍性别比是第一次降到100以下，即女性户籍人口超过男性户籍人口。

这种态势在延续。2021年12月27日，深圳市妇女儿童工作委员会、深圳市统计局和深圳市性别平等促进办公室联合发布了《2020年深圳市社会性别统计报告》。该报告显示，2020年深圳市户籍人口588.23万人，其中男性292.26万人，占全市户籍人口的49.7%；女性295.97万人，占全市户籍人口的50.3%，户籍人口性别比为98.75。

是不是根据深圳女性户籍人数多于男性户籍人数这一点，就可以认定深圳对女性来说更宜居呢？不一定，毕竟常住人口是男性多于女性。据2020年第七次全国人口普查结果，深圳市常住人口1756.01万人，其中男性966.52万人，占全市人口

[①] 户籍人口和常住人口不是一回事。前者指不管是否外出和外出时间长短，只要在某地公安户籍管理部门登记了常住户口，则为该地区的户籍人口。后者指在当地办理居住证、暂住证的个人。

的55.0%；女性789.48万人，占全市人口的45.0%，常住人口性别比为122.43。如果不看常住人口，如何理解从性别来看，女性中深户的比例更大，而男性中非深户的比例更大？我们看一下深圳户籍迁入人口构成情况（图11-1）。

户籍迁入人口构成的变化从几年前就开始了。为何深圳女性户籍迁入人口多于男性呢？

可能一：读大学迁户口带来的变化，说明女性入读深圳高校的人数较多。

这与全国大势是一致的。本科女性在校生的比例在2019年已达到54%，专科女性的比例则下降至48.74%，这意味着男性在专科当中的比例上升。2019年，女研究生占比已达到50.56%，超过男性，女博士占比也达到了41.32%。

图11-1　2016—2020年深圳户籍迁入人口性别比
数据来源：深圳市2016—2020年社会性别统计报告

户口迁移是2003年公安部推出的一项便民措施，根据现在的规定，每一个考上大学的学生都可以在入学之初将自己的户口由家庭所在地迁移到学校所在地，学生自行决定迁或不迁户口。

可能二：深圳落户门槛低，有学历和社保就可以落户深圳。这为女性落户提供了便利。

落户深圳可以申请到人才租房与生活补贴以及享受相应的公共福利待遇，这些或许也是吸引女性到深圳工作生活的原因。2021年，上海落户政策规定，只有少数几个名校的毕业生才可以直接落户上海，其他学校的毕业生需要先工作几年才能落户。如果想要落户北京，也许奋斗二十年都无法实现。

为何深圳更有参照意义？因为相比于北京、上海等大城市，深圳60岁以上的人口占比仅仅为6.6%，是全国最年轻的城市。考虑到女性的平均预期寿命比男性长，其中既有的一部分女性户籍人口是较高寿的。老居民中原有女性户籍人口就较多，排除这种基数，如图11-1所示，深圳户籍对女性的吸引力大于男性。

大家可能认为大城市对女性更友好。这种友好体现为生活在大城市的居民，比较有平等的概念。

我在大学群里曾与校友有过这样的对话。某师兄劝打算自己买房的某师妹："还是把自己嫁出去吧。别太辛苦了，不要再当'无嫁之宝'。"即便知道他是开玩笑的，我还是马上说："嫁出或娶回，是过去的说法。现在的说法是结婚。结婚与否，她都是自己的无价之宝。"这位师妹未婚，自己在深圳买了房子，2022年已经装修好房子并且入住了。

深圳的女性朋友们见面时确实不太谈婚姻、家庭。在深圳的女性同学即使不结婚，也有事业、有房、有车、有朋友、有生活，至少在我们眼里，这是活出了自我、活得开心。

如何不把银子花光

- 去机会更为平等的地方工作、生活，虽然机会平等并不一定保证结果平等，但机会平等是重要前提。
- 抛开那种"女性就该做什么"和"男性就该做什么"的陈旧认知。女性权利的辩论如今也越发多元，其中一个突出的主题就是去除刻板的性别印象。女性与男性的角色与往日不同，我们也从性别二元论发展到非常规性别。
- 别以为我在鼓励你到深圳买房，我是在说，平等的性别观念通常和更高的生活质量及幸福感正相关。

3. "搞钱"与幸福感的关联

好无聊先生："搞钱"是什么意思？

走不开小姐："搞钱"可以理解为提高收入。越是在大城市生存，一个人独立赚取收入的能力越重要。

2023年5月5日召开的二十届中央财政委员会第一次会议强调，以人口高质量发展支撑中国式现代化。在老龄化已经成为基本国情的背景下,积极应对人口老龄化已经上升为国家战略。同时,我们国家也正在建立更完善的生育支持政策体系,构建生育友好型社会。

不能否认,国内生育成本不低,谈到生育环境与结婚条件,又很难绕开房价。

长期以来,"拜金女""丈母娘抬高房价"的说法真的太流行了,以至于很多人忘记了当男性买房的时候会得到全家人的支持,而当女性买房的时候,得到的却是这样的回应:"女人买什么房,以后等结婚了,让男人买。"

大家是不是想起了《欢乐颂》里的樊胜美,是不是想到了《奇葩说》中"独立女性该不该收彩礼"的辩题?

《2020年深圳市社会性别统计报告》显示,2020年,深圳市房产户主人数为137.14万人,其中女性70.23万人,占比为51.2%,房产户主性别比为95.27,应当是一个更为明朗(更有进步意义)的信号。国家统计局社会科技和文化产业统计司发布的《中国社会中的女人和男人——事实和数据(2019)》数据显示,全国女户主占比只有18%,男户主占比有82%;户主率女性占11.2%,男性占49.9%。

如果有自己的房子即可以获得一种婚恋上的"自主权",那可真是可喜可贺。也因此,2020年年底开始,"深圳女孩"从一个普通词语变成了有特殊含义的"网络名词",它特指在每次聚会时不聊八卦不吹水,只聊如何"搞钱"的深圳女孩——"说我没人要可以,但不能说我赚不到钱。"

为什么女性容易在大城市立足?还有个原因是第三产业

发达，市场灵活。从深圳地区生产总值三次产业构成，以及按行业分的就业人员人数（2020年末）的数据也能看出来[①]。简而言之，经济越发达的城市，服务业越发达，私营企业也更多。我在深圳就认识非常多自主创业、从事独立设计的女性朋友。

服务业从业人员中，女性明显是多于男性的。这在全国也是一致的。

在一个大城市里，当"生孩子警告"不再是构成女性的价值组成要素时，通俗地说，她被动地实现了某个层面上的婚育权自主——有房、有能力，同时更有压力，所以婚育的需求压力自然下降。而已婚已育的家庭对孩子的教育投资会增加。

买房、结婚、生孩子，哪个对一个女性来说更重要？一个好社会是人们各取所需，不违背自己的内心去作选择。

现代女性极少把生孩子视为自己的优质竞争力。她可以在职场上被认可，可以在社会上被认可，可以在科研领域被认可，她有更大的舞台。这和其他城市被催婚的女性比起来，简直太幸福了。

如果希望能在生理机能更优越的时候结婚、生子，也是很好的选择。

幸福是不被勉强，是如你所愿，可以选择。

[①] 深圳市统计局，国家统计局深圳调查队编《深圳统计年鉴—2021》，中国统计出版社，2021，第27、82页。

另外，一线城市最大的特点是生活压力大。所以不论男女，天然有"反婚姻、反家庭化、反生育"的大都会特征。高生活压力绝对会降低人们的婚育意愿。即使国家对人们进行婚姻补贴、生育补贴也无法减轻高消费社会下的这种压力，除非补贴力度足够大。梁建章和任泽平等发布了《中国生育成本报告2022年版》，里面提到在我国把一个孩子养到成年的平均成本是48.5万元。但在上海，把孩子养到成年的平均成本是102.6万元。

看到以上婚育自主权及教育投资成本增加的变化，不要觉得奇怪。因为大城市在教育、公平、就业领域上对女性更为友好，所以越来越多的女性往大城市去了。同时，有婚育自主权的女性越是在大城市，一旦生育，教育投资会越大。

用科斯定理（Coase theorem）来看人口流动问题，上述现象便不难理解了。科斯定理以诺贝尔经济学奖得主罗纳德·哈里·科斯（Ronald H. Coase）的姓氏命名，其发表于1937年、1960年的两篇论文《企业的性质》和《社会成本问题》中，提出了关于交易费用的论断：在交易费用为零且对产权充分界定并加以实施的条件下，外部性因素不会引起资源的不当配置。因为在此场合，当事人（外部性因素的生产者和消费者）将受一种市场里的驱使去就互惠互利的交易进行谈判，也就是外部性因素内部化。

换言之，在某些条件下，经济的外部性或者非效率可以通过当事人的谈判得到纠正，从而达到社会效益最大化。即如果让市场决定资源配置，人口自然会流向生产效率更高的大城市。

  市场决定了环境越公平的地方，越能体现个人劳动价值。谁不希望自己付出劳动后获得合理回报呢？从这个角度来说，越是经济繁荣的城市，越会吸引女性；越是在大城市打拼的女性，生育的意愿越低。这非常容易理解，因为女性压力实在很大。女性户籍人口数多于男性，并不能说明女性在一线城市里已经实现了真正的机会平等。我们发现买房子的女性多，大概是因为女性比男性更厌恶风险，而且潜意识中更容易把投资、安全、生活质量等联系到一起。可以遮风避雨的不动产无疑是她们的首选。

  如果真的有男性指责21世纪的女性更爱"搞钱"，我们可以告诉他，这是女性的进步。在具备物质条件的情况下，女性的选择面也宽泛了。这对男性来说也不是坏事，毕竟"搞钱"能力不强但为人可靠的男性的结婚概率也提高了。

如何不把银子花光

- 证明自己的生存本领，对男女来说都很重要。
- 女性厌恶高风险，而婚姻恰恰是风险最大且最难预测的领域。
- 可以降低自己的预期，但不要降低自己的"搞钱"能力。

十二、金钱观与多巴胺

> 好无聊先生：为什么就算餐厅没有换大厨，我们吃到同样的菜却没之前那么好吃了？
>
> 走不开小姐：因为多巴胺的刺激已经结束了。我们对这种食物已经失去了惊喜，也失去了期待。

"搞钱"与幸福感之间的关联，极其容易理解。

一杯香醇的拿铁，会让你享受三分钟的温暖时光，消费金额为15～25元。一瓶上等的香槟，会让你和伴侣慢斟细品一两个小时，消费金额为300～500元。一部新款的智能手机，两年左右换掉，消费金额为2000～9000元。

有一些资产存在的时间会比你预期的久，比如你所购买的房子。外面风吹雨打，关上房门就是温暖的家，这种幸福的金额可能百万元以上。

有一些物资或许可以传承数代人，比如精致的手绣衣物、手表、古董或艺术品。其中一些物品的价值难以估量。

16世纪，解析几何之父，同时也是哲学家的笛卡儿，主张如果意识是人性的本质，那么幸福必然是内在的东西。19世纪，经济学的假设是，人拥有的财富越多就越幸福，所以功利主义的古典形式"边沁主义"的效用论极受欢迎。边沁将"正确的行为"定义为能使总体幸福感或快乐最大化的行为。边沁有一句名言："如果能给人带来同样的快乐，那么大头针和诗歌一样好。"

从这里你会看到分歧，早期经济学家们更重视扩大再生产，边际主义者强调消费的快乐。英国经济学家、边际效用学派创始人之一威廉·斯坦利·杰文斯（William Stanley Jevons）说："付出最少的努力以最大限度地满足我们的欲望，以最少的不愉悦感为代价换取最大程度的满足感，即让愉悦感最大化，这是经济学的问题。"

不说不知道，原来经济学还试图解决愉悦感的问题。生命科学的进步，让我们知道愉悦感其实是和多巴胺有关的，经济学顶多能帮助我们理解如何以超高性价比去满足可以刺激多巴胺分泌的欲望。

象征欲望的多巴胺使我们想要某种东西，又让我们在得到之后降低了兴趣。这个过程是怎么发生的呢？

1. 快乐物质

> 好无聊先生：为什么说多巴胺是快乐物质？如果注射多巴胺，人就会快乐吗？
>
> 走不开小姐：多巴胺阈值会告诉你，你的愉悦来自新奇。

很多人都知道，多巴胺是一种神经传导物质，是帮助细胞传送信号的化学物质，俗称"快乐物质"。多巴胺为什么会让人感到快乐？生命科学家也解释过，多巴胺主要有三个功能，即运动控制、行为选择和强化学习。

科普作家赵思家的《大脑通信员：认识你的神经递质》中对多巴胺有过介绍：大脑里有好几个区域生产多巴胺，但最主要的在基底核（basal ganglia）里。基底核里有两个区域：黑质（substantia nigra）和腹侧被盖区（ventral tegmental area），它们负责生产多巴胺。

通过上瘾机制来解释多巴胺回路，即当某件事能给我们带来快乐时，就会刺激和促使我们想再次尝试做这件事，从而形成一条多巴胺回路。在大脑中的表现是形成"奖励通路（reward pathway）"，即"中脑边缘通路（mesolimbic pathway）"。这条通路控制了刺激显著性。在这条通路上，在一定的阈值内多巴胺分泌得越多，"想要"的欲望越强烈，个体对某种强迫性行为产生依赖，这种行为又使得大脑习惯了高水平的多巴胺，当多巴胺的含量降低时，就会使人产生"想要"的欲望，导致成瘾。

看到这里，你不难理解，当我们梦想达成时，自己奖励自己一个包包的时候为什么那么快乐。伊丽莎白·唐恩（Elizabeth Dunn）和迈克尔·诺顿（Michael Norton）所著的《快乐金钱：智慧消费科学》一书中提到了几种让人感到开心的花钱方法。比如买到体验比买到实际物品更让人开心，这一点高净值人士应当深有体会，愿意花2000元在上海吃一餐"中式Omakase"的人，难道他仅仅是为具体的菜品付费吗？

该书说道，当下付钱，延迟到以后使用会更快乐。这一点买期房的朋友们或许能体验到，但若不小心买到了有问题的期房，这快乐不但大打折扣，还会产生"负值"。

书里还提及，应该主动限量地买你最喜欢的东西，而不是一次用腻。就中国的实际情况而言，如果以限量来理解消费，大家还要不要过"双11"了？囤积美妆产品的女性大概持反对意见。

又如，书里提及，为其他人付钱让人更快乐。通过大笔捐款来做慈善的人深有体会，这加深了他们的道德自豪感，彰显了他们的社会责任感。只不过，得留足自己生活的钱才能去为其他人付钱，否则你试试被动地为其他人付钱看看。

不难理解，当我们对刺激有了某种经验后，多巴胺的阈值会升高。这种机制让你拥有三五个高价包包的时候，不会再获得拥有第一个贵价包时同等的愉悦。所以，你要么会去买更贵的产品，更奢侈的品牌，更稀缺的商品；要么彻底对物质刺激失去兴趣。

同理，当一个人体验到股票涨停板的兴奋感后，再遇到股票涨三五点，或体验到沪指第N次从底部挣扎出来的时候，基本上可以用"见过世面"的心态来看待了。

伊丽莎白·唐恩和迈克尔·诺顿，一位在英属哥伦比亚大学教授心理学，一位在哈佛商学院教授市场营销学，虽然他们在书中引用了一些精彩的行为学研究向读者表明最受益的消费方式可能具有反直觉性质，可是我仍然要说，这都是一些主观调查，人和人之间的差异极大。

同一个奖励，对不同的人、在不同的时间、在不同的环境，会产生不同的刺激显著性。企业家所说的"一个小目标"或许对他本人而言平平无奇，不会再因为看到金额中

"1"后面那些"0"而心跳加速，但对普通人来说，或许毕生都达不到这"一个小目标"。

若要比较，那么比较永无止境。不难理解，在消费生活中，一山还有一山高，小众、限量、定制、唯一等具有稀缺性的概念中，消费者的心理波动是相当精彩的。

甚至对某些圈层的人来说，登山、骑马、戈壁徒步都会成为一种文化需求。或者说是一种在商业世界流行的"成功文化"——成功人士的多巴胺阈值更高，所以更会追求与众不同的消费、社交模式，他们也更期待得到阶层的认可。

我们完全可以这样理解，当商人们靠累积财富，晋升到一个新的社会阶层（现代社会对有钱阶层的认同度远比我们想象中的要高），终于拥有更高的地位时，理所当然会产生新的"符号标签"需求，会籍、定制服装、奢侈品、闭门会议、优先权、铂金卡、限量版、艺术品……这些统统会被包装成文化需求。

文化需求，谁说不需要极大丰富的物质和形式来保证呢？

别急着否认，让我们回顾一下历史书中文艺复兴时代的故事，正是因为那时候资产阶级处于上升阶段，所以才出现了矫饰之风和巴洛克风格，才让如今的人们为所看到文艺复兴时期精美的艺术惊叹，产生由衷的赞美，并为含有该元素的产品设计买单。

消费方式、风格，造就了一个人的形象。从炫耀到低调审慎，从低调奢华到高雅出众，从金钱到文化，他们都绝对地维持着与众不同。

让中年人无法忽视的是，阶层总是存在的，而金钱总是转化为等级特权、权力和文化特权。换言之，这是社会流动性的吸引力所在。

当然不能否认，人们在登山的过程中找到了"克服""征服"的意义与价值，也能映射出这种特定社会范畴在特定社会结构下，能通过特定物品或符号来表明自己与其他范畴相区别的社会功能。人多少会下意识地去寻求群体的认可，这也会让其感觉到安全和快乐。

大家有没发现短视频平台上贩卖"知识"的账号里，博主的背景板都是书架？书架上摆放整齐的各种人文社科获奖书籍，他们是否真的仔细阅读了？这个问题不重要。

至于内容付费，现代人追寻的是一种入门、一种真正的文化培训，还是一种晋升的符号？他们在文化中寻求的是一种合适的用途或财富，还是一种知识或地位？

"看见"与"存在"之间有一定关联。

当我亲眼看到核电站的内部设计，看到百米下的核废料储存库，看到严格而开放的管理后，确实消除了对核电站的未知焦虑，而且在那瞬间只占大脑0.0005%的细胞产生的多巴胺，让我因离"真相"那么近而感觉到"刺激"。虽然我还是说不出核电的原理，但因为感知过其可行性与安全性而不再对其反感。

核能发电虽然无碳，但是会产生高温和高放射性的废铀燃料棒。截至2019年，芬兰已经累积了大约2300吨的核废料，全球则约有263000吨的核废料储存在临时设施中。十余年前，全世界范围内除了深度掩埋核废料，还没有更好的办法。

TVO在芬兰运营着核电站，他们采取的办法是把废料埋到地表100米以下的岩石坑，就是我当时参观过的存储库。如今，芬兰将位于芬兰奥尔基洛托森林下的隧道建成世界上第一个能够永久处置核废料的"坟墓"，该"坟墓"位于地下430米，海平面以下420米处，预计2024年启用。

有一些信息一定是你知而我不知的，有一些激励一定是你获得过而我没有获得过的。行文至此，你会发现快乐物质可能产生于任何领域，比如爱情、创作、突破、奉献、获得乃至花钱。

如何不把银子花光

- 承认消费分层，自己并不在最上面那一层，并不让人难为情。
- 不是刚需的物品，适当地用一用延迟满足法。看到电商平台购物车里的物品失效而没有遗憾时，可以100%确认那是自己不需要的。
- 考虑一下，是看到心向往之的商品时的心率高，还是把你熟悉的花呗、借呗、微粒贷和京东白条的费率换算成年化利率时的心率高。

2. 让人愉悦的花费

> 好无聊先生：你怎么又买书，你难道实现了买书自由吗？
>
> 走不开小姐：并没有完全实现买书自由。买时自由，但书没地方放，这是另一种让人沮丧的体验，以至于减少了我买书的愉悦感。

面临需要选择的消费，总是让人有些不愉快。因为这提醒了你，你的能力有边界。

十几年前，我租住在广州的时候，房子里有一面墙的书架和一把坐着就不想起来的舒适摇椅，以及可以调节到温柔光色的落地阅读灯。那时候，像我一样租房子还要粉刷装修、自己定做书架的人并不多。但这种花费，换来了数年舒坦的生活体验，非常值得。

然而，婚后生下好无聊先生，要搬家到深圳租的小房子时，我明白是要舍弃一些书的。打包寄了十来箱书回老家寄放，到现在这些书还没有见天日的机会。不过想到那些自己搜罗来的书，心里还是会感到很快乐。

同理，随着时间流逝，有的体验往往会变得珍贵，一旦它成为我们人生的重要记忆，尤其是包含了情感的那种记忆，就更为珍贵了。在消费的角度，我们通常喜欢赋予其"仪式感"之称，如每日的鲜花，每年的旅游，每周的family day（家庭日），定期见你在理发店里叫Tony的朋友……

买书并没有什么仪式感，但还算让人愉悦。还有一些其他让人愉悦的花费。比如，难得买到合适自己"哈比人"身型的裤子，一下买三条，可以穿好几年。比如，定期带好无聊先生去城市里的各个美术馆、博物馆看展览。一次展览门票售价从35元到数百元不等，但非常值得。

比如，在闲暇时间和"同道中人"一起去敦煌莫高窟游览，遇到樊锦诗院长和赵声良院长，且有专业老师带我们夜游莫高窟，那种震撼的感觉一直在。比如，花几天工夫研究自己喜欢的一幅作品，并且收藏下来。

让我认为特别值得且长期坚持的一笔花费，是从2006年开始聘请钟点工阿姨来帮忙打理家务。

我不擅长厨艺，也不喜欢下厨，但不会因此而感到抱歉或惭愧。我知道自己擅长什么，讨厌什么。遇到不熟悉的朋友投来谴责的目光，我口中虽说着"惭愧惭愧"，但心里一点惭愧的意思也没有。

如果照料成年家人、照料孩子生活也被视为一种家务劳动，中国女性的家务劳动时间几乎是男性的两倍（图12-1）。整体来看，女性无酬劳动的平均时间也明显多于男性，通过图12-1的对比计算，女性比男性用于无酬劳动的平均时间多了136分钟。

根据国家统计局社会科技和文化产业统计司2020年公布的《中国社会中的男人和女人——事实与数据（2019）》。女性无酬劳动平均时间是男性的2.5倍（表12-1）。

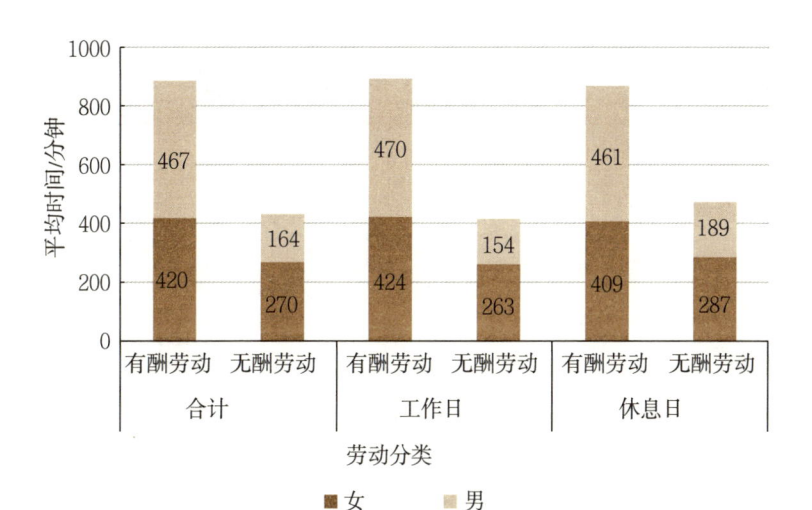

图12-1 有酬劳动和无酬劳动参与者平均时间

数据来源：国家统计局社会科技和文化产业统计司发布的《中国社会中的女人和男人——事实和数据（2019）》

表12-1 无酬劳动平均时间（分钟）

活动类别	合计	女	男
平均时间	163	229	94
家务劳动	86	126	45
陪伴照料孩子生活	36	53	17
护送辅导孩子学习	9	12	6
陪伴照料成年家人	8	9	7
购买商品或服务	17	22	12
看病就医	4	4	4
公益活动	3	3	3

（续表）

活动类别	合计	女	男
工作日平均时间	154	221	84
家务劳动	84	124	42
陪伴照料孩子生活	33	50	14
护送辅导孩子学习	9	13	6
陪伴照料成年家人	7	9	6
购买商品或服务	14	19	9
看病就医	4	4	4
公益活动	3	2	3
休息日平均时间	184	251	115
家务劳动	92	131	51
陪伴照料孩子生活	42	60	24
护送辅导孩子学习	9	12	6
陪伴照料成年家人	10	11	10
购买商品或服务	25	31	18
看病就医	3	3	3
公益活动	3	3	3

数据来源：国家统计局社会科技和文化产业统计司发布的
《中国社会中的女人和男人——事实和数据（2019）》

"男女同工不同酬"是全世界职场普遍存在的现象。越来越多机构喜欢在每年的"3·8"国际劳动妇女节当日发布职场性别薪酬差异报告。我们来看几组数据。

2020年的妇女节，智联招聘联合宝宝树发布了《2020中国女性职场现状调查报告》，调查发现，职场女性整体薪酬较男性低17%，但较2019年的23%进一步缩小了差距。

2021年3月8日，BOSS直聘研究院发布的《2021中国职场性别薪酬差异报告》则显示，2020年，城镇就业女性的平均薪酬为6847元，是男性平均薪酬的75.9%，薪资差距拉大到24.1%；薪资水平越高的岗位，男女薪酬差异越大。同是BOSS直聘研究院发布的《2022中国职场性别薪酬差异报告》中，调查期内中国城镇女性劳动者平均薪资为7017元，同比上涨2.5%，为城镇男性劳动者的77.1%，差距同比缩小1.2%。

妈妈在职场的处境更难。2018年妇女节，有一则名为《一场没有一个男人能通过的面试》的视频展现了对反对性别偏见、呼吁职场男女平等的思考。视频中，五位女性HR面对几位男性面试求职者，抛出的都是女性在被面试时基本都会被问到的题目，比如"你怎么平衡工作与家庭"。然而现实中，男性却几乎没有被问过。

实话实说，在不同阶段、不同的条件下，家庭中的父母，必然有所牺牲，不是工作，就是陪伴孩子的时间。

疫情期间，我见过创业公司的女合伙人、CEO，为了公司的发展、业务及对员工负责，从香港入境深圳，忍受14天的隔离，忍受与在香港读书的孩子的分离之苦，每个季度只能与孩子相聚短短一两周的时间。

男性，包括比尔·盖茨（Bill Gates）这样成功的男性，在他的财富积累期，一天工作16小时的时候，是谁在照顾孩子和家庭？盖茨的前妻梅琳达·弗兰奇（Melinda French）这么能干的女性，原本有可能拥有比盖茨基金会联合管理者、盖茨夫人更响亮的"江湖名号"。你看，有时候女性就是这样理性地作了选择，感性地做了牺牲。从家庭分工来说这可能是理性的，但并不平等。

2019年8月，梅琳达出版了一本为女性发声的自传《提升的时刻》（The Moment of Lift），内容诚恳而真实。她提到自己在婚后成为主妇时的惶恐："我不再是一名业务主管，我是一个年幼孩子的妈，一个繁忙男人的妻子。我搬进了一座巨大的豪宅，但我担心别人会怎么看我，因为这个豪宅并不是我的。我想要努力追赶上丈夫，让我们的关系保持平等。"梅琳达在书里也提到，女性花在无偿家务劳动上的时间是男性的2倍。这种不平等在自己的婚姻中也曾出现，她跟比尔·盖茨作了很多协调，才得以消除这种不平等。

推荐大家去读这本书。2019年，梅琳达在采访中说，自己和比尔·盖茨无法平衡家庭和生活，夫妻两人在生活中只取得了2分。要知道，一个再如何厉害的女性被困在家庭杂事中，找不到她作为独立个体的价值，她都不会幸福。

从全国来看，女性距离实现真正的平权仍然很远。根据国家统计局《2015年全国1%人口抽样调查资料》，全部户主中，女性占18%，比2005年提高了4.2百分点；男性户主占82%，仍远远高于女性。从我国2017年15岁及以上人口的文盲人口性别构成中可以看到（图12-2），女性占74.8%，男性占25.2%。从15岁及以上人口总体受教育程度看，低学历的女性人口数量仍远远多于男性。特别是未上过学的人口中，女性占到了近四分之三。

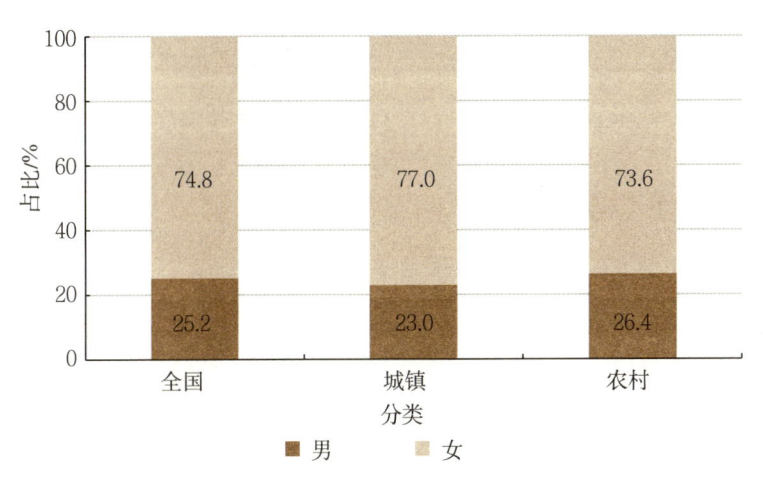

图12-2　2017年15岁及以上文盲人口性别构成
资料来源：国家统计局人口和就业统计司，
《中国人口和就业统计年鉴（2018）》

另外，女性参与社会管理与决策的比例仍不高。这些不仅体现在各个商业机构决策层的性别比例上，也体现在政府服务职能的领域。

但是，与过去相比，一切都在往好的方向发展。改变总需要时间，进一步有进一步的欢喜。

作为一名中年劳动妇女，我不是在说自己要取得更高的社会地位或成就感，或排斥家务。我只是在说，女性应考虑自己的舒适地带，在自己愿意且擅长的领域努力。比如我，厌恶办公室政治，不擅长且不喜欢下厨，很高兴有办法解决这些问题。我在财经媒体开心地从业了十数年，然后做企业顾问，做"斜杠中年"。至于家务事，我有能力请钟点工阿姨协助。这种花费就是让我愉悦的花费。

工作成果带来的惊喜与烧毁厨房带来的惊吓，哪一种未来对于我来说会更有吸引力？这个问题根本无须思考。

如何不把银子花光

- 有些能把你从琐碎中解放出来的必要开支，应花尽花。
- 绝对不把时间浪费在自己不喜欢的事或人身上。
- 知道但凡没有劳动妇女的能力和底气，"女神"的称呼就是个肥皂泡。

3. 警惕野性繁荣

好无聊先生：世界之大，无所不有。

走不开小姐：如果你是指几十种名号的奥特曼……倒也不必什么都拥有。

有人看到限量款包包会感到快乐，中年人看到钟点工阿姨能来上班感到快乐，创业者看到投资方转入的款项感到快乐。多巴胺喜欢奖赏、预测误差，而现实是意外最丰富的来源。

毫无疑问，我们今日的物资较以往极大丰富。以中国为代表的亚洲发展中国家的工业化，让工业品的潜在产能远超整个世界的真实需求。这大概是消费品市场极度蓬勃发展的原因。

我当然同意消费是一种经济发展的驱动力。事实上，中国的GDP结构中，自2014年起消费已超越投资成为经济增长的首要拉动马车，对经济增长的贡献率基本维持在60%以上。2021年，中国已成为全球最大的单一消费市场。根据国家统计局的数据，2021年中国社会消费品零售总额达到创纪录的44万亿元并呈持续稳定增长态势。当然，与美国2021年同期消费对GDP的贡献率达到82.59%相比，中国的消费领域仍存在极大的发展空间。

纵然商业消费主义建立的新货币拜物教在当代一骑绝尘，可我们需要留意的是，消费行为和物质享受并不能解决基本的增长问题。消费主义彻底重塑了美国的主流文化与价值观，是一种经济学家与商人定义的文化。若因此就认为消费与享乐等于自由，商业扩张与增长永无止境，并不见得正确，也无法让人找到自我的真正价值。

毕竟人类欲望的增长是有限的，也极易因为一些原因而踩刹车。

2021年，新消费赛道出现超过800笔融资，其中，已有一定知名度、能让消费者记住的品牌一年出现两笔融资是不少见的。所以当我年底遇到一位海外学成回来的年轻"企三代"（企业家的第三代）朋友说自己要创业做新消费品牌时，一点也不惊讶。

事实上,我在2021年见了超过十位新消费领域的创业者,没有一位对自己要做的事情表示任何迟疑或犹豫。他们深刻地意识到,随着人均GDP的增长,虽然社会消费品零售总额增速受疫情影响而放缓了,但与之对应的是,人们的购买力确实在上升,需要更有文化韵味的、更新颖的、更有趣的消费品。

2017年12月15日,创业黑马董事长牛文文在创业家年会上称,中国所有的生意都值得重做一遍。在随后好几年时间里,这种口号在全网都能看到,用的是电商的互联网思维。2019年8月,阿芙精油董事长孟醒(网名:雕爷)发表公众号文章《真别怀疑了,"新消费"滔天巨浪来啦》,提到鉴于新媒体、新渠道、新产品三个大浪推动,"每一种消费品都值得重新做一遍"。

以抖音、快手为例,人们在浏览视频时,它们是单纯的短视频平台;人们在这个过程中把物品加入购物车时,短视频平台"秒变"零售渠道。

新产品以美妆品牌完美日记为例。该品牌的口红在传统渠道上售价为200～300元/支,但在线上零售渠道其中一款名为天鹅绒丝绒唇釉迷你装的口红首单价为27元,该品牌的旗舰店内唇彩热销第一名的莫奈红丝绒金丝绒口红首单价是56.9元。除了性价比,更重要的是这些物品是和消费时代相关的,如和消费分层、互联网时代的新渠道、国潮崛起等有关让消费者更容易接受。

如果说淘宝的大半业绩是女性消费者的功劳，那么拥有"大牌平替"之名的完美日记，其业绩几乎都来自女性消费者的贡献。

2020年10月31日，完美日记的母公司逸仙电商（YSG.US）向美国证券交易委员会（SEC）递交招股说明书。北京时间2020年11月19日晚10点30分，逸仙电商在美国纽交所挂牌，成为国内首个美股上市的美妆集团。首个交易日股价报收18.4美元，市值突破122亿美元。股价最高位时是2021年2月的25.47美元，然而到2022年11月25日，逸仙电商的股价仅为1.2美元，总市值7.17亿美元。

完全可以将其视为新消费品野性繁荣的案例。

不管是哪一种消费品重做一遍，其思考也都围绕着工业美学设计的新产品、新渠道和新媒体三部分。本书的上半部分讲述了人均GDP的增长带来的消费需求，以及随着时代的变化，审美更靠拢工业美学思维的现状。当然美是一种生产力，但落到本质上，仍然是由供需决定的。

人的审美力一旦得到提升，进入新阶段，就不会去用美感不足的物件。审丑式的猎奇方式，或许能创造一时的冲动消费，但转化为长期消费动力却是非常难的。

从"如何触发需求"的角度研究，新消费者们的特征不外乎圈层化、社群化、目标人群精准化。所以品牌必须将钱付给能找到精准用户的MCN、社群KOL或者网红足够的利益，让产品精准到达。

完美日记等品牌，依赖的就是KOL。逸仙电商在招股书里表示，公司与将近15000个KOL有合作，其中有800多个KOL拥有上百万粉丝，其中就包括直播带货界的顶流李佳琦。KOL，不就是新的中间商吗？总有品牌愿意付更高的价钱让中间商推广产品。

新消费品牌，还有许多路要走。概念设计是表层，品质才是核心。看一看逸仙电商2021年的财报，其营销费用为40.06亿元，所占营收比例高达68.60%，而用在产品研发上的费用为6651万元，仅占收入的1.3%。这大致能说明一些问题。

2021年，在拒绝一家新消费品牌的邀约时，我原话是这么说的："不错，整个故事是可以包装得很好看，问题是要让消费者接受，靠的不是故事，是产品的质感与日复一日的使用体验。光讲故事并没有什么用处。B端要清楚明白利润空间，C端要的是好品质、好的用户体验。"

在眼下的时代，创业者创业除了响应"双创"号召之外，还要看具体的机会窗口。

不难发现，财富传承是很难的，更难传承的是上一代希望下一代能具备的某些企业家的品格。所以创业不失为年轻的继承者们一条出真知的实践之路。在市场上摸爬滚打，可以帮助一个人快速成长起来。

华南地区老牌企业的继承人们，不是在创业的路上，就是在投资看项目的路上。

什么时候创业者在资本市场上造富的速度越来越快？在利率低的时候。

这里的逻辑是，利率下跌时，资产价格上涨。降息之后，大家存到银行的钱的利息减少，只要不出现经济衰退，那么人们就更愿意拿钱出来消费、投资。消费会刺激经济，促进CPI（consumer price index，居民消费价格指数）上涨。所以你会看到低利率时期美国和欧洲的房价、债券和股票上涨。

回顾2021年，全球股市在3月暴跌，在疫情的影响下，大家不是囤食物、囤厕纸，就是囤现金。加强压低利率的结构性力量，其一就是提高家庭和企业囤积现金的意愿。于是，美联储降息并释放大量流动性以保持美元市场运转，这确实防止了信贷紧缩、大量破产和裁员，为应对资本外流、本币贬值，许多国家的央行被迫跟进加息。

据《正观新闻》及新华社的报道，2022年11月3日凌晨，美联储再次宣布将联邦基金利率上调75个基点。这是美联储该年内第6次加息，连续第四次宣布加息75个基点[1]。据媒体统计，除去此次加息，美联储该年内已加息5次：3月17日，加息25个基点；5月5日，加息50个基点；6月16日，加息75个基点；7月28日，加息75个基点；9月22日，加息75个基点。加上11月3日的75个基点，累计加息375个基点[2]。

2022年11月23日，美国财政部公布的数据显示，美国联

---

[1] 《"我们的货币，你们的麻烦"——起底美元霸权》，http：//world.people.com.cn/gb/n1/2022/1107/c1002-32560786.html，2022年11月7日。
[2] 《年内第六次！美联储加息75个基点，下轮加息幅度或放缓？》，https：//baijiahao.baidu.com/s?id=17484403159630009348&wfr=spider&for=pc，2022年11月3日。

邦债务在当日已经突破31.33万亿美元[①]。

美联储在"开闸放水"和"落闸限流"之间反复横跳，目的还是控通胀、稳增长。所以美联储仍在继续加息，并伴随缩表动作。根据美国劳工部10月中旬的数据，美国10月未季调的CPI同比增长7.7%，前值8.2%，预期7.9%；核心CPI同比增长6.3%，前值6.6%，预期6.5%。10月季调后的CPI环比增长0.4%，前值0.4%，预期0.6%；核心CPI环比增长0.3%，前值0.6%，预期0.5%。数字低于市场预期，通胀趋势放缓但仍是近40年的高位。可以预期美联储加息动作仍将继续。

我们一直诟病，国内银行贷款往往流向大企业，其实国外银行也是一样的。毕竟银行业要控制风险。初创企业靠的是风险融资。疫情来临，任何商业银行都会在"还撑得住的企业"与"一看就破产在即的企业"之间选择为前者续命。这是否加剧了财富的不平等？是，从来都是。

在资本市场上也能看到野性繁荣的迹象。进入2021年，有几家投资机构的朋友和我说，他们所在的机构能提供可合作的SPAC（special purpose acquisition company，特殊目的收购公司）项目，如果有企业想上市可以考虑选择SPAC。

SPAC上市的做法通常是，先以空壳公司上市，再与私人公司合并，从而为上市提供快捷的通道，所以又被称为"空白支票公司"。

[①] "Debt to the Penny," fiscalData, last updated February 17, 2023, https://fiscaldata.treasury.gov/datasets/debt-to-the-penny/debt-to-the-penny.

我听到后很吃惊，曾经在华尔街被视为不那么优秀的SPAC，为什么在2020年筹集了超过120亿美元的资本？大概是因为反常的繁荣，企业对发行股票有着无比的热情。《经济学人》2020年9月24日发表的文章Bubble-Hunting Has Become more Art than Science引述全球数据处理公司Dealogic的数据称，2020年迄今美国的股票发行量同比增长85%。很多公司喜欢通过融资来补充"弹药"，而且在泡沫更大的时候发行股票获得更高的估值，才更符合股东的利益。

2020年8月19日，苹果成了首个估值超过2万亿美元的美国公司。2022年第一个交易日，苹果的市值又一度突破3万亿美元的大关，成为史上首家市值突破3万亿美元的上市企业。2020年5月以来，根据财报的反映，当时一辆卡车都没生产出来的电动卡车公司尼古拉（Nikola）市值增长了2倍[1][2]。这让人不由想到乐视。更奇怪的是，比特币凭空冒出了上万亿美元的市值。

这当然算是野性繁荣，需要警惕，需要看好自己的钱袋子。

任何事物的发展都有一定的周期。2020—2021年，这期间速度放慢的不仅仅是人们受新冠疫情影响的生活和工作节

---

[1] "Nikola Corporation to Pay $125 Million to Resolve Fraud Charges," SEC, December 21, 2021, https://www.sec.gov/news/press-release/2021-267.

[2] "How to parlay an Ocean of Lies into a Partnership with the Largest Auto OEM in America," *Hindenburg Research*, September 10, 2020, https://hindenburgresearch.com/nikola/.

奏，还有狂飙突进的互联网公司数量的增长。

在德勤会计师事务所发布的《香港SPAC上市必需指南》中，2021年613家企业在美国以SPAC的形式上市，相较2020年的248家，筹资额接近2020年的两倍。然而，根据《21世纪经济报道》的报道，2022年第一季度，通过SPAC上市的公司只有55家，比上一年同期的133家下跌了近60%。同时，从SPAC发起人找到目标公司到合并变为普通上市公司（De-SPAC）的交易，2022年第一季度有34家，比2021年第一季度的70家减少了一半多[①]。

生活在中国的我们，总觉得增长是一件理所当然的事情。工资应该每年上涨；房价永远在上涨；GDP每年都要上涨，增长率低于5%就觉得出了大问题。我们或许从来没有想过，有一天GDP的增速会下降，而且增速会越来越慢。

杨文奎在诗里说："人无千日好，花无百日红。早时不算计，过后一场空。"这里所指的不仅仅是个体。

但总有人不畏惧挑战。创业者们着眼于现在，从现实中接收到信息，多巴胺系统利用这些信息制订计划，并最大限度地获取回报。我们接收的各种信息，有可能催生出一系列新想法，增强我们迎难而上、再寻解决之道的能力。这也可以叫多巴胺驱动吧。

---

① 《SPAC赎回率大幅上升，De-SPAC将接近传统IPO形式？》，http://static.nfapp.southcn.com/content/202204/30/c6453132.html，2022年4月20日。

如何不把银子花光

- 无法从生活的压力中解放出来，人就很难真正地去观察、思考这个世界。
- 我们永远不可能扼杀情绪冲动，可如果只被情绪驱动，就意味着麻烦。
- 当下强烈的满足感可能会弥补多巴胺的损失，反之会懊悔。在多巴胺催生的欲望面前，让你冷静一些有用吗？如果没用，确保你手头的钱花光了，有能力再赚回来。

十三、储蓄的悖论

> 好无聊先生：为什么要把钱存进银行？
> 走不开小姐：储蓄的目的是让有余补不足，做到"手中有粮，心中不慌"。

我母亲是一位看亦舒、李碧华、张爱玲、杨绛等女性作家作品的可爱女士，她非常认同女性经济独立的重要性，也时常告诫我，不要总是把钱花光，要学会储蓄。

年轻时的我总是点头如捣蒜，但颇有些不以为然，想的是"钱这种东西，生不带来、死不带去，花光了再赚就是了"。如今步入中年，尤其看到目前大环境的变化，看到城镇人口调查失业率的变化，会觉得老母亲这些担心是有道理的。遇到紧急情况，储蓄的作用不是让自己获得多少收益，而是帮自己度过危急时刻？想一想《红楼梦》中老祖宗的压箱底吧。

悖论是，储蓄所获得的收益太低，因而只依赖储蓄，有可能还不够。

藤田孝典所著的《下流老人》这本书就揭露了日本老年人的残酷现实——"人活着，钱没了"。当利率降到几乎为零的水平时，退休人员赖以维生的利息收入大幅减少，丧失劳动力的老人不得不寄希望于微薄的养老金，并不得不更多地动用积蓄。

这种情况在中国也有吗？答案是肯定的，当GDP的增速放得越来越缓的时候，央行可能会采用零利率或负利率来刺激经济，所以不排除这种可能性。尤其当人们消费信心不足的时候，储蓄就会增加，这又会使得银行为了刺激消费而下调存款利率。

根据央行发布的《2022年10月金融统计数据报告》，2022年10月末，本外币存款余额为261.02万亿元，同比增长10.4%。月末人民币存款余额为254.82万亿元，同比增长10.8%，增速比上月末低0.5百分点，比上年同期高1.7百分点[1]。2022年的前三个季度，人民币存款增加22.77万亿元，其中住户存款增加13.21万亿元。这意味着人们更爱存钱了。

所以我们看到2022年这一年里，多家银行下调存款利

---

[1] 《2022年10月金融统计数据报告》，http：//www.pbc.gov.cn/goutongjiaoliu/113456/113469/4708493/index.html，2022年11月18日。

率。大行的大额存单利率下降明显，例如工商银行大额存单3年期的产品年利率为3.1%，2年期为2.5%，1年期为2%。同时3年期的门槛出现明显的提高，多数情况下的起存门槛为30万元。股份行如招商银行，其大额存单3年期利率从3.45%下调到2.9%；平安银行在售大额存单产品3年期年利率最高3.15%。

中国人民银行宣布于2022年12月5日降低金融机构存款准备金率0.25百分点（不含已执行5%存款准备金率的金融机构）。下调后，金融机构加权平均存款准备金率约为7.8%。降准共计释放长期资金约5000亿元，意味着我们还是希望增加银行的可贷资金数量，从而增大信贷规模，提高货币供应量，提高流动性，刺激经济增长。

存款利率低已经是一个事实。虽然长期以来，基于社会现实与政府敦促，大家知道要为退休做好准备，但低利率一直会让整个目标更难以实现。

低利率推动的资产增值表现，可以看2020年10月7日瑞银和普华永道发布的《2020亿万富豪洞察：乘风破浪》的报告：截至2020年7月底，全球近2200位最富有者所拥有的总财富，达到了10.2万亿美元的历史新高。从2019年至2020年，中国内地亿万富豪的总财富从1.19万亿美元增至1.68万亿美元，对比2009年的1349亿美元，涨幅高达1145%。

所以，一直以来，大家提到经济衰退就哀鸿遍野，但经济衰退并不意味着对所有人、所有公司和行业来说都是具有冲击性的。

《经济学人》发表的《储蓄者的困境》指出，即便在美国，股市收益也主要流向富人。最富有的前1%的人群拥有的股市资产份额从1990年的46%上升到2019年的56%；最富有的前10%人群的份额为88%。也不难理解，富人比穷人有更多闲钱投资。

研究财富与收入不平等的法国经济学家托马斯·皮凯蒂（Thomas Piketty）在《21世纪资本论》第七章中提到，1900—1910年资本集中度相对极端，在法国、英国、瑞典等国家，最富裕的10%的人群几乎占有国家的所有财富，比重高达90%。最富裕的1%的人群占有所有财富的50%以上。在英国等财富特别不平等的国家，最上层1%的人群占有的财富甚至超过所有财富的60%。到今天，财富仍然高度集中，欧洲最上层10%的人群占有总财富的60%，在美国这一数字则达到70%。贫穷的半数人口现在和以往一样贫穷，2010年占有不到5%的总财富。历史上的财富不平等减弱，并不像我们认为的那么显著。

然而托马斯·皮凯蒂也认为，中产阶层收集的"面包屑"也很重要，不能低估这一变化的意义。中产阶层在欧洲约有数千万人，处于富裕和贫穷之间，拥有几十万欧元的财产，作为整体占整个国民财富的1/4~1/3，将深刻地改变社会面貌和社会政治结构，有助于重新定义分配带来的冲突。

中国一直希望更接近橄榄型社会结构，即"两头尖，中间大"，利于社会稳定。所以我们更关心可支配收入未来会不会持续增长，关心经济格局如何变化。

国际货币基金组织（IMF）2022年10月发布的《世界经济

展望报告》称，2022年全球经济将增长3.2%，与7月预测值持平，但2023年全球经济增速将放缓至2.7%，较7月预测值下调0.2百分点。这与世界银行的展望相一致，该机构将2023年全球经济增长预期从6月预测的约3%下调至1.9%。

即便如此，中国的经济增速也还相对平稳。根据国家统计局的数据，2021年，我国经济实现了持续复苏和平稳运行，国内生产总值超114万亿元，增长8.1%。2022年对我们来说，挑战更大。IMF预计我国GDP在2022年将有3.2%的增长。根据国家统计局的数据，2022年前三个季度我国GDP已经实现同比增长3.0%，达成或超过IMF的预计都有可能。

只要经济增速还处在正常的区间，就不用太担心会出现零利率。

1. 节流和开源一样重要

> 走不开小姐：考考你，最低风险的钱生钱方式是什么？
>
> 好无聊先生：放银行……

人既然是万物之灵，对环境多少有些敏感。2022年4月，我问微信群里的小伙伴们："如果你突然失业了，市场环境不好，找不到新工作，以目前的积蓄，能撑多长时间？"

一位群友答，一个月都撑不到，毕竟每个月要支出上万元房贷。十余人的小群里，只有一位群友说自己有七位数存款，能撑一年。

我们想一想，有没有可能出现全国GDP增长超过预期，同时我们的收入下跌也超过预期的情况？当然有这种可能。

现实一点，不管什么时代，受到风险冲击的时候，压力都会传导到收入偏低的人群身上。防疫期间进行封锁防控，使劳动力市场有失公平、收入不平等的情况加剧。

疫情之前，或许可以用自动化来解释劳动力份额下降、工资中位数停滞不前和底层实际工资下降的原因。疫情暴发三年有余，底层人群收入下降更明显，就不是产线智能化淘汰工人的问题了。

这种有产者、无产者差距越拉越大的现象，被《金融时报》称为"K型复苏"（K-shaped recovery）（图13-1）。这样的模型不是第一次出现。

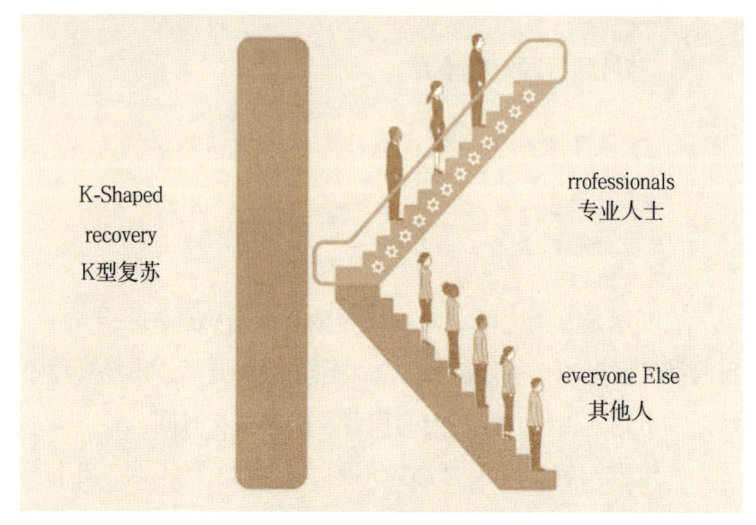

图13-1　K型复苏

图片来源：《金融时报》

低利率、高资产，折现算法驱动，提升未来的收入价值，提高资产价格。或许有人说，你看美国前总统唐纳德·特朗普（Donald Trump）的资产就缩水了。那是因为特朗普集团的酒店、地产多，受疫情影响，收入减少。从其他领域看富人如何更富，比如，消费上扬，某消费新品牌融资成功，创始人卖了部分老股，已经实现财务自由，又把资金投入当初投他公司的投资机构那里做LP（limited partner，有限合伙人），坐等投资收益。这些机会是一般中产阶层都未必有的，更不要说普通的工薪阶层了。

本身就没有太多资产的人，在疫情的影响之下，收入锐减，又没有抗风险能力，自然是越来越"惨"，进而与富人拉大了距离。

那么，从国内市场看，图13-1中下面那条线上的人群，可能会遇到什么雪上加霜的事？

现实可能是打工者租长租公寓，遇到了被退市的蛋壳，眼看它"人跑了、楼塌了"；可能是退休者用积蓄买了中国银行的"原油宝"产品，穿仓、亏得一塌糊涂；可能是年轻人没有陷入理财陷阱，但是买到的房子所在楼栋成烂尾楼了……

或许这些坑有些人都没踩过，也不做其他投资，专心投资在孩子身上，却发现给孩子买的教育培训机构课程泡汤了；可能有些人更潇洒，孩子不在计划内，没有"软肋"，却发现自己买了年卡的健身机构"跑路"了……

这个时代，坑的种类过多。踩坑的人更多，同时踩中几个坑的人不在少数。

还有些坑是由于对未来的期许带来的。比如相信未来某公司会上市，义无反顾地为公司投入了很多。有股权激励的公司，不是只有腾讯、阿里、京东等，其实上市企业中280多家都有股权激励计划，未上市的创业公司，股权激励也几乎是标配。

可真要熬到兑现股权的阶段，动辄三五年。要注意公司上市之后还有禁售期，以及破发的风险。所以，我们不可能完全将财富积累留在那个时候，至少要在活水源源不断地来的时候，做一些蓄水的动作，以防万一。

不管你是创业者，还是"打工人"，都不要太迷信资本。资本是催化剂，但要发生质变，仍需要自身有足够的积累。

对"打工人"来说，中彩票只是概率极低、偶发的美妙事件。致富的基础仍然是劳动，方法只有到上升期的企业努力地工作。直至不被打工生涯束缚的松绑时刻，还是需要一些生活资金的。所以，节流也很重要。

2020年11月12日，在上海举办的外滩金融峰会上，中国人民银行前行长周小川在会上作了这样的报告："2019年年末的时候，中国的储蓄占GDP的比重降到44.6%。对于未来的趋势，我们认为中国的储蓄率还会进一步下降。此次疫情对于储蓄率的现实影响目前还未知，因为疫情既有增加储蓄的一方面，又有降低储蓄的一方面。但是再往远期来说，中国的储蓄率还会进一步变动，就是在以内循环为主，双循环并举的发展战略情况下，国内经济循环将会朝着更加畅通的趋势发展。"

他还认为："我们同时观察到一大现象，就是年轻一代的储蓄率明显下降。这个现象的出现有好的方面，比如扩大内需，促进消费等，但也有令人忧心的一面，有部分年轻人过多依赖借债来过渡、奢侈消费。这种情况对将来的经济发展会不会起到消极影响我们也不尽了解，还需要进行密切观察。但是总而言之，中国的储蓄率可能会进一步地调整。"

居民储蓄率的计算公式是，居民储蓄率=住户部门总储蓄/住户部门可支配收入。其中，住户部门总储蓄=住户部门可支配收入-住户部门最终消费。储蓄率是一项能够反映一个国家或地区储蓄发展水平的重要指标，是一项能够反映国家经济发展情况的衡量标准，在经济学分析中有一定的分量。

中国可能真的是全世界国民储蓄率最高的国家之一。世界货币基金组织2017年8月15日发布的《中华人民共和国部分问题》（基金组织国别报告第17/248号）提到，从历史上看，我们的国民储蓄从20世纪80年代以来一直居高不下，大约为GDP的35%~40%。2001年加入世贸组织以后，中国融入全球贸易体系，储蓄率迅速上升，2008年达到峰值，为GDP的52%。全球金融危机后，储蓄率逐渐下降到2016年的46%。尽管小幅下降，但中国的储蓄率仍然全球最高。相比之下，全球平均储蓄率为GDP的25%。

香港环亚经济数据有限公司（CEIC）有全球最全面的宏观经济数据库，而且是数据可操作性较强及数据质控最为严谨的经济数据库。检索其内容，21世纪的前10年，中国的储蓄率就基本稳定在45%以上且逐年上升；2010年达到峰值，储蓄率为50.654%，此后9年，中国的储蓄率逐年下降，2019年达到44%

左右（图13-2）。2020年由该数据库收集的数据为45.320%，与2019年比有小幅度上升，可以推测是受疫情的影响，老百姓需要增加储蓄以抵抗风险。但从长期来看，中国的储蓄率维持在40%以上是常态。

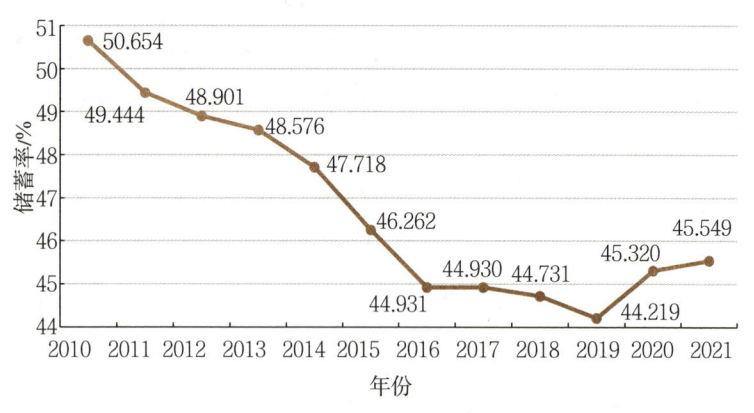

图13-2　2010—2021年中国境内总储蓄率变化

数据来源：CEIC

《中国统计年鉴2021》显示，截至2020年，我国人民币住户存款余额为925986亿元。加上2021年的住户存款新增数9.9万亿元，那么2021年住户总存款约为102.5万亿元，可以计算出人均存款为7.27万元。

当然，平均来的数字落到个体，在"体感"上也大不相同。在现实生活中，不少刚出来工作的年轻人大呼压力大。之所以有些人的存款达不到平均数，原因有很多。比如收入下降、超前消费、物价上涨、看病太贵、抚养子女或赡养老人等，各种难以控制的消费支出，让很多人都存不下钱。

如何不把银子花光

- 计算你每个月的最低开支,并将其乘以6得到的数字,作为备用金的基本数字。
- 巴菲特在2022年的股东大会上说过,现金像氧气一样,要随时保存相当数量的现金。听巴菲特的。
- 如果你已经过了45岁,养老这种事需要提上日程,这样你就会记得要开始储蓄。

2. 股票为何不适合所有人

> 好无聊先生:妈妈,你为什么不炒股?
>
> 走不开小姐:你是不是忘了我是做过财经、商业报道的前媒体人?一方面有职业自律要求;另一方面,我知道有些企业基本面和价值偏差比较大,但又没有时间去研究这些企业。

2022年,好无聊先生忽然对股票好奇,让我问问周围的朋友当中哪些在2021年炒股赚了钱,他想做个小访问。

我很少加群,除了工作,常用的是书友群和两三个家人或好友群,于是逐一问了一下。家人群里的答复都是"和你一样,我们没有股票账户"。

其中一个朋友群的几位友人则回答了我:"亏了。"书友群有几位朋友也说他们亏了。

炒美股的朋友在某个时期亏得比较多。比如2022年5月5日,美股三大股指完全回吐前一日美联储5月议息后的大涨，其中道琼斯指数和纳斯达克指数还创下2020年以来的最大单日跌幅（道指跌3.12%，盘中一度重挫近1400点；纳指跌幅逼近5%），标普500指数成分股也大跌3.56%，只有19只个股收盘时没有下跌。

好无聊先生更困惑了，问："既然都知道股票有风险，那么为什么大家还要冒险？"

因为，进场者在形势较好的时候可能真的通过股票赚到了钱。而且，没有人在进场的时候会怀疑自己的选择，在看到股票跌的时候还会心存侥幸。

2021年，一位基金界的"明星"——张坤的热度丝毫不亚于娱乐圈的明星。当然后来他从大家口中的"坤神"变成了"坤狗"。真是成也基民，败也基民。

风头盖过自己任职的公司，这样的例子以往常出现在证券机构的研究员身上。比如经济学家任泽平、管清友，他们的风头也盖过了自己任职的机构。不管他们"投奔"到哪里，拥趸记住的是他们的名字，而不是他们所效力机构的名字。

在媒体报道张坤管理的一只基金8年前推出以来，获得700%的回报后，易方达的基金经理张坤被称为"公募一哥"，成为"网红"一般的存在。

然而，2021年，"顶流明星"基金经理的收益普遍不太好（表13-1），张坤、刘彦春、葛兰、萧楠、胡昕炜等管理的代表基金都是负收益。张坤2021年时管理4只基金，其中名气最大且管理时间满5年的有3只，近3年内的最大回撤（指基金净值回调或下跌）都达到了-40%，特别是易方达亚洲精选股票，为-55%。霸榜2021年的基金收益榜单前几名的是被称为"新生代（投资年限小于3年）"的基金经理，如崔宸龙、韩创、钟帅、杨金金、杨宇[1][2]。

表13-1 "明星"基金2021年收益[3]

证券简称	基金经理	2021年收益（%）
易方达蓝筹精选	张豆	-9.89%
景顺长城新兴成长	刘彦春	-9.85%
中欧医疗健康A	葛兰	-6.55%
兴全合润LOF	谢治宇	6.32%
中欧新蓝筹A	周蔚文、冯炉丹	3.39%
广发双擎升级A	刘格秘	4.41%
汇添富消费行业	胡昕炜	-4.20%
易方达消费行业	萧楠、王元春	-11.19%
银华心怡A	李晓星、张萍	38.62%
嘉实新兴产业	归凯	-8.49%
富国天惠LOF	朱少醒	0.62%
工银瑞信文体产业A	袁芳	10.34%
农银汇理新能源主题	赵诣、邢军亮	56.20%

数据来源：《21世纪经济报道》官方网站

---

[1] 《盘点2021机构青睐的明星基金：业绩、风控、基金经理能力三要素孰强？》，http://www.21jingji.com/article/20220407/herald/651b2ce2f9abc285a5fbbe2ec23b167.html，2022年4月8日。

[2] 《公募一季报｜"顶流"基金经理规模洗牌清单：净值波动背后的应对》，http://www.21jingji.com/article/20220427/herald/29d0876860718bd975b3f1c259ac920d.html，2022年4月27日。

[3] 《硬核选基｜你买的基金，赚钱了吗？张坤、葛兰等跌落神坛 新生代"霸榜前十"》，http://baijiahao.baidu.com/s?id=1720890281605083945&wfr=spider&for=pc，2022年1月3日。

我们重新审视一下2021年明星基金的收益，会发现，2021年的小盘股（即发行在外的流通股份数额较小的上市公司的股票，中国现阶段不超3000万股流通股票的一般都可视为小盘股）跑赢了大盘股（通常指发行在外的流通股份数额较大的上市公司股票）。对应公开数据看，2021年，代表"小盘股指数"的中证500指数、中证1000指数分别大涨15.58%、20.52%；代表大盘股的上证50指数大跌10.06%，沪深300指数也下跌了5.20%。

当时绩优基金集中在两大赛道：新能源、顺周期（主要是资源股）。然而"顶流明星"基金经理们大多抱团大消费股或医药股。所以，如果分行业主题看，是消费、医药输给了新能源，比如中证医药指数为-12.24%、中证消费指数为-8.09%、中证白酒指数为-3.40%，而中证新能源指数同年涨幅为49.35%[①]。

此一时，彼一时。如果我们看易方达发布的2022年第二季度报告，你们又会发现张坤"状态大勇"，他管理的两只旗舰基金易方达蓝筹精选和易方达优质精选（原易方达中小盘）二季度净值分别上涨13.2%和13.47%，大幅跑赢沪深300指数。

在第一部分，我们已经讨论过消费的时代问题。这里就

[①] 这个数值是通过计算得出的。以中证医药（000933）为例，在中证指数官网查询该个股在2021年1月1日的收盘价及2021年12月31日的收盘价，计算过程：涨跌幅=（末日收盘价-首日收盘价）/首日收盘价×100%，即（13253.9-15103.87）/15103.87×100%=-12.25%。其余的涨跌幅计算以此类推。

不展开讲了。事实证明，2022年新冠疫情的继续蔓延，给消费带来了持续性的打击。

很多人不明白，自己不是像巴菲特一样长期看好消费，持有消费股吗，为什么2021年会输得那么惨？对于大部分人来说，自己没时间研究股票，那么，把钱交给专业的投资人打理似乎是一件理所应当的事情。其中又有一个问题，怎么判断一个私募基金经理的投资能力？如果能看准，大家对张坤也不至于前恭后倨。

张坤在2022年第二季度的报告中有一段非常经典的关于企业商业模式和长期竞争力的表述：

虽然判断未来很难，但做投资实质就是在对一个个企业的未来作出判断。我们希望在作判断时更多回归常识或者事物的基础概率。例如：

（1）这家企业提供的产品或服务未来是否被客户持续需要且需求会增长？

（2）外来者模仿这家企业的业务是否足够困难（不论是通过品牌、技术还是网络效应等各种方式）？

（3）生意模式能否产生充足的自由现金流（不依赖外部资本就能持续增长）？

（4）是否具有良好的企业治理方式并对股东友好（良好的成本费用管控、低估时积极回购、高标准的再投资等）？

这些问题，其实可以用来观察任何一家公司。理念和策略不过是一种对外沟通的格式、体裁，在同样的理念和策略下由不同的人打理同一只基金，获得的收益会有很大不同，这时候就要看基金经理在具体决策时的考量维度、深度和水平。

多数人看的是基金经理的业绩，且会下意识地选择他最好的业绩作为参考。少数人会去关注基金经理的个人特质、他管理公司或者团队的能力，以及他是否经历过一个完整的投资周期。

今时今日，很多人都以为自己是理智的，自己的投资是理性的。其实不然。并不是你选择了一家看似业绩好的、风格沉稳的投资机构就表明你是理性的。你别忘记，是其他人在操盘的。

所有在股市里赢了的人，都不是赢在操盘的技术，而是赢在了人性。

老实说，这些顶流的号称专业的投资人尚且会"看走眼"，你觉得自己操盘就一定会在股市中有所斩获吗？

人人都希望通过炒股致富。2021年8月10日，在《清谈财富》节目中，如是金融研究院院长管清友说，他不太建议上班族买股票："我可以非常负责地告诉你，你真的很难赚到钱。更多的人需要，就像我在发刊词里给大家说的，在自己工作岗位上，尽快地把第一桶金积累得足够大（多）一点，有更多的更丰富的专业知识，然后用自己的第一桶金，去撬动你未来可投资的资产，用好杠杆、用适度杠杆，这样才能够实现自己财富的增值。"这算是良心建议了。

偏见是一个恼人的习惯，大脑会不停地强化我们已经相信的信息，那些暗示我们可能会被误导的证据，即便打印出来摆在我们眼前，我们的大脑也会毫不犹豫地忽略掉它们。最直接的例子是"人均百万年薪""人人都可以通过理财实现财务自由"的说法，看多了这种你愿意去相信的信息，不交"学费"也难。

我大概是极少数从业十多年来，坚持不炒股，没有股票账户的财经媒体人。一方面是行业自律，担心报道上市公司的时候产生利益冲突；另一方面，自己虽然能看懂一家企业的财报，但还真的不一定能看懂股市。

如何不把银子花光

- 理解投资一定有运气成分和投机成分，但我们无法只依靠运气。
- 克制本能，是投资的必修课。
- 可以花时间研究自己不懂的领域，但别投自己看不懂的领域。

3. 理解金钱，更要理解生活

> 好无聊先生：生活重要还是钱重要？爸爸说你"和钱有仇"，总是想把钱花光。你喜欢钱吗？
>
> 走不开小姐：喜欢呀！应该没有人不喜欢钱吧，毕竟这是生活的基础。

亚马逊创始人杰夫·贝索斯（Jeff Bezos）有一句很出名的话："我经常被问到一个问题，未来十年会发生什么变化。但很少有人问我,未来十年有什么是不变的。"

未来十年有什么是不变的?人性是不变的。

此外,我的观点也没有改变过。十余年前,以及每一次被问到如何投资的时候,我都建议大家:不管有没有余钱,都应该投资到自己身上。只有提升了自己的认知能力,才能真的避坑,才能获取财富,才能在获得财富之后继续持有财富而不是败光财富。

当然,我们对生活的理解不同,理解的财富概念也不同。

我比较喜欢查理·托马斯·芒格(Charlie Thomas Munger)的一句话:"和巴菲特一样,我有很强的致富欲望。不是因为我喜欢法拉利什么的,而是我喜欢独立。我极度渴望独立。"

然而,我们习惯了从数字去看某个人的人生,所以总是只看查理·托马斯·芒格如何致富,而不会去关注他是如何理解独立的。

风险投资机构Collaborative Fund的合伙人摩根·豪斯(Morgan House)写过一本书——《金钱心理学》(The Psychology of Money),初涉资金管理的朋友可以看看。他对财富最高形式的衡量方式,我是蛮赞成的。

其一,你能控制时间,而不是被时间控制。有能力在充足的睡眠后,在早上醒来的时候说,今天你可以做任何你想做的事。

时间的独立性难能可贵。我任职财经媒体期间是编辑委员会成员,值班时不时会自早晨到凌晨。所以我经常和朋友说，中年人能有闲暇时间，才是拥有了极大的财富。不少高净值人士，他们忙得几乎想把24小时掰成48小时来用，有时间赚钱，没时间享受闲暇时光。我说的是享受时间，并不是花钱，即有停下来的自由。

其二，你的赚钱能力能满足花钱的欲望。此处微妙的是，到底需要多少钱才能获得幸福，这个数值是与你的期望值关联的，而不是由你的实际收入决定的。

其三，能够坦诚地说出你所在行业的关键真相，包括在可接受的范围内犯下的错误，而不必担心招致报复。这就是赚钱的大环境，能选择到一个允许你在智力上诚实的职业并不容易。

我之所以没有股票账户，也是希望在职业上能做到坦诚。然而我不得不承认，股票、基金市场早就火热了。毕竟在我国居民家庭资产中，金融资产占比仅仅为20.4%。即使是20.4%的金融资产，其中的三分之二集中在银行存款及理财等低收益投资项目上，股票、基金占比仅仅为9.9%。这是中国人民银行调查统计司城镇居民家庭资产负债调查课题组在《中国金融》杂志发布的《2019年中国城镇居民家庭资产负债情况调查》中的数据。

根据该调查，中国城镇居民家庭户均总资产为317.9万元，家庭资产以实物资产为主，住房占比近七成，房贷是家庭负债的主要构成部分，占家庭总负债的75.9%。当然317.9万元是均值，事实上城镇居民家庭总资产的中位数是163万元，比均值低154.9万元。这一数据不算低，但实际上大多数人的资产都是房产，而且房产的变现能力并不强，居民实际可支配财富并没有想象中那么多。

结合人民币贷款中住户当月值的数据变化（图13-3），我们能看出，这几年居民当月贷款数字增长相对平缓，尤其是2022年，中长期贷款每月数字几乎持平的。

根据Wind发布的数据，截至2022年11月，中国公募基金市场总计10270只产品，资产管理规模超过26.59万亿元人民币，基金数量在过去五年翻了一番，资产管理规模增幅超过120%。同期，作为中国股市核心资产的代表指数，沪深300指数和中证500指数的涨幅分别为22.9%、18.6%。对比观察，长期来看，公募基金的涨幅已大幅跑赢A股指数的涨幅。

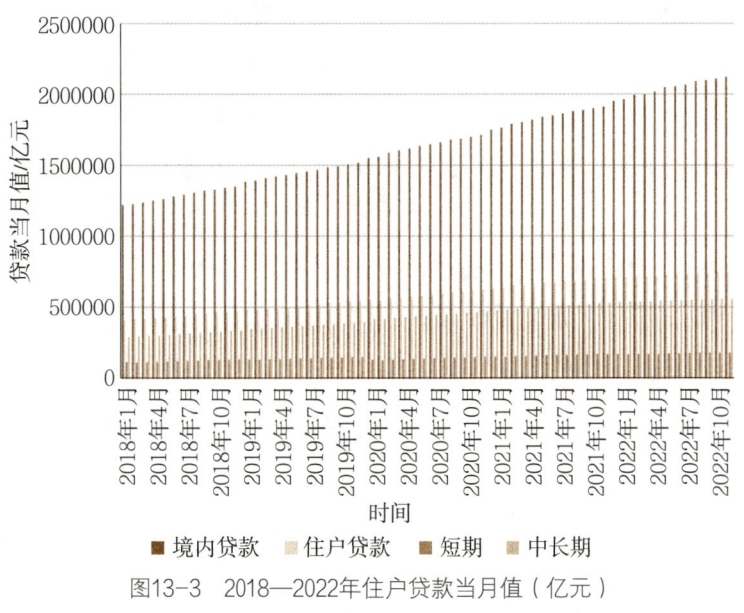

图13-3 2018—2022年住户贷款当月值（亿元）
数据来源：中国人民银行

2022年4月24日，中国光大银行与波士顿咨询公司合作的《中国资产管理市场2021》报告在京发布，该系列报告已连续发布了七年。此次报告显示，2021年，中国资管市场规模达到133.7万亿元，与2020年相比增长了近11%。

再看银行理财方面，根据银行业理财登记托管中心2022年2月26日发布的《中国银行业理财市场年度报告（2021年）》，截至2021年年底，银行理财市场规模达到29万亿元；理财产品持有者人数已经超过8000万，与上一年同期相比增长超过95%，创历史新高。与此同时，保本理财产品已经实现清零。

银行保本理财产品的清零，意味着银行理财业务过渡期的整改任务已完成。银行在市场引导下回归本源、专注主业。2022年3月21日，在招商银行的业绩发布会上，招商银行常务副行长兼董事会秘书王良回应了理财产品"破净"（理财产品出现净值波动乃至回撤）的问题。王良表示，银行系理财子公司发行的理财产品中，出现了一定数量产品跌破净值的现象，主要与2022年以来资本市场表现疲软直接相关，另外也与2021年银行理财产品的创新相关。市场按照净值化的方式估值，价格产生波动，这是一种趋势，也会是一种常态。

银行销售的理财产品已经不保本了，这会不会吓退保守派？更何况，2022年春季奥密克戎毒株加重了防疫压力，大家的日子都不好过。我有时候看到b站（哔哩哔哩）上有up主（上传者）兴冲冲地晒自己一年理财获利4000余元的心得，不由一哂。

银行私人客户部的朋友说，富裕阶层再一次弥漫着焦虑情绪，和2018年下半年有点像，纷纷打听各种资产免于贬值的渠道，当看到俄乌冲突引发的境外账户波动时，又纷纷沉静了下来。当看到新加坡有更为活跃的投资机会时，又蠢蠢欲动。

外部环境关乎账户安全，内部环境关乎账户价值。这股热潮告诉我们，如今人们对财富管理有着很强烈的需求。

如何不把银子花光

- 理财的前提是不是要先有财？年轻人还是需要先思考如何赚到"第一桶金"。
- 不要低估闲暇、教育、友谊和其他无形资产带来的满足感。
- 我们会发现自己有时身处这样的状态：既不能确定一定会产生某种结果，又不能客观地确定产生某种结果的概率。这是一种无常。此时，作为"理性人"应回到方法论个体主义的视角去看问题，不要被"社会偏好"或者"集体偏好"这些用词迷惑。

十四、财富与认知

好无聊先生：什么叫虚拟经济，虚拟的东西是假的吗？

走不开小姐：实体经济不是由是否生产实物来定义的，虚拟经济也不是看不见的。

先有财富，才能做财富管理。那么财富到底是什么？

好无聊先生很不明白，当他读到某些财经自媒体的内容，"2月24日某某公司美股收盘价创下了2017年3月以来的新低，股价自2020年高位已然跌去了63%"时，好奇地问："股价、市值，这种看不到实物的东西，也是财富吗？"

商品社会之前，人类的财富还绝对依赖土地的时候，自给自足，财富恐怕就是男耕女织的收获物。经济学家告诉我们，有了商品交换，财富的代表物渐渐变为土地、奴隶、城堡，还有充当一般等价物的货币——金银。四百多年前做海上贸易的荷兰东印度公司崛起，才有了股票的前身"投资凭证"。尔后虚拟经济横空出世。

新经济形态总是一茬接一茬地出现的，令人眼花缭乱的金融衍生品越来越多，2008年的次贷危机是其风险的注脚。

虚拟经济的世界中，人的预期和信心至关重要。一旦预期偏差极大或失去信心，漫天的财富可能就烟消云散了。

经历过金融危机，越来越多人意识到虚拟经济和实体经济之间是无法"脱实就虚"的关系。但能看透财富本质的人并不多。

好无聊先生好奇地问："到底什么是实体经济？"

我给他举了一个例子：好无聊先生和几个小伙伴想开漫画社，但他们没钱租办公室和请人画漫画，也没有钱去请专人做漫画账号运营（原本想说委托印刷厂印制漫画，他说不用，他们的漫画在线传播就好了），于是向走不开小姐借钱，租他爸爸"理科生"的房子当办公室，然后就这么"开业"了。这么一组简单的经济关系里,好无聊先生做的就是实体经济,借钱的走不开小姐相当于金融机构,搞出租的理科生相当于地产公司。

如果好无聊先生的漫画社倒闭了,借款与房租还不上,就会出现系统性风险。

这也让我想起某次和复旦大学的师兄讨论的问题,我说:"小户林立,才是真正的市场和行市(民营是属性,小户是规模)。"师兄说:"小确幸是不稳定态,不可持续;民营和小户不能画等号;预测在今后不长时间内不可持续。"

这位师兄大概不清楚,其实民营企业仍是我国市场经济主体的大头。我国市场主体总量突破1.5亿户,个体工商户数量已突破1亿户①。这些是承载7亿多人就业的基本盘,个体工商户带动了近3亿人就业。

我喜欢研究宋代的经济,食肆、酒肆、茶肆、市肆林立,商业繁荣让人可以"夜不归宿";我还喜欢了解日本一些小店(个体工商户)百年传承不倒的故事。因为,现在被很多人热衷追寻的"烟火气",只有在市井中才能看到;经济发展的温度,也只有身处其中才能感受到。

决定一个国家经济发展前景的,是经济的基本面,而不是政府的宏观调控政策。同理,决定一个人财富基础的,是他获取财富的基本能力。

---

① 《我国市场主体总量突破1.5亿户 个体工商户突破1亿户》,http://www.gov.cn/xinwen/2021-11/03/content_5648587.htm,2021年11月3日。

1. 体面生活只是其一

> 好无聊先生：财富和财务有什么区别？
> 走不开小姐：我个人认为，前者的内涵与外延要远远大于后者。

财富对每个人来说，意味的内容都不尽相同。

想一想，我们是不是经常可以看到贝佐斯、扎克伯格、比尔·盖茨、伯纳德·阿尔诺（Bernard Arnault，LVMH首席执行官）的面孔出现在各种新闻上？但你是不是比较难找到迪特尔·施瓦茨（Dieter Schwarz）、阿尔布雷希特兄弟、莱曼家族成员的照片？

迪特尔·施瓦茨是LIDL和Kaufland两家连锁超市的控制人，阿尔布雷希特兄弟是折扣超市阿尔迪（ALDI）的控制人，莱曼家族是一个超级富豪家族，掌握着甜甜圈连锁品牌Krispy Kreme、烘焙连锁店Panera Bread等。

原先我并未关注到阿尔迪，朋友夫妇移居伦敦后，提及他们的公司为阿尔迪在中国的部分业务服务，才开始了解到相关信息。

《经济学人》曾有文章调侃，说如果美国大亨看到自己在富豪榜上的名次低了，会大光其火；如果是德国的大亨看到自己在富豪榜的排名高了，会打电话去排行机构抱怨。中国的大亨呢？我自己的采访体验是，2004—2010年，珠三角的大亨们接受采访时是忐忑的，因为尚在试探国内民众对浮出水面的"先富起来"的这批人的看法如何。2012—2018年间，国内大亨们开始讲究上市公司的社会责任，被颇多公开。

德国人的文化和美国人的文化不同。《经济学人》杂志在2019年6月15日Business版块文章 *Inside the Secretive World of Germany's Business Barons* 中提及，德国奥托贝森商学院（WHU-Otto Beisheim School of Management）和咨询公司普华永道的研究显示，三分之一的德国企业家族都有类似的行为准则，他们善于保护自己的隐私，不希望引人注意。

美国富豪和德国富豪来自的行业也不尽相同。美国富豪许多来自金融、科技领域；德国富豪很多来自零售、制造、建筑等行业。比如，我们耳熟能详的宝马、大众这种汽车制造商，克诺尔这种车辆制动系统制造商，舍弗勒这种零部件制造商；又比如，经营超市的迪特尔·施瓦茨和阿尔布雷希特兄弟。他们的低调，一方面是出于对自家安全的考虑，另一方面是担心社会仇富。

2022年《福布斯》杂志编制的富豪榜显示，全球共有2668名亿万富翁，低于去年创纪录的2755名。该年上榜者的财富总额达到12.7万亿美元，较上一年的13.1万亿美元有所下降。根据完整榜单，我做了一个不完全统计。

美国富豪数量为736位，位居全球第一，马斯克以2190亿美元财富位居全球第一。其中，49位与房地产相关；40位来自对冲基金行业；38位来自软件行业；36位来自私募股权行业；24位来自零售行业（其中8位都是沃尔玛造就的）；22位与油气相关；15位来自银行；11位来自电视传媒领域。

德国上榜富豪数量为134位，上文提及的迪特尔·施瓦茨以471亿美元财富排在全球第28位，是德国富豪之首。其中，8位来自消费品领域；29位和制造业（含技术、材料、设备）相关；6位与房地产相关；1位来自家禽遗传学领域——埃里克·维斯豪恩及其家族（Erich Wesjohann & family），其控制的EW集团目前是世界上最大的家禽育种集团。

中国（含台湾、香港）上榜富豪数量为658位，两位中国富豪跻身TOP 25，钟睒睒以657亿美元财富位列第17，张一鸣以500亿美元财富排在第25位。其中，至少44位来自房地产行业；22位与科技相关；39位与医药、医疗有关；至少14位与制造业相关；宁德时代有9位；9位与食品相关；7位来自汽车领域。很多人不知道的是，3位出自晨光文具。

如果去搜寻这些企业家们的公开访谈，看他们如何理解财富自由，或如何对待财富，你会发现一些共同点。

约翰·戴维森·洛克菲勒（John Davison Rockefeller，1839—1937）白手起家创立标准石油公司，一生捐款5.5亿美元用于慈善事业，捐出了总财产的近一半，并通过建立家族基金会等方式，开创了美国现代慈善管理运营模式。

推特前任CEO杰克·多西（Jack Dorsey）曾对媒体表示，希望在有生之年把所有的钱都捐出去。

身家一度超过700亿美元的扎克伯格和妻子决定捐出99%的Facebook股份。他在2022年富豪榜的第15位。

以1290亿美元位居全球富豪榜第4位的比尔·盖茨很早就对媒体表示，他97%的财产都打算捐掉，孩子们只能继承3%，所以他们的人生必须靠自己。

德国作家雷纳·齐特尔曼（Rainer Zitelmann）著有《富豪的心理：财富精英的隐秘知识》一书，书里提到他调研了45位超级富豪，发现富豪自陈获得金钱是为了获得安全性、自由与独立、创造新事物（的能力）。有些受访者强调，赚钱是为了做慈善，为了有机会在经济上帮助别人，或者成为投资人。有些受访者承认，做慈善一开始并不是为了慈善，但当他们有了财富，慈善和帮助他人对他们来说意义重大。

即便不看宗教对富人看待财富的影响，且不谈传统慈善和西方现代公益的区别，仅仅从做慈善成为一种富豪"标配"，也能看出他们对待财富的态度——体面不是拥有财富，而是懂得利用财富。

当意识到自身是既得利益者时，富豪们内心恐怕会产生很多"波澜"——这些财富安全吗，能为社会做些什么？他们或许也会从道德的角度审视自己，自己是否真的值得如此庞大的资源倾斜？为了成为"值得"的人，他们除了需要考虑交税，还需要考虑如何能让社会总体福利最大化。

过去国人对拥有财富的心态有所不同。我仍能想起2004—2005年期间，当福布斯富豪榜在国内盛行，我因工作需要去采访华南地区上榜的富豪时，他们的心态从起初的喜到后面的惊，转变得相当精彩。

国内的富豪们容易风声鹤唳，还有"企业原罪"的话题热度未减这一原因。

如今发生的变化是，国内的富豪越来越重视对社会的回馈，越来越多的企业家成立私人公益基金，除了必要时期的慈善捐赠，还加大对文化教育、医疗、科技等领域的投入。

这让人想起历史学家资中筠先生《财富的责任与资本主义演变：美国百年公益发展的启示》一书中所说的，"捐赠已经由慈善性发展到某种程度的社会性"。这句话像是一种总结，更像是一种预见。

在自由、公正和法治的环境下，创造财富的人也更愿意通过慈善公益事业与他人分享财富，使得财富的分配变得更为平等。

如何不把银子花光

- 如果我们把财富只等同于一大笔收入，那永远也实现不了财富自由。
- 一定要知道什么是钱买不到的财富，并且安排合理的优先序列。
- 财富自由不能仅仅理解为如何投资理财赚钱，这是一个获得、管理和运用的过程。

2. 看不见的财富

走不开小姐：如果让你选择，是选现成的100万元，花完就没了；还是选能赚100万元的能力与经验值？

好无聊先生：当然是选能力和经验值。

"财富"一词的内涵之所以比"财务"一词丰富，是因为财富还有许多虽然看不见但社会人很难忽视的价值。

世界上真的有很多看不见的财富是被人忽略的。比如，赚钱的能力、理解世界的能力、健康的身体和开朗的心境。真正的财富自由状态，应当是物质需求和精神需求都能够得到满足的状态。

实现了财务自由，并不一定实现了财富自由。

健康的财务状况，是没有负债的，且在收支相抵的基础上有盈余。在平衡收支中，抵消支出的是资产性收入，资产性收入即被动收入，如租金、股息等。资产性收入能抵消同期的支出，就算财务自由了。这一听，就是搞投资业务的流派。

那么，如何才算财富自由呢？大概是资产性收入远远高于同期支出的状态。

众人争着为财务自由下了许多定义，如你不用为了钱去做那些于你的人生没意义的事情；或以资金数额定义，像胡润给财富自由"设"了1900万元的门槛；或有路径式依赖，每月不必胼手胝足，也能有足够的进账以供开销。

如果问我，我在青年时下的定义可能偏简单，当时认为的财务自由就是，即使钱花光了也不担心，我知道自己在下个月就有办法赚回来。人到中年，我认为的财务自由就变成了：身体健康，闲情充沛，三餐有序，现金流健康。至于中年人的财富自由，我的看法则是，有足够的钱、时间、精力去实现自己的价值。简单概括就是身体健康（硬件）、闲情充沛（心态）、现金流健康（重要条件）。

有很多论述钱和人生关系的老话。中年人相对容易接受的是"多金非为贵，安乐值钱多"。这是《名贤集》里的一句话。

除了天才可以利用天赋赚钱，大多数普通人的钱，其实是靠读书赚来的。所以除了好运气和天赋，教育是基本。很多人都理解，教育也是看不见的财富，且不说知识无价，教育带来的朋友圈，都是我们在人生路上难以忽略的人际资源。当然如今的"小镇做题家"们越发重视后代的教育，教育压力引发了各界的讨论，教育投资也成了一个热门话题。

在与老友们讨论的时候，我反复表达的一个观点是，教育和教学不是一回事。很多教师基于考核要求，是在教应试的方法，而不是真正地实施教育——培养孩子学习的能力。我们当然希望推进的是真正的教育：掌握了知识，知道如何在人生的不同阶段运用所学到的东西，而不仅仅是为了应对考试。

即便是体力活，受过教育的人干起来，利用统筹学、新机械、新方式受益也会比纯力气投入来得大。别忘记农业是在19世纪六七十年代经历了重大改革而实现农作物产量大增的。这些促进农业进步的新知，皆以文字的形式进行传播，文盲无从了解。

印度是一个很好的例子，虽然还有3亿文盲，但印度有很多计算机人才。这些人才接手承担了美国大企业的软件设计、帮助报税、建设客服中心，在硅谷成为中坚力量。

学历越高的人是否收入也越高？北京大学"全国高校毕业生就业状况调查"课题组于2021年6月起对高校毕业生进行问卷调查。样本包括东、中、西部地区19个省份的34

所高校的毕业生，样本量超过2万人。调查显示，2021年的博士、硕士、本科、专科毕业生的月起薪算数平均值分别为14823元、10113元、5825元、3910元；中位数分别为15000元、9000元、5000元、3500元[①]。

好岗位始终是稀缺资源，不然那些教育"内卷"都是为了什么呢？

我们真的活在一个数字世界里。人类从出生到死亡，一直在不停地互相打分，如出生时体重是否达标；幼儿园是否在全市排名前五；成年后身高在第几梯队。考试有分数；学校有等级；工作后KPI也分层；银行有征信分数；金融有信用等级。我们还给爱人打分；给眼睛大小打分；给我们住的房子打分；给企业的风险打分；给旅行过的国家、住过的酒店、吃过的餐馆打分；给送外卖的配送员打分；给医院打分（医护有满意度调查）；还给陵墓打分（分数越高的墓地卖得越贵）。

这是一个分数"内卷"的世界。从经济学的角度来解释，就是资源是稀缺的，要通过竞争来获得。

稀缺资源有两种获取方式，第一种是通过绝对的数字，第二种是通过相对位置。整个社会中，稀缺资源的获得方式，更多是通过相对位置，即由排位决定。高考就是一场"排位赛"。

公务员岗位、国企、大型私企加起来，每年招聘的大学

[①] 《全国高校毕业生就业状况调查：本科毕业月平均起薪5825元》，https://m.gmw.cn/baijia/2022-01/05/1302749577.html，2022年1月5日。

生估计也就十万或几十万人。但每年大学毕业生人数是百万量级的，且因高校扩招而逐年增加。根据教育部的统计，2021届全国普通高校毕业生总规模为909万人，2022届高校毕业生规模达1076万人，2023届高校毕业生规模预计达1158万人[①]。

就业，其实也是看排位的，只要优质的工作岗位和优质的教育资源是稀缺的，就会继续"卷"下去。

参与竞争的能力，即是一种财富。这能力不一定是学历。创业市场上能见到不少学历不高但能力极强的创业者，即便不是创业者，历经过考验的"打工人"，眼里都有光，也会具备一定的参与竞争的能力。

上面说的是个体认知上的理想状态。遗憾的是，我们需要面对的一个现实——社会的鄙视链是存在的。歧视与权力会渗透到纯收入或财富以外的其他领域。社会地位、学历、知识水准、文化水平、权限大小，到处都会有不同的眼光压过来，若有实质。这些都让普通人难以挣脱。所以，社会中仍然存在"万般皆下品，唯有读书高"以及"金钱至上"的思维。

人一旦进入社会，就不得自由。在层层鄙视链中，我们是否有能力可以不必从众地活出自己的天地？这种能力更是一种难得的财富。

[①] 《突破传统思维 创新大学生就业工作》，http：//www.moe.gov.cn/jyb_xwfb/s5148/202211/t20221118_995365.html，2022年11月18日。

如何不把银子花光

- 经济叙事的语境里,"你"是理性的;但在经济学思想中,理性的意思其实是"你"在做一个决定前有明晰的思考过程:知道目标,了解手段,并确定每种手段的成本和收益,继而选择最高效的那个。
- 理解金钱和投资,其实是在理解生活,之后才能知道你有多少选择的余地。
- 自我价值的实现受阻,拥有的钱再多可能都是负资产。

3. 稀缺与廉价

好无聊先生:房子作为不动产,算是稀缺物吗?

走不开小姐:目前是算的。但随着人口出生率的下降以及经济发展的变化,还有房地产税试点的推行,对你们这一代来说,房子极有可能不是真正的稀缺物,也不算好资产了。

消费者当然有个人消费偏好,也很难否认,其受到人类在消费上所在坐标轴的影响。咖啡、冰激凌、护肤品、茶叶在消费品的一头,房屋、钻石、古董或名画在另一头。中间段是家电、沙发、汽车、奢侈包等耐用消费品。

简单来说,左端是快速消费品,右端是高端消费品。

从价值来说,越是稀缺的投资品,价值越高,还可能获得增值。耐用消费品的保值性比快速消费品高得多，因而价格也相对高昂。

从研究者的角度看，所有的商品都是工业进程的体现；从社会学的角度看，所有的商品也是一些关系进程的体现，是制度进程、转移进程、文化进程的纽结。

如果说劳动是人类财富增长的源泉，那么劳动力则是社会生产的决定性因素。未来最稀缺的是什么？可能就是劳动力。根据联合国发布的报告《2019年世界人口展望》，2018年，人类历史上65岁或以上的人数第一次超过了儿童。这大概是我们终将面对的问题。该报告指出，到2035年，我国老龄化程度将为20.7%，在全世界排第44位，比同期发达国家平均水平约低4百分点，比中等偏上收入国家约高3百分点，与同期的美国（21.2%）、挪威（21.8%）等相当。此时，韩国老龄化程度快速上升至全世界第5名（29.0%）。

2021年我国65岁及以上人口占比已达14.2%，而2021年出生人口降至1062万人，创1949年以来新低。这些数据被任泽平团队引用于其发布于2022年8月的《中国人口的十大形势及应对》报告中。

学者朱勤在其所著的《人口老龄化与碳排放：劳动供给与消费模式的影响》一书中，对未来的劳动人口进行了更为细致的测算，结合每个年龄段的人口数量和劳动参与率，作出如下预测：2035年中国的劳动人口为7.43亿人，比2020年减少4700万人；2050年中国的劳动人口为6.66亿人，比2020年减少1.24亿人。

所以我们看到2022年《政府工作报告》的提法是："积极应对人口老龄化，优化城乡养老服务供给，推动老龄事业和产业高质量发展。"可见，应对人口老龄化问题已上升为国家战略。

从这个角度来看，孩子才是一个家庭最大的资产。

眼下，没有人会反对鼓励生育，新生人口数下降的情况举国皆知。有经济学家甚至建议每年加印2万亿元用于鼓励生育或设立鼓励生育基金。对此，网络上一片哗然。

印钱和提高生育率其实并无直接关系，过于没有安全感和过于有安全感的成年人恐怕都不太会提高生育的意愿。没有安全感的成年人会觉得，孩子的养育压力过大。有安全感的成年人则不为养老问题担忧，不生孩子对他来说也没有任何后续包袱。如果想延续自己的优秀基因，有钱没钱或许并没有繁衍的欲望那么重要。

当然，从减轻一个家庭经济压力的角度来看，促进生育的根本的途径，还是去资产泡沫化和"分好蛋糕"（共同富裕）。前者有房地产税这一措施来助推。

房地产税其实不能算真正意义的新鲜事物，而是颇有历史了。

从1984年工商税制改革起，房地产税被分为房产税和城镇土地使用税两个税种。1986年实施的《中华人民共和国房产税暂行条例》成为目前房产税的适用依据。在该条例中，所有非营业的个人用房被纳入免税范围，因而排除了80%以上的可征税房产。

1987年下半年，深圳率先开展土地使用权有偿出让和转让的试点，做法是国家出让土地使用权及允许土地使用权抵押。1988年，福州、海口、广州、厦门、上海、天津等城市也相继进行土地使用权出让这一试点。2003年，党的十六届三中全会首次提出对自住房进行征税。2011年，上海和重庆两地率先开展自住房房产税改革试点。2015年，房地产税被纳入第十二届全国人大常委会立法规划，正式为房地产税立法划定时间表，节奏一直很稳健。2018年，十三届全国人大一次会议提出，健全地方税体系，稳妥推进房地产税立法。最新的进展就是在2021年10月，全国人民代表大会常务委员会授权国务院在部分地区开展房地产税改革试点工作。

一提起房地产税，大多数人的反应都是，地方政府依赖于卖地收入（土地财政）。媒体人也喜欢重点比较当年该城市的土地出让金收入与地方一般公共预算收入。

其实此处存在两个误区。其一，如果看地方政府的全部财力，其实还要计算中央的转移支付，绝非仅看地方一般公共预算收入。要知道，中西部地区转移支付的收入占总财力的一半以上。其二，出让土地使用权（卖地）的收入是有土地收储、征地拆迁这些直接成本的。比如，以财政部的口径，征地拆迁补偿，支付破产或改制企业职工安置费用和土地开发被列入土地出让的"成本性支出"。土地出让对地方财政的贡献金额是土地出让金扣除出让土地的直接成本后的净值。应该说，很多媒体高估了地方政府的土地出让收益占地方总财力的比例。

房地产税是房地产税，土地出让金是土地出让金，二者没有直接关系，二手房交易也需要缴纳契税和土地增值税等。2021年的房地产税试点是在中国住房制度改革、"房住不炒"等促进房地产市场稳定发展的政策纷纷出台后启动的，可以理解为时机成熟了，要去实现引导住房合理消费和土地资源节约集约利用，促进房地产市场平稳健康发展的目的了。

税收是调节手段。持有环节加税，交易环节减税，持有多套房子的又不是可以完全不在乎房地产税压力（比如税金高于租金收入）的老板，最佳选择是让闲置的房屋进入二级市场流通。这样既能增加出售房源的供应、活跃二级市场、平抑房价（刺激生育，增加家庭人口），还能补充地方财政收入。

有朋友问过我，未来什么会不那么值钱呢？我认为，通货膨胀之下的钱可能会不那么值钱，经济格局调整之下过去被热炒的房子可能不那么值钱，但人自身、人对生活的信念，永远是最值钱的。

中国人民银行调查统计司城镇居民家庭资产负债调查课题组在《中国金融》杂志发布的《2019年中国城镇居民家庭资产负债情况调查》显示，我国居民的住房拥有情况相对均衡。我国城镇居民家庭的住房拥有率为96.0%，有一套住房的家庭占比为58.4%，有两套住房的占比为31.0%，有三套及以上住房的占比为10.5%，户均拥有住房1.5套。美国住户总体的住房拥有率为63.7%，低于我国32.3百分点。按家庭收入从低到高排序，美国收入最低20%家庭的住房拥有率仅为32.9%，而我国收入最低20%家庭的住房拥有率则为89.1%。

不难理解，中国城镇居民家庭财富是与房子深度捆绑的。

96%的住房拥有率真的不低了。当下，很多对房地产的需求是来自"买房总是对的"这一投资逻辑。在居民负债中，房贷占了75.9%。这绝对是不正常的情况。对于居民来说，这不是正常的家庭资产负债结构，正如对一个国家来说房地产占据了太过重要的地位。当房地产表现出更多的金融属性，而刚需已经不足时，如果再不进行严厉的调控，那么未来可能会产生较大的系统性风险。

这也是从2018年开始明显地对房地产行业进行调控的原因。目前来看，至少不少人已经意识到了，买房子最好还是出于刚需，投资房产不再是一桩稳赚不赔的生意了。

如何不把银子花光

- 希望我们的下一代能理解"你所缺少又不能不拥有的东西才有价值"的真实含义，而不是如我们的上一代那样，将"诗意的栖居"与"得买一套房子"捆绑在一起。
- 如果无法享受目前以内耗为主导的生活方式，充满无力感却又舍不得退出，深陷阿兰·德波顿《身份的焦虑》里无法自拔，那么你拥有的反而会是束缚你的。
- 即便知道人们智识上的理解往往会被物化，我仍然鼓励你把目光放远。一个人在某个时间点所拥有的金钱和物资，远不如他用这些来做什么重要。

十五、多少才是够了

> 好无聊先生：我在2022年有5635元压岁钱，为什么有的朋友认为我很有钱，有的认为我很穷？
>
> 走不开小姐：这也是一种"相对论"。

我和远在长春的女性朋友，时常在冬日对比温度，她那边报-30℃，我这边报30℃的日子，让我俩同时感叹一句"中国真大"。

这种"相对"的气温差距，和同时看到有朋友入住千万豪宅、有朋友哭诉"手停口停"的"朋友圈视觉差"差不多，是虽未至而戚戚然。

根据六度空间理论，每个人都能通过微信通信录联系到月入一千与月入数万的人。这些人的朋友圈信息，可以让你大概理解国内的消费水平差异，进而理解"共同富裕"的规划。

美国耶鲁大学的社会心理学家斯坦利·米尔格兰姆（Stanley Milgram）在1967年设计了一个连锁信件实验，据此提出了六度空间理论，又称六度分隔理论。简言之，最多通过6个人你就能认识任何一个陌生人。后来，微软公司的研究人员埃里克·霍维茨（Eric Horvitz）利用网络信息对六度空间理论进行了试验，认为确切地讲应该是"6.6度空间理论"，也就是说，最多通过6.6个人你就能认识任何一个陌生人。而后，微软亚洲研究院网络搜索与挖掘组研发出了对象级别（object-level）互联网搜索引擎"微软人立方关系搜索"。

对于有过媒体经验的人来说，这种逻辑运用于实际的经验相对丰富，我们日常工作中寻找被访者就是这么操作的。乃至可以"大言不惭"地说，没有我们找不到的人，但找到了人却被其拒绝采访邀约更正常。对于非媒体行业的朋友，这种"六度分隔理论"有什么用呢？我并不是在"唆使"你做向上社交或建议你识交更多朋友，而是在说，永远不要低估个人的人际触达能力，有必要时，你会发现很多人其实近在咫尺。

像"多与少"这种问题，日常生活中我们喜欢用来作对比，其实作用不大。好无聊先生抱怨作业多的时候，我就请他与他学校的朋友聊一聊，作个对比。好无聊先生不好好吃饭的时候，我就给他讲起十几年前支教时看到的留守儿童让人心酸的午餐。坦白说，这样或许可以做到换位思考，但不可能感同身受。

取有余而补不足常见，但人们并不愿意损不足去奉有余。

在维持稳定收入的前提下，多少开销才足够？朋友调侃我，说我已经财务自由了。我不否认，不是因为我赚得多，而是因为我的开销比你少。若只要一箪食、一瓢饮，那么我确实财务自由了。不再追求被人关注，而紧紧关注自身真实需求的时候，你会轻松很多，当然更自由。

如今，解决温饱问题不难。如果说单位时间的被动收入大于支出就是"财务自由"的话，那么对支出的结构和总额做合理性调整，此消彼长，财务自由总是可以实现的。

固然，主观上的幸福快乐出于主观因素如个性，基于前面的幸福指数研究，我们应当也存在相对共性，且是绝大多数人认可的共性，比如：健康状态良好、有足够维持生活的财富、避免动乱的生存环境、有健康的人际关系、在精神层面获得平等与尊重、工作与生活达到平衡。

类似的例子，如今非常容易释疑。中国经济正在快速发展，这确实是一个不争的事实。受疫情影响，经济增速放缓，也是一个不争的事实。不管何时，经济发展的背后相对应的是民众所承担的生活压力。毫无疑问，碎银几两是人们保持相对自由的一种工具，但对银子的沉迷与贪婪则是莫大的压力。现代社会中，因工作、生活或精神压力过大而引发抑郁症的，已经不算罕见。

人们会自发地反思。比如，复旦大学一直有一句流传很久的伪校训："自由而无用。"但有趣的是，很多人并没有想过，"有用"从哪里开始，"无用"又从哪里开始？他人的有用，可能是自己的无用。尤其是在复杂的经济情况中，人们很难把有用与无用剥离开来。

在人们普遍罹患现代性焦虑的今天，只要不去对比，精神似乎就不至于疲惫不堪。可是你越成熟越发现，现实世界里多少都有"坑"，是否入坑并不取决于你保守还是激进。比如，当谈到"防范金融风险"时，普通消费者想到的是产业政策层面可能遇到的各种信贷风险，而浑然不觉金融风险会传导到我们每个人的身上。

当锦州银行、包商银行、恒丰银行被银保监会接管时，储户才发现，原来银行也是会破产的。当打破刚兑的时候，投资者才意识到原来银行理财也是不保本的。

没有对比就没有伤害。那么,多少才是够了?多和少,与风险之间,有什么关系?

1. 过犹不及就是风险

> 好无聊先生:要怎么用一句话来解释风险?
> 走不开小姐:过犹不及就是风险。

风险的实质是看得见的,也因人而异。我在职场上有随时清零的冒险精神,认为必要时可以"钱花光了再挣",在投资上却相对保守。

如何知道自己的投资风格是保守的,还是激进的?不知道你在买基金的时候,是否做过风险接受度的小测试。愿意接受高风险的总是少数人。

简单理解"金钱边际效用递减",就是假设你做出了一个买彩票的行为,即使只买了200元的彩票,如果没有中奖也依然会感受到极大的打击,那么你喜欢的其实是定时的少量金钱流入,即确定性等价(200元)低于期望收益,这就是风险厌恶(risk aversion)。反之,如果你对彩票中奖的喜悦更大,则属于风险爱好(risk loving),这基本是常见的赌博心态,金钱边际效用递增。而金钱边际效用保持不变,即你知道花5000元买彩票(确定性等价)有一半的概率得到10000元,和这张彩票收益预期一致,则属于风险中性(risk neutral)。

绝大多数人的投资风格是风险厌恶型的,不然怎么会有保险这种商品呢?

举一个例子：你在深圳有一套80平方米的房子可以出租，租金收入有50%的概率是7500元，也有50%的概率是0元（租不出去）。要解决不确定性，你需要问小区的中介。带来租金收入的房子是未定商品，假设你的投资风格是风险厌恶型，你会降低你的租金标准。如果像自如这类平台来找你，说把房子交给他们来管理出租，不管有没有人租这套房子，你每个月都会得到4500元的租金，而你接受了，那么你对这种未知商品的确定性等价就是4500元。自如就是利用人们这样的心理，盘下大量房源的。

此外，你原先对租金的期望收益达到了7500元，你的期望收益与确定性等价的差额是3000元，这部分是风险溢价（risk premium），即自如代替你承担风险而获取的收入。

为什么会出现风险溢价？因为这套房子有50%的概率租不出去，自如要承受4500元的租金损失风险。这3000元在签订合同的时候并不确定会成为收入。然而，一旦很多个像你一样想法的房东都和自如签署了这类协议，由于总是有人要租房的，而房源集中在了同一家公司手里，那么自如就对整体风险进行了对冲，从而能以极高的概率获得风险溢价收入。对自如来说，这是好事，毕竟总会有人要租房且客源庞大。但对想租房的人来说，房源越集中在一家企业手里，越会失去议价权，不是好事。

在这个时候，不管你是房东还是租客，都建议你考虑一下逆向选择：不要一下子交付大笔资金，宁可按月来。确保现金流的健康度，对个人和企业都一样重要。此外，仍然要考虑一些附加的风险，比如平台使用的装修材料是否安全，平台自身的资金链是否安全。遇到大周期时，如果平台要求房东降租，你作为房东会怎么想？

有一种过犹不及，是在投资领域。没有什么投资是永远的，要对预期的改变做出适当的反应，不能买了一只股票便永远放在那里，美其名曰"长线投资"。

其实重要的不是放多久，而是是否在低位买入，在高位卖出。

还有一种在投资领域常见的过犹不及，是追涨不追跌。"低买高卖"是说易行难的法则，因为当所有人都买入时，你也跟着买，会造成"货不抵价"的投资。相反，当股价低、投资者退却的时候，你也跟着出货，最终就会变成"高买低卖"。

然而，大多数人其实非常不善于做风险评估或提前规划，就像大多数人其实很不擅于控制自己的欲望一样。如果大家都能做到不追涨，大概也就有极大的可能不被割韭菜了。贪婪的多巴胺不会让你轻易停下来。

让人悲哀的是，大多数人不太擅长长期思考，而对短期回报有强烈的渴望。当你所投资的股票价格上涨时，你对即时满足的渴望就会得到满足，就会倾向于回避价格下跌带来的痛苦。

为何大多数投资者无法逆流而上采取反周期行动？因为投资者对股票买卖的看法与对日常零售行为的看法不同，他们更喜欢在股票价格的最高点买入。除了人性，还要"感谢"媒体的力量。

媒体确实在创造、维持股票价格趋势方面发挥着重要作用。股市繁荣时期，专家们纷纷预测价格将不断上涨。你周围总有因此获利的人，金融顾问会敦促客户不要错过，客户的家人会在枕头边上说谁的股票又涨了，股票上升时期自然有大量实例和数字来证实这些说法。最终，即使是最不情愿的人也无法再抵抗这一绝佳契机的诱惑。

假设一只股票的价格从5元涨到10元，再回落到8元、到4元，又升至12元，至于16元，在这条曲线上。逆市买入在价格8元时，投资者的行为在短期内遭遇了"惩罚"，只有长期才会获得回报。价格继续下降到4元，投资者账面亏损。此时，相关的新闻报道都是负面的，会加剧信心的动摇程度。不从众，投资者需要很大的勇气（或内幕），坚持到12元，其逆市行为才会得到回报。

然而要记住，没有人能保证购买股价大幅下跌的股票肯定赚钱。你看到的实际情况，反而可能是一些股票只是不断下跌，而不再上涨，这意味着只买跌并不比买涨更明智。

写到这里，我打开手机看了一眼自己持有的某基金（只买了5000元），确实是朋友推荐的，也确实买在了最高点。

谁又能想到，2022年10月24日，恒指大破6%跌破16000点直逼15000点，恒生科技指数重挫9%，港股在25年后，跌破1997年的16820高点，回到了亚洲金融危机前的水平呢？

如何不把银子花光

- 入局，才能让自己成为风险收益对称的风险共担者，否则夸夸其谈并没有什么意义。但真正的理性，在于避免系统性毁灭。
- 如果你厌恶风险，那么先了解风险。
- 不投自己不懂的领域，否则一定要给自己设止盈线和止损线。

2. 投资者心智和消费者心智

> 好无聊先生：同样是袜子，为什么要买A品牌的而不买B品牌的？
>
> 走不开小姐：虽然功能一样，但用起A来，你好像感觉更愉悦，这就是消费者心智。

即便你看过英国皮肤科医生蒙蒂·莱曼（Monty Lyman）所著的《皮肤的非凡生命》一书，知道有研究表明价格低廉的保湿霜和昂贵的抗衰老产品的效果完全相同，你仍然会被奢侈的化妆品传递出来的表象所征服，因为作为消费者，你其实并不一定确切理解高端面霜所宣称的"经临床证明可减少皱纹"的真实含义，所谓的临床证明，只是在显微镜下看到了变化。

消费者关注的是这个产品能给自己带来什么效果，投资者关注的是会有多少人会相信这个产品的宣称进而购买。

欲望不完全是坏事，但欲望被用于引导过度地支出就是坏事。作为消费者，表层需求主要表现为对环境的需求，如物质和金钱；行为上的需求，如技能提升、良好的感觉；深层需求，如责任、原则、成功与快乐、信念、身份认可、意义。任何领域的失衡，都会带来痛苦。

许多女性朋友是公众号"黎贝卡的异想世界"的粉丝，我也是它最早的读者之一。不单是因为我和黎贝卡在2002年就一起入职同一个传媒集团且认识时间长达20年；还因为我是看着她胼手胝足地付出努力，一步步找到自己的个人风格，由爱美人士变成将美变为生产力的人；更因为我欣赏她适度消费的价值观。

我这么一个美商为负数，录三场节目可以只穿一套衣服，不在乎出镜形象的人，为何会喜欢看黎贝卡的文章和穿搭分享呢？因为她字里行间讲述的是有趣的生活态度。

有的人愁眉苦脸舍不得消费，生活得没有滋味，有的人大手大脚，有今日没明日般消费，而黎贝卡是在和人分享热爱这个花花世界的人如何发现生活里的美，并让自己变美，进而分享个体品味对生活品质的影响。本质上，还是在告诉大家要热爱生活，努力把自己的生活过得更美好。

我只是对自己要求没那么高，并不妨碍我欣赏俊男靓女和花花世界。

消费者与投资者的共同点，当然是都希望生活变得更美好。二者还有一个时代的共同点，即都从太容易感动到不容易满足。

消费者除了要求产品质量好，还要求产品要"有趣"，能反映出自己的品位；投资者的心智也是如此，不但要投资能赚钱的项目，还要符合相应投资机构的价值观。真正物有所值的项目强调的不仅仅是符合市场趋向或经济前景的商业性，还强调其可持续性及社会价值。

先说消费品。平台太多，供应链成熟，新消费品层出不穷，你会发现低值易耗品如袜子、家庭耐用品如电器等产品的价格越来越低，这些产品要靠大量销售才能获得足够的利润，因其实用性与普遍性，厂商对品牌的投入并不算太高。从这个角度上看，消费者心智认可的是价廉物美。

当消费者从绝大部分的生活消费品上得到满足后，消费就会向个性化的需求转移。这时，高端定制、手工出品、满足人们精神层面需求的消费品就会大量出现。所以我们常看到一种说法，即一国的人均GDP增长到某个数字，会出现消费领域的某些特点。

2022年春季，因为后疫情时代，有些创业项目总结出了"温度感"这种特点，其大意是指温柔色调的产品如面包、茶饮，让人们的生活美好且有温度。

我不由微微一哂，这大概就是既误解了投资者心智又误解了消费者心智。

对投资者来说，肯定不会因为一个项目有"温度"就去投资，产品力、渠道力和运营能力是核心，当然品牌力中包含了对"温度"的设计，这是为了能让消费者产生好感、黏性，进而产生复购行为。然而，服务模式并非不可复制，这也是为何估值不可能因为服务好而做得更高。

对消费者来说，试错成本不高的新产品，入坑快，出坑也快。基本可以做到和产品客服沟通一言不合就能放弃该产品的地步。无他，选择太多了。

我参与过几个品牌在服务环节的设计，知道这种"商业精神"。你不能说商家虚伪，因为它确实需要拉近消费者和品牌之间的关系。所以每件商品都会被赋予不可推卸的服务使命和响亮的口号。

如今的商品已不仅仅是工业进程的纽结，还是时代的纽结。人们不是在简单地交换商品，同时还交换了一些象征、含义、服务以及时代信息。

奢侈品品牌与艺术捆绑的时间较早。比如迪奥（Dior）主办过展览《迪奥与艺术》（ART'N DIOR），邀请过不同领域和不同国家的艺术家参与创作。中国女性艺术家蔡雅玲和迪奥合作的作品《乘风破浪》，使用象牙雕球来构建出LADY DIOR手袋的轮廓，以女性身体形态和孕育胎儿造型的片状装饰点缀在两边，"流淌"而下的鲜红色水晶珠帘，犹如血脉般牵连着二者。作品确实让人感到震撼，这是在以从艺术审美视角诠释品牌背后的文化——奢侈品品牌不是毫无灵魂的。

如果我们关注到这两年国潮品牌的兴起，就会发现，越来越多新消费品牌也在试图将文化基因移植到产品上。比如香薰品牌观夏推出的品牌杂志《昆仑KUNLUN》，用纸张与当代艺术家蔡国强、"陶身体"舞团、佛造像雕塑家蒋晟、摄影师林舒等进行对话，探讨对东方文化、艺术、生活方式的思考。

咖啡品牌三顿半推出了刊物《咖啡、街区与对话》。另一个咖啡品牌永璞，在已有的"永璞小岛"IP基础上，于今年4月创办了《岛民月刊》，同样主打生活方式和态度。

不管是三顿半、观夏，还是更早之前就已经尝试此类内容的优衣库、星巴克，它们在自己的内容推广里的重点基本都不是产品卖点，而是在与生活方式相关的内容上大费周章。这也是这些品牌真正想影响消费者心智的操作——把消费者拉入某种消费氛围、形成某种消费生态。

从短期来看，这些内容并不一定能给品牌带来直接的利益转化；但把时间拉长，内容输出却能让品牌阐明态度，沉淀价值体系。绝大多数品牌在为流量焦虑的时候，它们已在对外输出和传递品牌文化了，真正起步做一个生活方式品牌。

我们能从消费者角度去理解一个品牌的"商业价值"：从品牌设计的角度，如果想推动一个人或一群人来认可该品牌及其价值并产生长期复购行为，必须搞清楚品牌表层需求与深层需求，找出它与消费者之间交互的点。时间会证明，什么才是品牌。

再看投资项目，越来越多的投资人喜欢讲"时间的玫瑰""时间的朋友""长期主义"。其中，所谓的长期主义，就是借机表明和投机的距离，是在足够认可的项目上花足够的耐心，得到最大化的利益，但并不是让你一直持有、不抛售。

学习的一万小时定律也是长期主义。我个人认为，长期主义最好的例子，就是陪伴孩子成长。财富故事没有神话，一个孩子也不会一夜长大。

如何不把银子花光

- 写过《蒂凡尼的早餐》的杜鲁门·卡波特早就说过,账单有可能是最令人心碎的小说。
- 消费者心智其实不存在高低之分,只有认知程度不同之分。
- 当几乎所有人都和你不同方向的时候,你很容易怀疑自己,所以要相信价值观这种事。而价值观这种事,不要看品牌怎么说,要看它怎么做。

3. 信息双刃剑效应

> 好无聊先生:获取信息与获取知识有何不同?
>
> 走不开小姐:信息并不是知识,知识也不等于事实。好多人分不清观点、事实和知识。

在美国经济学家约翰·肯尼斯·加尔布雷思(John Kenneth Galbraith)眼里,消费者的自由与主权只是一个骗局,工业体系的意识本身把个体满足和选择维护得严严实实。

加尔布雷思虽然活到了97岁,获得过52个名校的荣誉博士头衔,著有56本书,当过罗斯福、肯尼迪、约翰逊、克林顿等美国总统的顾问,在中国却没有什么知名度。他于2006年4月去世的时候,国内并没有太多的纪念文章。或许你没读过他的书,但可能听说过他那句富有幽默感的话:"对于一个经济学家而言,经济学是一种非常有用的就业形式。"或许你读过他那本出版于1958年的书《富裕社会》，知道他以充满草根的社民观察来批评美国文化存在"私人财富的过度累积会牺牲公共利益"的问题，存在"大规模的物质消费与惊人的浪费并存"的现象。

有些经济学家如梁小民，认为加尔布雷思过时了（见其书评文章《过去的就让他过去吧》），也有些读者如我，认为今天的中国同样出现了大规模物质消费和惊人浪费并存的情况，同时也存在某些地区供给不足，或者说贫困尚未被根本解决的现状。世界在追求经济增长的比拼中，追求财富成为许多人的人生态度，但我们对教育、环境、交通等公共福利的关注却越来越少。

从消费的角度看，社会产品极大丰富，必然带来更多产品尤其是公共产品的需求。比如私家车数量的增长，必然带来停车场、道路和交通需求的增加；产品包装过度，必然带来对包装材料及垃圾处理的需求；孩子们娱乐方式的增多，必然要求学校加强公共教育……我们往往只看到了物资丰富的好处，而忽略了对公共服务、公共环境造成的巨大压力。

麻省理工学院斯隆管理学院的安德鲁·麦卡菲（Andrew McAfee）教授在其新作《以少造多》中提到，人类即将步入"物质见顶"的阶段。他是硅谷最著名的预言家，1994年的时候，成功地预言了Web 2.0时代的到来。

事实上，随着21世纪企业生产效率的提高，商品用料变少、价格降低，市场对商品的需求相应增加。据不完全统计，2011年手机的平均重量是1990年的1/6，数量却从1100万部激增到了60亿部。全球手机的总重量从7000吨增加到70万吨。市场分析机构DIGITIMES Research的数据显示，全球光是智能手机的年出货量就达到了13.2亿部。

毫无疑问，智能手机改变了人们的生活，不管是在拓宽消费可触达的生活半径方面，还是在拓宽信息获取的范围方面。同时，双刃剑效应也日益显现。信息泛滥带来的恶果是，电信诈骗、个人信息泄露和过多冗余的不实信息，让我们陷入一个混沌的状态。

信息并不是知识，知识也不等于事实。信息冗余并不一定有好处。我们从大众交流中获得的并不是事实，而是对现实产生的眩晕。

2001年诺贝尔经济学奖得主之一乔治·阿克尔洛夫（George A. Akerlof）的主要贡献是其1970年发表的《柠檬市场：产品质量的不确定性与市场机制》。他在文中这么说，如果旧车交易市场的信息浑浊，让买方无法分辨"好车"与"坏车"，那么旧车市场上不管是好车还是坏车，买方愿意出的价格就只能基本一样。长此以往，有"好车"的人自然会放弃这种信息浑浊的市场交易，选择退出。那么市场上剩余的旧车就会越来越差。这又会导致买方愿意出的价格只能越来越低，迫使有"比较好的车"出售的卖方也会随之退出市场。逆向选择的结果，就是市场关闭。

就我所学习的新闻学而言，在互联网时代其最大的价值是在没有额外干扰的情况下，让信息得到有效的传递。当然，非专业的信息也"满天飞"。

信息冗余会对投资造成影响。我们先说正面的例子，首先要举的就是克劳德·艾尔伍德·香农（Claude Elwood Shannon）的案例。谁不知道香农呢，毕竟是信息论之父。

40岁之前，香农沉浸在各项研究里，横跨密码学、弹道计算、通信、数字电路、人工智能、生物遗传……中年时期的香农忽然从一个不懂赚取任何利息的人，转变成一个对金融投资有浓烈兴趣的研究者，甚至主动辞去了贝尔实验室的工作，专职研究股票投资35年。

香农并没有非常公开地谈论自己的投资，他曾经描述过一种从完全随机变化的市场中挣钱的方法：假设某只股票的股价完全混乱而不可预测，投资人将其资金的一半投到这只股票上，另一半保留在现金账户内。股价每天都在随机变化，投资组合就相应地在每天中午进行调整。如果股价涨了，就抛掉一些股票；如果股价跌了，就用现金补一些股票。总之，目的是始终保持投资组合内的股票和现金各占一半的比率。方法看似简单，但理论上的确可能从中获利。

随着电脑网络交易技术的进步，这种交易策略得到了改进和广泛采用。物理学博士约翰·凯利（John Kelly）曾与香农在贝尔实验室共事过，证明了信息论与赌博或投资的关系。

凯利就此提出了后人熟悉的"凯利公式"。按照此公式对单个证券品种长期连续交易，可使持仓市值的数学期望值的长期增长率最大化。香农认为这个公式是套利的数学精髓所在。今天，该公式已经成为主流投资理论的一部分。

大家几乎都认可，数量统计、程序化、信息化、智能化将会是下一代的交易特点。

后人总结香农的投资年化收益率达到27%，究其实，他的主要策略是，发现未来很长一段时间内都有继续成长潜力的公司，然后集中资金投资在少数几家上市公司上，长期持有，让利润"奔跑"。

证券市场与通信系统有相似之处：证券市场中的假消息和过剩信息，就如同通信系统中的噪声干扰，严重影响了投资人从中获得有用消息。

大多数普通的投资人，并不具备使用概率理论或数学模型工具的能力。现实中常见的"信息"是，打听到某些内幕信息，或看到媒体进行了哪些捕风捉影的报道。事实上，等到普通人能了解"内幕"的时候，什么都晚了。

普通投资者比较容易实践的反而是查理·芒格的那套理论。查理·芒格认为，要投资成功，就要拼命阅读。不但要阅读有兴趣购入其股票的公司的资料，还要阅读其他竞争者的资料。这大概是在信息泛滥的当下，主动获取有效信息的最佳办法，很多信息是通过有效的获取与分析得出来的，而不是等着别人告诉自己的。

这大概就是头部投资机构和其他投资机构的差距吧。

负面例子，如很多畅销的创造财富类的书籍总是有意无意引导读者相信，只要找出所谓的"财富密码"，就可以按图索骥，实现致富计划。

如何不把银子花光

- 目的性太强,其实对获取有效信息不见得是好事。就像你迫切地需要用论据来证明你的论点,偏好严重。所以心态非常重要。如何利用信息,如何理解生活哲学和投资艺术,最终都指向人性。
- 若无法从生活的压力中解放出来,人就很难真正地去观察、思考其所获得的信息。
- 常识与逻辑比单纯的信息重要。

十六、勤劳与致富的关系

好无聊先生:"因为专注,所以专业"这句话对吗?

走不开小姐:没有这种既定的因果关系,专业不一定是专注带来的,就像勤劳不一定能致富。

不管是从物、社会关系还是精神生活的维度来看,随着时代变化,生产要素发生了改变,勤劳和财富是否存在必然正相关的关系还是可以再商榷的。

我们的生活,如果只用纯经济理论去理解,确实有局限性;有些造作的文化经济学也让我难以欣赏。

日本经济学家名和太郎著有《经济与文化》一书,通过讲述日本的文化时代、文化力和文化立国等诸多问题来分析经济与文化的关系。然而,这些似乎更像是"马后炮",要量化文化在经济发展中的贡献比，最后还是要落到产值上。

对于一些经济学家所提出的"知识经济本质上是文化经济"这一说法，我认为比"技术对长期增长的影响是经济学上的一大未知数"更难理解。文化遗产不去芜存菁，反而会阻碍人类进步；但我们始终无法忽略某些特定历史阶段社会文化带来的驱动力。

比如当下年轻人颇为诟病的职场文化，"社畜""996""007"及"内卷"，等等。

年轻人都知道，自己一旦步入社会，便会成为薪水的"奴隶"、公司的"奴仆"，为了生存，不得不强忍。但我更常说的是，卖力可以，卖命大可不必。

我大学一毕业就开着记者站的一辆小车子，去珠三角地区的工厂进行采访。年轻的时候，对深夜跑突发事件、连轴出差没有怨言，知道这是职业要求，知道自己需要累积经验。30岁前，对值夜班也没什么怨言，知道某些职业管理要身先士卒。实话实说，工作大多数时候是乏味的。即便是再依赖脑力、再创新的工作，进入正轨也还是需要日复一日的琐碎流程来管理，不花时间你也无法创造出好的内容。

人们确实越来越喜欢从精神生活的维度去考察资本现象，比如创新、创业。资本在精神生活维度，基于私有产权的人格发展，从对利润的崇拜中发生对创新的崇拜。当创新行为能带来新的价值时，才可能把产品销售总值与全部投入品的总成本之差变得更大。可是，别忘记了，创新带来的竞争力如同文化驱动力一样，落到具体的项目上，不是依靠更为机械与人工智能的模式,便是依赖人力来实现销售。

举一个例子,美国市场上出售的注有"Made in China"字样的玩具"芭比娃娃",在玩具零售连锁店"Toys 'R' Us"中,芭比娃娃的零售价格可能为9.99美元/个,其从中国出口的批发价格不过是2.00美元/个。这个价格构成中,原材料价格、从中国台湾进口的半成品价格、从日本进口的假发价格、从美国进口的包装材料价格以及这些材料的运输和管理费用,总共为1.65美元/个;东莞的工厂收取的加工费为0.35美元/个。毫无疑问,基于廉价劳动力竞争优势的企业如果满足于现状,就将在更高层次的市场面前失败。

因此,工厂需要摆脱要素驱动发展阶段,更新技术、扩大生产规模,不断投资固定资产,进入投资驱动的发展阶段。

经济发展的一般情形总是从大规模生产同样的产品,逐渐向着多样化和个性化的格局演变。工厂如果不愿意只赚加工链条上的微薄利润,就需要创新,通过原创设计和更个性化的产品比如唐俑娃娃来做结构上的升级,从品牌、知识产权上获利。

同样是"996",为什么有些人的收入会少于另一些人?事实是,一些面朝黄土背朝天的农民,苦耕一年,也只能糊口。而一些人一周只工作两天,就能赚得盆满钵满。

除了既定的阶层起点因素,实体经济与虚拟经济的差异,还有不同行业、岗位的具体特性。

1817年,政治经济学家托马斯·罗伯特·马尔萨斯(Thomas Robert Malthus)在给同僚古典经济学家大卫·李嘉图的信中写道:"国家富裕和贫穷的成因是政治经济学中所有探索的宏大目标。"

当下的社会系统,理解劳动与贫困的关系很有必要。

如果你简单归因为勤劳能致富,懒惰会贫穷,恐怕谁也不会同意。每个在城市里生存的成年人所面对的现实问题,绝对不是一句"努力工作"或"保持乐观"可以解决的。

你大概也有体会,城市的生存压力越来越大,身边高薪的"月光族"越来越多。对此,我自然是有切身体会的。当年我也如此,不然为什么我微博的签名档就一直是"是银子总会花光的,是金子总会发光的"呢?

1. 把时间花在对的地方

> 好无聊先生:为什么有些人每天忙个不停,收入反而不高?
>
> 走不开小姐:虽然老话说,一个人的时间花在哪里是看得到的,但依赖土地收成和依赖土地储备价值与依赖智力的不同工种,所需的时间并不一样。

安格斯·麦迪森(Angus Maddison)是经济史学家,他在《世界经济千年史》一书中估算,从公元元年到1880年,世界人均GDP从444美元增加到900美元,花1880年增长了1倍;从1880年到1998年,世界人均GDP增加了5倍多,从900美元上升到5800美元①。根据麦迪森的计算方法，从公元元年到1880年，中国人均GDP从450美元上升到530美元。农业社会的逻辑是，国家的人口多、农耕劳动力值钱GDP就高。所以他才会得出"公元1000年宋朝GDP估计量为265亿美元，约占当时世界GDP的22.7%"这一结论。

2022年2月28日，国家统计局发布了2021年国民经济和社会发展统计公报，数据显示，2021年我国GDP为114.4万亿元，人均GDP为80962元，按年平均汇率折算达12551美元。

人均GDP的数值不低，但如果结合2020年5月28日李克强总理在记者会上提到的"我们人均年收入是3万元人民币，但是有6亿人每个月的收入也就1000元"，你会突然感受到现实世界的差距。

有时候你会发现，我们确实只生活在某个半径里，我们的体面生活只是在这个半径里被定义。

我去过极穷困的地区参与乡村图书馆项目，也长期资助贫困地区的学龄儿童。换言之，我见过一些贫困样本，只是没有大规模的数据样本。

但无论如何，随着经济发展，体面生活应当是人们的基础要求。如今我确实可以过体面的生活，不用为五斗米折腰。一方面是将近20年的工作积累，单位小时的劳动价值得到了提升；另一方面，不知道大家有没有这样的感觉，人到中年，消费欲望反而急速降低。

---

① 麦迪森：《世界经济千年史》，伍晓鹰译，北京大学出版社，2003。

若要追问积累何来，显然还是来自劳动收入。毫无疑问，时间是一种服从于交换价值规律的珍贵的、稀缺的东西。这一点对劳动时间而言是显而易见的，劳动时间可被出售、可被购买。

若要追问勤劳和致富的关系，那显然不一定是因果关系，勤劳只是一种前提条件。可现实世界里，勤劳可以创造财富，但不一定能让你得到合理的财富分配。

假设从财务收入的角度去评估我16年的财经媒体工作，那么可以说2014年以后传统媒体的采编工作的待遇肯定是很高的了。从拓宽视野和增长见识的角度去评估，在媒体就职的性价比不低。

太多人举过美的集团董事长方洪波从企业内刊编辑转型直至成为掌舵者的例子。此外还有吴亚军、熊晓鸽、钟睒睒、李学凌、喻华峰、周源、张锐、牛文文、胡玮炜、方三文、徐沪生、黎贝卡等媒体人转型的例子。

他们已经脱离写稿子拿稿费的"初级水平"，走到了开辟一个山门的阶段。你会发现，常规工作做到极致，月薪也就数万元。真正的大笔收入，来自他们公司股份或分红的权益收入。

简单地概括，就是把时间用在对的地方，你能获得的财富收益才是最理想的。

那么问题来了，如何知道自己的时间用在什么地方才是对的？因为股权收益高，就需要辞职创业或专业炒股吗？显然不是。我绝对不支持每个人都去买房子，也不赞成全民创业。在许多创业者身边近身观察后，我发现可以肯定能成事的，能让其品牌有一席之地的，能经历种种磨难持续发展下去的创业者是少数。没有职场经验积累的人，并不适合创业。

早期的职场生涯能有效地帮助自己判断和决定要在哪个城市工作生活，和哪些同伴一起走，坚定自己选择什么行业，甚至完成第一桶金的积累。

如同一家企业要有持续稳健的现金流，个人也需要有可持续的收入，在此基础上再考虑财富的增值。任何忽略基础设施的工程都是不长久的。对个人而言，我们的"基础设施"在职场。

年轻人不要奢望依靠理财致富。理财需要专业知识背景和投入足够多的精力与时间。假设你银行卡里只有三五万元，依靠理财产品，即便都是正向收益，依赖于复利，这种基数下要多久才能实现财务自由？

买基金吗？别搞错了，基金最大的优势不是收益，而是不用消费者太操心。请节约你的时间，好好工作。

炒股致富可靠吗？前文引述过管清友的观点，年轻人不要指望着炒股致富。炒股也得有本金。是不是要先赚到本金，赚本金靠什么？不靠勤奋难道靠运气吗？靠天赋的人毕竟是极少数。

工作当然要耗费时间。极少数幸运的人，将自我的追求和主动的意愿以各种形态寓于工作的乐趣中，没有这种乐趣，个人最终会瘫痪的。在工作中维持乐趣，可能是技术世界中的最根本问题之一。好比在2022年冬奥会上大放异彩的谷爱凌和苏翊鸣,他们在刻苦训练中享受着滑雪的乐趣,实现了他们十多岁时就产生的专业滑雪运动员之梦。

再说回媒体的例子,媒体的工作可以开阔人的视野,能使人增长见识。前提是你抓住了这份工作带来的机会。我们必须承认,这个时代,传统媒体行业正在衰落。一方面是大环境使然,另一方面是行业从业者若有过强的功利心,也会导致新闻专业主义的死亡。

每个行业似乎都有巅峰期和低谷期。

人有起落,企业与行业都有周期,无一例外都是沾了时代的光。如今大家喜欢谈的审美经济学、颜值生产力、东方之美,都在时代助推之列。这些,和你的工作、你的人生一样,需要积累,方可在合适的时机真正得以爆发。厚积薄发的背后,其实就是时间的复利。

任何一个行业、任何一家企业都是用脚投票、用财务报表说话的,倾向什么机制,就反映了该行业、该企业的价值偏好。制度则是规范价值偏好的产物。

诚然,任何职业都有机会,但凡你付出时间与努力,总是能有收获的。这就是我们普通人的财务基础。

也许,大多数人和过去的我一样,因为自由时间本身变得越来越需要直接或间接地购买,从而失去了真正的自由。我的朋友们中不乏工作狂,有年薪百万的好友承认,如今停不下来,停下来了也不知道做什么。他一直忙,无暇顾及家务和孩子的学习,因此需要给家里请家政阿姨,需要给孩子请家教老师。这无非是用时间换钱,再用钱购买时间。

但对中年的我来说，时间在做减法，可自由支配的时间变得更"贵"，因此主动选择慢下来，考虑"用钱购买时间"了。中年人在这种线性流逝、单行道式前进而永不回头的时间里，更渴望有温度和质感的生活。

事实上，在有稳定收入的基础上，有自己能掌握的闲暇时间这一选项，在我看来，在幸福指数中权重更高。

比如，有时间慢慢地阅读一本书，完成一个不以营利为目的的项目，研究一个对社会有益的课题，给孩子讲讲什么是美，看着孩子长大……这些，才是相对自由的事。

如何不把银子花光

- 在哪里生活，和谁在一起，从事什么职业，是每个人都要做的抉择。年轻时了解不同行业的投入产出比，选对行业很重要，发自内心的热爱更重要。
- 理解行业分工，对早期的时间投入有心理预期。
- 如果能找到你的职业使命感当然最好，如果没有找到，也要相对专业地"打好这份工"。

2. 工作的故事

> 好无聊先生：妈妈，你怎么最近总在家？
>
> 走不开小姐：新冠疫情让我们不得不在家工作。但工作内容与过去并没有太大的差异。

2022年春节，一个美国高端护肤品品牌的中国区总经理突然通过朋友找到我，说他们公司因为不够了解中美市场的产品标准差异，遇到一些紧急状况，来寻求建议。正好是周末，我连续参加了几个在线会议，了解情况，在线签了保密协议，设计了解决方案，提出每个步骤的应对建议，并帮助审核了一切对外的声明。

前后一周，每日就一两个小时的时间，解决某些企业的紧急诉求。这是我近两年的工作常态。

新冠疫情肆虐的三年多时间，改变了我们的工作方式。不可抗力带来的变化，既让我们发现某些工作的不可或缺与其微薄收入之间的割裂，像护理员、快递员、外卖员；也让很多劳动者如你我，感觉到有点陌生，继而不得不接受。

就连11岁的好无聊先生都知道，世界上没有绝对的自由。人们既然仍然受制于自己的欲望，就受制于政治制度和经济制度。由此，工作仍然一如既往地为个人生活和整个社会提供了一种稳定的结构。希望疫情快点结束，重回工作岗位的诉求，反映的当然是这种稳定结构的诉求：生产、供给、需求、消费。

只是我们难以否认的是，职场结构已经被影响。发生疫情的两年时间里，我们至少可以观察到两种工作现象。

其一，全球的职场人士居家远程工作成为常态，且减小了"表演式"工作的比例。

其二，国内灵活就业人员数量大增。2022年1月17日，国家统计局局长宁吉喆就2021年国民经济运行情况答记者问时透露，目前中国灵活就业人数已经达到2亿人[①]。这意味着，按第七次人口普查国内8.8亿劳动年龄人口来看，中国灵活就业人员占比23%。

你有没有体验过职场"摸鱼"？美剧《宋飞正传》中的乔治·科斯坦撒（George Costanza）生动地给我们传授过"摸鱼"技巧：在电脑前噼里啪啦打字，或表现得很恼火，摇头、皱眉、叹气……一副沉浸在业务思考中的状态。

管理者可以换位思考一下，为什么员工会"摸鱼"？因为人们在办公室工作的时间变长了，打卡制度下还不能提前离开工位，同侪压力下，即便完成了当天日程也无法提前离开，所以工作变得更具有"表演性"。在冗长的会议中，脑子几乎因为缺乏新鲜空气而罢工，但你一看共享日历，还有下一个会议……不免就会因疲惫而精力不集中。

这两年，我以远程工作为主，发现减少了路上的交通时间，减少了不必要的线下寒暄，规划好各项事务后，效率陡然提高。这不稀奇，这世界有些角落的孩子一直在上网课。我自己2021年报读的北京大学宋代艺术考古美学研修班，因为疫情，有一些课都是在线上进行的。

美国西北大学（Northwestern University）的教授珍妮斯·埃伯利（Janice Eberly）在其2022年1月18日发表的文章《潜在资本、远程工作与经济的韧性》中指出，2020年初美

[①] 《国家统计局局长就2021年国民经济运行情况答记者问》，http://www.stats.gov.cn/tjsj/sjjd/202201/t20220117_1826479.html，2022年1月17日。

国GDP下降幅度减小了近一半，主要归功于远程办公，远程工作还将2020年第二季度的GDP下降幅度减小至9.4百分点[①]。但是，有一些服务是必然要奔波在服务场景中的，与出行服务相关的业务受到的影响是无法靠远程工作解决的。

不可否认，新的工作、学习习惯正在形成。与在香港工作的女性朋友聊天时，她说，因为2022年2月中旬香港新增新冠病例多而在家工作，一天开了七次视频会议。我忍不住乐了，并告诉她，我开会不能开摄像头，因为一旦不出门，连脸都不洗，容易惊吓到他人。

如今，从工作模式的变迁来看，我们确实能"一日看千年"。

约7000年前，大型城市先在美索不达米亚平原崛起，随后出现在南亚和东亚。生活在现代的我们，已经习惯了在大城市里接受规模更大、更加复杂的新工作方式。在2020年，企业用人方式除了自聘，更多考虑劳务外包，也让我们发现，一个让人能够自由选择劳动时间和方式的就业市场，或许能帮助激发个人的创造力。

在文化创意或服务领域大概能找到更多的例子。曾在一家快消品公司担任过高级设计师的女性朋友出来开设了自己的设计师工作室，她自述感觉比在企业内部忍受钩心斗角的职场氛围要愉快得多。

---

① Janice Eberly, "'Potential Capital', Working From Home and Economic Resilience," January 18, 2022, https://www.nber.org/papers/w29431.

也有来自四大会计师事务所的朋友，感觉受够了无休止的出差与加班，干脆自己创办了个服务机构，为初创公司做财务分析和提供建议，每天工作4小时，一个月可以休息10天。

这些，当然得益于专业分工越来越细。

工业革命是提高经济产能的一次决定性突破，但真正的驱动力包括专业分工、贸易、市场扩张以及生产集约化。

新技术确实在驱动我们的社会发生改变，如果能把繁重的机械性工作交给机器，人类就可以把时间花在更多有意义的社群活动上。20世纪，很多国家劳动者每周工作时间已经从19世纪的高位下降，相对清闲的退休生涯在人生中所占的比例也在大幅上升。

但是，为什么我们国家还有一些"大厂"这么强调"996""007"是福报？处理特殊事情确实有加班的需求，但没必要强制要求全员如此加班。强调加班文化，其实是想用一些冠冕堂皇的话来美化和合理化其劳动制度。此外，不能否认，一些工种所做的事情与其所处位置的权重，是有些本末倒置的。

我从带实习生开始，就和他们讲来一趟世间不要"只使用生命，不享受人生"，给他们讲工作"卖力即可，无须卖命"，但我从来没有说过人可以不努力。能让你实现人生价值的工作，不管什么形式，都应当珍惜。

防疫改变了工作模式，同时也在改变家庭中的人际关系。家庭的压力不免传导到孩子身上，网课带来的压力更不免让要兼顾工作的家长感到时间上的捉襟见肘。这大概是远程工作的"甜蜜负担"。

如何不把银子花光

- 不同时代,"打工人"的处境不尽相同。多数劳动者在很大程度上受益于新技术的稳步发展,也在不同程度上被更新的技术淘汰。经济中科技因素越重要,其发展就越依赖于那些能利用和提升技术的人。对有些主要资产是卓越认知能力的人来说,这当然意味着更多机会。

- 技术让面对面的交互变得看似不那么重要,然而从实际情况来看,数字交流和面对面交流之间最好是互补而非互相取代的关系。因为"邻近"可以产生更多"集聚经济"和更良好的人际关系等价值,所以如深圳这样的城市讲究以正确的、产业坚实的人力资本基础来吸引优秀雇主,我们个人也需要意识到,世界更不公平了,比如数字行业绝大部分集中到技术人口聚集的城市。所以,了解自己的能力变得更重要了。

- 靠能力吃饭,不管在哪里工作,都不用愁。但是要记住,工作是为了实现自己的价值而不是卖命。

3. 结果导向和能力导向

好无聊先生:这次考试没考好,但结果就真的能证明能力吗？

走不开小姐：从某些层面上看，能。比如你同学的考试分数比你的高，老师会相信他比你更熟练掌握知识点，而不是相信他运气更好。

对职场中人来说，又"内卷"又惜命，怎么也难让人愉悦。但这种"卷文化"已经形成，且难以改变。适者生存。

我们这一代人多数是"小镇做题家"出身，大家早早通过应试这条路，获得了现在的社会位置。所以，大多数人是认可"卷"的结果和导向的。

我一度困惑于某个问题并问了很多朋友："你觉得自己是精英吗？如果是，是靠能力获得了现在的位置，还是时代背景使然？"问了一圈下来，只有少数人愿意承认自己是精英人士；部分人比如投行高层，虽然知道自己身处精英圈层，但出于谦虚不认为自己是精英；也有人像我们这样，自觉从出生到40岁都平平无奇，工作普通，收入普通。但在其他人眼里，你至少是名牌大学毕业的，是普通人里生活处境相对好的。对比月入1000元的6亿人，好意思说自己是普通人吗？

这种反差，让我觉得有必要单独用一小节来谈谈"导向问题"。因为这是普通人理解财富的基础。

大家所提及的普通人，往往有三个层面的理解：没有天赋异禀的正常人；有别于特殊阶层的一般人；非特定职业的其他人。

第一类，200分制智商测试中得分140分以上的是天才，我们大多数人不是。

第二类，既无权（非特权阶级）也不贵（非工商业资本家），既无名也无特殊技能（比如不是钢琴家）。学者刘瑜在某次演讲中给出了"释义"，很直接：这世上哪里有那么多马云、郎朗？

第三类，谁还不是个受薪阶层呢？

这么一比较，普通人的定义即使没出来，大致范围还是相对清楚的，对吧？

但是，每个人认为的普通人（阶层普通、收入普通）还是会有些不同。比如，目前有一个被不少人接受的区分方法，以是否有本科学历来划分。大概还是受传统的"鱼跃龙门"观念的影响，"跨过了高考这道门，就可以告别普通人的身份了"。

这种划分有点像中华人民共和国成立初期的城里人和农村人的划分，一刀切下去，分界线就摆在那儿。

国家统计局于2009年9月7日发布的《光辉的历程 宏伟的篇章——新中国成立60周年经济社会发展成就回顾系列报告之一》回顾了过去的"基础"，中华人民共和国成立初期，我国城镇化水平很低，城镇人口占总人口的比重仅为10.6%，全国人口80%以上是文盲，学龄儿童入学率只有20%左右。当时能认字的人都了不起，知识分子是特殊阶层。而后，高考恢复，村里能出一个大学生，他确实是"稀有动物"，确实是全村人的希望。相较于读书人、知识分子、机关工作人员这些"特殊人士"，工人和农民等体力劳动者是普通人。那个年代，知识改变命运，是实打实的。

时代在变化。根据教育部每年发布的教育事业发展统计公报，1998年普通高等学校招收本专科生108.36万人（招收本科生65.31万人，专科生43.05万人），当年高考报名人数为320万人，录取率为34%，当年的城镇化率为33.35%。2009年普通高等教育本专科共招生639.49万人，高考报名人数为1020万人，录取率约为63%，当年我国城镇化率已达46.59%。2012年高考录取率是74.86%，城镇化率达到了52.57%。

2022年的3月1日，教育部发布2021年全国教育事业统计主要结果显示，2021年，全国共有高等学校3012所，其中，普通本科学校1238所；本科层次职业学校32所；高职（专科）学校1486所；成人高等学校256所。各种形式的高等教育在校学生总规模为4430万人，高等教育毛入学率57.8%。我们可以从2022年9月14日举行的"中国这十年"系列主题新闻发布会上获悉，2021年我国常住人口城镇化率达到64.72%。

与之对应的是，2021届高校毕业生有909万人，2022届高校毕业生规模创新高达到1076万人。2023届高校毕业生规模预计1158万人，看似"大学生满大街都是了"。然而我国有14亿人口，以这个为分母，根据2020年第七次人口普查全国人口拥有大学（指大专及以上）文化程度的人口为2.1亿人，假设本科和专科各占一半（现实中比较复杂，除了普通本科、专科，尚有职业本科、专科，成人本科、专科，网络本科、专科等细分），加上909万人和1076万人（2021年、2022年高校毕业人数），减去220万（2021年、2022年的研究生录取数），能得出一个大致的本科生占比，不超过8.8%（未剔除第七次人口普查中的研究生人数）①②。

所以，从这个角度看，是不是上了大学的人，就比不上大学的人更不普通呢？

是吗？

有投资界的朋友告诉我，喜茶的创始人聂云宸是"90后"，其学历不算很高，但已经是财务自由人士。你周围读过大学的朋友，比聂云宸更不普通吗？刘瑜调侃未来让女儿开家奶茶店算了，恐怕对标的就是聂云宸吧。

这样的例子还有很多，比如创立了汽车之家、理想汽车两家百亿美元上市公司的"80后"李想，没正经上过大学。"50后"牛根生，"60后"李书福，以及"70后"罗永浩可能都是代表人物。将是否上过大学作为区别普通人和非普通人的标准，不一定合理。区别不是上过大学与否，而是天赋、创造力、热情与对人生价值的理解及诠释方式上的差异。

如今，基于均值回归定律来看，高学历人士的子女考上清华大学、北京大学都是小概率事件，我们的孩子能成为"不普通"的人，也是小概率事件。只是我们中有些人，不愿意承认自己普通罢了。

---

① 《教育部：2021届高校毕业生规模909万 就业局势总体稳定》，http://www.moe.gov.cn/fbh/live/2021/53931/mtbd/202112/t20211228_590926.html，2021年12月28日。

② 《教育部：2022届高校毕业生规模预计1076万人，同比增加167万》，http://www.moe.gov.cn/fbh/live/2021/53931/mtbd/202112/t20211229_591046.html，2021年12月28日。

话说回来,大家对"普通"的定义也并没有达成共识,这些年谈论起来都是凭个人感觉。吉林大学文学院院长刘鸣筝在与我交流时提到过一篇发表于2016年的论文《当代城镇青年的自我认同与社会关注(2003—2013)——基于CGSS的调查》[①],里面提到了调研样本中青年人认同的普通人的基本特征。

这篇论文有一些有趣的对比。比如,2003年有48.3%的青年人认为所谓普通人在职业选择上是"一般办事员",23.9%的人认为是"管理人员或技术人员"。这两组数字到了2013年,变成了53.8%和26.7%,但对体力劳动者作为普通人职业选择的比例则从25.2%降低到了14.4%。该论文作者认为,青年群体在普通人的职业定位上较好诠释了大多数中国人的人生观变化:一种追求更为体面和富有技术含量的职业价值观正在逐步取代原有的通过底层、基础性工作实现人生价值的职业价值观。

该论文有一个结论是,单纯的学历差距产生的社会地位的拉开效果越来越不明显。人们社会阶层地位的差别由多元且复杂的因素决定,其中由既得利益集团对资源进行垄断造成的社会阶层固化倾向以及人力资本市场不再唯学历而是看能力的转变,都使得高学历人群与低学历人群之间的收入等差距不再那么显著。

不可否认的是,经历过"小镇做题家"阶段的成年人,

---

① 文章发表于《中国青年研究杂志》2016年第5期,作者为山东大学(威海)社会工作系的张乐。

对子女抱有同样的路径依赖是难免的。

科幻作家郝景芳在某篇文章里这么问（家长们），你在意过孩子活泼泼的生命力和洞察力吗？你给过孩子足够的空间和支持吗？

普通家长们可能会反驳，那是"何不食肉糜"的说法，家庭财富多寡决定了他们只能让孩子走应试教育那条路，只能参与"内卷"……那就真的没什么可说的了。

精英阶层在素质教育上给孩子加码的同时也不忘"鸡娃"，衡水中学的孩子未尝不抱怨这些精英阶层的孩子占有更多资源，那么最有资格抱怨的难道不是农村的孩子吗？他们可以抱怨衡水中学扰乱了该区域的教育生态，将县里、村里的好老师都吸引走了。

这是一层层的抱怨链条，又造就了一层层的职业鄙视链条。人们当然憎恶困窘、苦恼和依附，然而一旦什么想法都跟着大众"潮流"走，又很容易迷失自我。所以这也是我在前文建议每个人都应该有自己的幸福清单的原因。

努力很重要，在适合自己的道路上努力更重要。认清自己也很重要。如此才分得清在一件事里你能力所匹配的贡献值。

在一个有颇多"同道中人"的读书群里，我调侃地填了一首《钗头凤》，自嘲：谁还不是个人到中年的"小镇做题家"呢？

搬砖手，垂饵口，练级降怪东西走。

职场恶，世情薄。

卷又如何？躺平难过。

做、做、做。

腰不瘦，眉空皱，敷腴得志移相就。
题依旧，人非昨。
名利成枷，野心为锁。
喏、喏、喏。

如何不把银子花光

- 关于普通人的理解，我最喜欢鲁迅《华盖集》序章里的描写："我小的时候，也以为自己会飞，可是到了现在，仍然留在地上，时间都用来补小疮疤……"
- 或许，高考和股市是眼下两个相对公平的领域，但中年人都知道，有些事还是免不了一些运气的加持。好运气会放大个人努力的成果，之后的优势积累会带来更进一步的好运气，这就是正向反馈效应。
- 真实的创造型人才都不是通过分数培养出来的。你可以用规矩约束他们，但无法教会一个听话的人拥有创造力。

十七、价值总是会得到实现的

好无聊先生：价值有唯一性吗？
走不开小姐：其实不然。

"价值投资"这个词读来朗朗上口，大家可以自行在百度指数官网上搜索这一关键词，你会发现30～39岁人群最关注"价值投资"。很容易理解，这一年龄段的人士，正处于有一定储蓄余额，也有一定社会阅历的时间段，自然开始关注投资。但实践中，我们仍然被短期的数字干扰，过于看重短期成绩。

在投资中见人性。就像很多企业家虽然喊着正直、诚信的价值观，但遇到可以打擦边球或粉饰的时候还是毫不犹豫地下手。

追涨的时候笑意盈盈，杀跌的时候咬牙切齿。赚钱的时候称被追随者为"大神"，亏损的时候骂被追随者是狗。想想过去的几年，网民是否大多如此？

即便是至亲，介绍你投资某项目，遇到低迷时期，你是不是会在心里认为他"不靠谱"？虽然都知道要长期持有、熬过周期，可是能真的耐心等更长时间并获利的人有几个？就算你有段永平的智商，没有段永平的财富积累，遇到房租、月供和各种必要开支逼上门来，不还是方寸大乱？

在二级市场中，股票价值约定俗成，默认为等于高市盈率。虽然有些人号称是查理·芒格的信徒，但在股票价格下跌时，可能根本想不起查理·芒格说的那句话："对私人股东和股票投资人而言，依据内在价值而非价格来买卖股票的价值投资基本概念，永不过时。"

好在企业价值没有绝对的唯一性，而是会在不同的时间段不断地刷新。举一个简单的例子，一家企业在不同时期有不同的估值。宽泛地说，价值投资就是让我们认识到逻辑、周期与规律。

资本流动给行业带来新的投资，随着时间的推移，产能增加并最终压低回报。这其实是任何人做价值投资都应该理解的"常态"。然而大多数人，在投资收益达到高位时仍然不满足，在投资收益下跌时就惊惶离场。此外，还会在自己到手的投资物面前羡慕其他人到手的投资物。

从更宽泛的经济学角度来看，这一变化和约瑟夫·熊彼特（Joseph Alois Schumpeter）所说的"创造性毁灭"的过程类似。该理论认为，经济体系内部的因素和运行机制会导致经济结构发生变化，经济运行的实际结果，导致"创造性破坏"无可避免[1]。虽然"创造性破坏"建立在悲观主义基础之上，但能说明经济的本质不是趋向均衡，而是不断打破均衡的过程。

观察创业赛道的变化，会发现往往是创新带来资本聚集，资本推动行业景气提升和生产效率提高。当某一产业有利可图的时候，它又会吸引新的竞争者进场，然后又经过一次利润递减的过程，回到之前的状态。繁荣之后的萧条，其作用就是清除在上升时期错误配置的资本。

残酷世界中期望依靠智慧获得成功的人们啊，投资距离我们并不远，且应当成为我们日常生活中的一种常见操作。我们是否储蓄、购买理财产品、炒股、置换房子、"鸡

---

[1] Joseph Alois Schumper, *Capitalism, Socialism and Democracy*（New York: Harper&Brothers，1942），p.83–84.

娃"、收藏艺术作品,都需要用长线投资的眼光来看。这才是投资的价值。

事实上,人类确实并不善于做风险评估和提前规划。固然因为预测原本就是相对复杂的,天气、金融、人类发展,都是高度复杂的系统。更因为从心理上,一旦我们设想了一个可能的未来,它在某些方面让我们很满意(通常是因为它符合我们的既有信念),那么我们就会愉快地忽略所有相反的证据,拒绝接受任何人给的"我们可能错了"的暗示。当然,这极有可能是因为信息有限或信息偏见,但背后的驱动力更大概率就是贪婪。利益的诱惑越大时,人类分析成本效益时的表现就越惨不忍睹。

从结果导向来说,某次投资获利,不一定意味着我们学会了用第二层次思维去思考问题。在橡树资本管理有限公司(Oaktree Capital Management)主席与共同创始人、管理着800亿美元的投资公司资产的霍华德·马克斯(Howard Marks)眼里,维持高于平均水平的投资结果需要非凡的洞察力、直觉、价值观念和心理意识,也就是更加敏锐的思维,这种思维被称为"第二层次思维"[1]。第一层次思维者寻找的是简单的准则和简单的答案;第二层次思维者知道,成功的投资绝不可能是简单的。

我们不可能在和别人做着相同的事情的时候期待胜

---

[1] 霍华德·马克斯:《投资最重要的事》,李莉、石继志译,中信出版社,2012。

出……超越平均水平的投资目标，不就是一次次更深邃的思维指引你的动作而实现的吗？

1. 自我的价值

> 好无聊先生：学生的自我价值是由考上好大学或由好分数决定的吗？
>
> 走不开小姐：当然不是，我们都应当反思教育和教学的差异。

有一次我参加一个节目的录制，节目话题为"创业是年轻人逆袭的最佳途径吗"，当时，我是"正方辩手"。

这话题当然有时代背景：2015年6月16日，国务院发出国发〔2015〕32号文件《国务院关于大力推进大众创业万众创新若干政策措施的意见》，也就是大家熟悉的"双创"政策文件。

在节目里，我表达了自己的看法：创业是实现自我价值的一种方式；眼下的创业特点基于眼下的时代，年轻人因为容易掌握互联网时代的玩法和知识，容易走上创业这条路；可见，知识确实是改变命运最强有力的武器。

然而在这个理解之上，我还需要强调以下几点。

（1）今天的热点，明天就过去了，任何人都应该有持续学习的能力。知识的迭代速度实在太快，有心学习的人可以在各个平台学到他感兴趣的一切。

（2）理论和实践仍然相去甚远。即使在大学里受到了相应的教育，也未必代表你有相应的能力。

（3）时间和精力不足是人生的短板。所以不管你现在是什么身份，只有投资自己，才能解决这个问题。

鉴于此，创业是我们人生中可选的其中一条路径，但并不是唯一路径。

确实有朋友认为"大家商贾，宁有种乎"，觉得创业是他们实现阶层跨越的最佳途径。为何他们如此乐观？不得而知。但就我所接触的数十位创业者自身感受，创业之路崎岖坎坷，成王败寇；个中自然有成就感，有真乐趣，苦痛亦难以言说。尤其在这三年的疫情冲击下，中小企业受创严重，不少创业者熬白了头发。

通过创业，实现自我价值，相对容易理解。将创业视为逆袭的通道，一个意思是战胜自己的出身（突破阶层）；另一个意思是在同一个阶层，从落后的起跑线上后来居上，这里面包括了世俗所认为的两个成功标准（有钱、有地位）。这是我们这个时代有趣且最残酷的事实，社会声望与个人财富大致呈正相关。

"幸存者偏差"的故事看多了，人们容易产生幻觉，以为投资或创业很简单。事实上，根本就没有上手就会、一蹴而就的事。巴菲特之所以有许多有名的投资行为，是因为他在买入之前可能已经关注了长达半个世纪，比如他对可口可乐的长期审视。

观察一个创业者和创业项目，长期比短期准确，这才是时间的本事。当然，一个不可否认的现象是，年轻人创业的机会确实比以前多了。互联网加速了知识更新迭代的速度，也开拓了新的领域，让年轻人创业的门槛降低了，可这并不意味着成功的概率变大了。

2016年8月，清科旗下的资讯网站投资界做了一个不完全统计，从2014年1月到2016年8月，这32个月的时间内，拿到天使轮（含种子轮）投资的公司有4908家，拿到A（含Pre-A和A+）轮融资的公司达到4179家，走过B（含B+）轮的公司也有970家，而迈过C轮的公司仅为311家，最终融到D轮的公司只剩下94家。以此推算，创业公司从天使轮走到D轮的概率不足2%[①]。

以我自己的接触及体会来说，不少项目别说是A轮，天使轮之后走着走着，就没下文了。

2010年第六次人口普查的数据显示，"80后"人口的总数是2.28亿人，"90后"是1.74亿人，"00后"是1.47亿人。做简单的加法，"90后"在小学或初中阶段早已进入千禧年了，那时候互联网开始普及；最早的一批"90后"读大学已经是2008年前后，那时候工作室、智能手机也相当普及，可以说"90后"这个伴随互联网长大的群体，网络化和数字化的生活真实地笼罩着他们。以此类推，网络化、数字化生活现在也同样笼罩着已是"社会精英"的"60后""70后"以及坐在写字楼里的"80后"。

[①] 《用尽洪荒之力跑赢对手，却难逃D轮魔咒：天使到D轮概率仅1%，15大行业超百家企业危险了》，https://pe.pedaily.cn/201608/20160815401696.shtml，2016年8月15日。

2015年，媒体36氪和中国最大的移动分发平台百度手机助手，联合对"90后"移动互联网创业者进行了线上调研，1个月内回收了600多份调查问卷。根据问卷统计，45.16%的"90后"移动互联网创业者在22岁之前就开始第一次创业了；甚至11.29%的创业者在未成年阶段就赚到了他们人生中的"第一桶金"。如果这些数据是准确的，如果赚到钱就能算逆袭，这证明年轻人的赚钱能力确实强于过去的我们。

该问卷统计数据显示，互联网时代，"90后"移动互联网创业者投身领域排名前三的App类别，分别是社交类（29.03%）、购物类（24.19%）和视频类（17.74%）[1]。年轻人最擅长的是什么？作为新时代的新新人类，年轻人最擅长的不是获取经验，而是获取知识。

每一种逆袭路径，总离不开它所处的大时代。再直白点，与其说是这些路径让穷人得以翻身成富人，不如说是所处的那个大时代成就了他们。

改革开放至今，国内有两次大的创业潮：下海经商创业和互联网创业，无不与所处的时代背景息息相关。

时代背景还包括现代人对创业的"理解"和在创业项目中寻找到的投资机会。创业离不开资金的投入。美国大约有80%的中产阶层家庭通过与专业的金融机构合作，进行PE（私募股权）、VC（创业）投资。这也被称为美国中产阶层的致

---

[1] 《"90后"移动创业者的本来面目》，https://www.36kr.com/p/1647142748161，2015年6月5日。

富模式。类似的事情也正发生在当下的中国。

我参加过一些创业创投会议，大家交流时都认为这是一个最好的时代，机会很多。有时候一笔十多万元的种子轮投资，能换回十年后百倍的收益。

五源资本早期投中小米，创造了800倍投资回报；Naspers投资腾讯获得了7800倍回报；Facebook天使投资人彼得·泰尔（Peter Thiel），获得了近2万倍的回报……对投资机构而言，谁不希望手握数个这样的项目呢？

当然创业的风险很高，95%的企业都有可能"死"掉，这是现实问题。不管年老、年轻，以及所处行业，优胜劣汰是自然法则，创业者和企业经营者都只有少数能成为冠军、亚军、季军，其他皆为陪跑者。

这个自然法则在任何行业都一样适用。读书时，有"学霸"和"学渣"；就业后，有劳动能手和拖后腿的人。即使在婚恋市场上，也不是所有人都春风得意。

但不去尝试，怎么知道自己不行呢？有人会这么说。

马云不去尝试，还只是个英文老师；李彦宏不去尝试，还只是个有着"超链分析"技术专利的工程师；马化腾不去尝试，还只是个喜欢用天文望远镜观测星空的程序员。

创业者的社会地位很高吗？在成功之前，甚至在成功之后都不一定。在各政府机构面前，在投资人、供应商、合作伙伴面前，有时他们也不得不低下头。

创业者就是企业家吗？当然也不。他们距离真正的企业家还有很长的路要走。但创业意味着，即使他们是这个跑道上的陪跑者，也有机会展现自己的野心，践行自己的想法，实现自我的价值。

规规矩矩地在大公司工作，是年轻人的一种选择。投身创业大潮，也是一种选择。很多创业者更让人赞赏的是其在商业世界冲浪的冒险精神。

毕竟人各有所长，找到自己的价值所在与能力边界更为重要。创业场是欲望之地，有的人可能成为胡玮炜（摩拜单车创始人）第二，也有可能成为另一个戴威（ofo创始人）。面对"鼓励全民创业"的口号，请三思。

如何不把银子花光

- 一个人可能拥有的最悲剧性、最悲伤的特质，就是当你对生活，对存在、信仰、爱以及生命最深层的领域有着深刻的感知时，却缺乏同等的表达能力。好好工作，认真生活，投入地创业，都是对我们内在深刻感知的输出方式。我们接受的良好教育，目的就是让自己找到这个输出方式。
- 判断自己的承受能力更重要。
- 梦想还是要有的，我们当然要争取和咸鱼有所区别。

2. 投资的价值

走不开小姐：你希望把压岁钱存起来还是用来做投资？

好无聊先生：用来投资会产生什么价值？

在尊重自我价值的基础上谈谈投资的价值。

很多人喜欢聊价值投资，似乎buy and hold（买入并持有）就等同于价值投资，却忽视了其前提是如何判断自己买入的是好资产（公司）。简单的逻辑是，如果这个资产并不好，没有内在价值的增长，价格再低，买入并持有又有何意义？

市场中有这么多的参与者，大家分享的是大致相同的信息，大家都很聪明，工作态度也都很积极，采用的分析模型也大同小异。因此在投资的"零和世界"里，我们得问自己这些问题：如果大家都认为这是一个好公司，那么它的股票估值和定价就有可能过高。这个资产眼下的价格，与大众所认为的未来价格，以及自己所认为的未来的价格，它们的相符合程度如何？这个价格所反映的共识心理是乐观的，还是悲观的？自己的预期和大家的共识有多大差异？

我想，正如投资要回避容易毁灭股东价值的行业或公司一样，如果用投资思维来看待我们的人生，或许也能有不错的收益。

改变我们的人生，有四种基本的投资方式（等天上掉馅饼这种不算）：

（1）创业（经营个体户、创办互联网科技公司、设立服务性企业等）。

（2）实现房地产或股权收益。

（3）通过婚姻实现阶层跃升。

（4）出售IP。用顶级智商来叫价有很多可能性分类，比如券商[①]的经济学家钻研经济现象继而转型做资管，又比如科学家们发明的专利用于商业转化。

通过这四个途径来谈谈，投资途径的最优化需要通过成功的概率、所需时间的长度、逆袭的彻底程度来判断。

首先看本金。若你自己有本金创业，自身条件也不能算差了。若本金不多，但看人准，能否以投资人（早期所需资金没有太"高不可攀"）的思维看中有潜力的创业项目，在早期即进行参与，锁定未来的期权、股权收益？想想阿里巴巴的"十八罗汉"和小米的"喝粥13人"。这非常考验人，不是努力工作就能摆脱贫困，而是跟对了人，上对了船，在正确的方向上努力，才能摆脱"在职贫困"这种状态。

如果有闲钱买房，不管是在一线城市还是二、三线城市，都不能算作草根了。早些年，在北上广深手握两套房的人已经没有太大的生活压力了。如今，国家三令五申"房住不炒"，相继出台房地产税、稳房价等政策，炒房致富已经不是妙招。

那么再看看是否有足够的资金去投潜力股。效仿天使投资人的难度不小，至少个人需要一定的项目分析能力、识人能力，看得懂行业大势，具有独立思考的能力。而且，投资人一定不能心急。

Lululemon（露露乐蒙，瑜伽服装品牌）1998年成立，2007年上市，从成立到上市，只用了9年。2021年，这家公司

[①] 券商，即经营证券交易的公司，或称证券公司。

的总市值一度超过620亿美元，如今虽有回落，但仍然是仅次于耐克的全球第二大市值运动服饰巨头。做到市值突破500亿美元，阿迪达斯用了71年，耐克用了41年，安踏用了27年，而Lululemon只用了22年。

Lululemon从成立到上市的速度已经很快了，但有些投资人还觉得不够快。他们喜欢像瑞幸咖啡这种运营18个月即上市的模式。但有时候还真是欲速则不达。

通过炒股致富难度更高，给出完整财报，作为投资者的你，能分析出问题来吗？你能理解为什么在大家紧急撤退的时候，段永平会抄底吗？非常了解股市的如庄家、内幕人，二者都不能算是草根阶层。在2022年的股东大会上，巴菲特都自陈自己持有的股票在过去两年中，股价大多数是很萎靡的。

用智商来叫价，企业主还真有可能出高价来买你的劳动和经验。但要想脱颖而出，从基层打拼到高级管理岗，需要KPI和时间，10~15年的时间算正常的。曾经一度出现抢人风潮，市场欣欣向荣，创业公司雨后春笋般出现的时候，如加盟创业公司，大家会发现薪资和头衔跳级的可能性最大。然而，企业主对员工永远有更高的要求。

高智商的专业经济学家，在资管领域也不见得一帆风顺。

靠智商致富拿个诺贝尔奖？世界上有几个劳伦斯·布拉格（25岁获奖）、维纳·海森堡（31岁获奖）、李政道（31岁获奖）和卡尔·大卫·安德森（31岁获奖）？

看来，想要在短期内实现跃升，只有结婚这种通道。

有朋友说，和有钱人结婚最好，相当于第二次投胎，轻轻松松就能成为有钱人。然而，这里又有了一连串的问题。会不会签婚前财产公证？需要自己付出什么才能取得稳固的婚姻？离婚的风险有多大？有钱人为什么要和你结婚而不讲究门当户对？

能娶有钱人的人，多半是自己就有资产。能嫁给有钱人的人，多半是很有颜值魅力的人（想想美貌经济学）。现在流行"智慧是高级的性感"。但被一张平凡的脸庞背后的智慧吸引，不是那么容易发生的事。如果有智慧、有才干，恐怕更看重独立的个体价值。

事实上，生活确实会产生一连串的"机会成本"。用投资思维去分析如何做选择，或许是比较好的办法。而选择当然含有运气的成分，还是回到了我一直秉持的观点：投资什么都不如投资自己。

只要不是笨得出奇，至少投在自己身上的金钱和时间，都有一定回报。时间和精力不足就是人生的短板。只有投资自己才能解决这个问题。

很多人明显不觉得让自己吃得更好、活得更健康、去更多地方旅行、花更多时间陪伴家人、学习更多知识是一种投资。他们认为的投资，就是把钱放到某个创业项目、理财产品、融资PPT上。

回答本节的问题，投资的价值是什么？如果说创业是对我们内在深刻感知的一种输出，那么投资其实是印证自己对世界的观察与理解准确与否，包括了自己对社会运行的逻辑、对生活方式的转变和对人性的洞察。

是的，我有过失败的投资，而失败的原因正是对创始人作出了错误的判断。我得到的教训就是，绝对不要和贪婪的人合作。贪婪的人毫无底线，一定会给自己带来莫大的风险。

如何不把银子花光

- 有时候我们需要问的不是投资什么，需要问的是我们思考的逻辑是什么。
- 对投资标的的理解，其实就是我们对当下世界的理解。若要相对深入地理解，作为投资者得运用历史、心理、生理、数学、工程、物理、化学、统计、经济等不同学科的思维方式，所以学无止境。
- 一定要付出时间成本。本质上人的劳动力就是一种商品，想想如何才能使这种商品的价值实现最大化。

3. 时间的价值

　　好无聊先生：时间对年轻人是加法，对中老年人是减法。

　　走不开小姐："扎心"！

2013年年底做盘点的时候，我说过"可以考虑黄金""未来10年里面有一个阶段，黄金有可能会成为对冲风险的一个产品"。站在2013年年底看世界，我认为一些不确定因素会对世界格局有较大的影响，当时推荐投资黄金，是因为对整个局势没有安全感。

比如，长时间的世界经济深度调整，中东政局的持续震荡（2014年），涌入欧洲的难民潮（2015年），2016年的美国总统大选、英国脱欧（欧元解体风险），2017年欧洲大选等事件，都在影响着黄金的走势。我当然也没有预测到俄乌冲突升级。多数专家（不管是俄罗斯的，还是其他国家的）认为，俄罗斯不太可能对乌克兰采取全面军事行动。

当时反对投资黄金的人，都是基于黄金和美元的负相关性进行思考。如果说，美元指数与国际金价的相关性是百分之七八十，那么还有百分之二三十的其他因素会让黄金价格发生变化。上述事件，都是黄金和美元那70%负相关性之外的影响因素。

再看2022年2月24日俄乌冲突升级带来的黄金3.4%涨幅，后面固然回落平稳了（地缘政治引发的高点总是短暂的），但俄乌冲突加剧了大宗商品通货膨胀、供应链瓶颈，并减缓了全球尤其是欧洲的经济增长速度，在风险溢价上升和央行反应更为温和的情况下，金价可能会得到更多支撑。

目前市场共识是全球经济增速将放缓，可能出现短期、局部的衰退现象。地缘政治、货币超发引发的信用货币币值不稳定性增强、全球经济增速放缓以及通胀持续高位背景，对黄金而言意味着更高的上行空间。请注意，这是一个趋势分析，是类似于第一层次的"大家都知道的"信息，并非投资建议。

有一些事情肯定是2013年的我不能预知的，有一些趋势则是可以根据时间节点提前作出判断的，比如2016年美国总统大选、2017年欧洲大选、2017年党的十九大、2022年党的二十大。这些是较有规律、有日程且容易产生蝴蝶效应的事件，它们对我们的生活必然有持续的影响。

别低估了地缘政治因素，它几乎和我们生活中的每一个细节相关。任何一个国际形势上的特殊因素发生了变化，都会造成黄金价格的暴涨暴跌。政局变化带来的隐忧或战争（的威胁），这些特殊因素影响黄金价格变动的案例不胜枚举。

人并不总是先知先觉的，即便是某个领域的专业人士。

1825年的《评论季刊》预测火车没有前途，"认为火车头将来有可能跑得比马车快两倍，还有比这更明显的谬论吗？"谁知，1830年，利物浦—曼彻斯特铁路的通车典礼就举行了。

1877年，当发明电话的亚历山大·格雷厄姆·贝尔（Alexander Graham Bell）想把自己的电话专利权卖给西联电报公司（Western Union Telegraph Company）时，遭到时任西联电报公司总裁卡尔·奥顿（William Orton）的拒绝："我为什么要买一个电动玩具？"

1897年，英国科学家开尔文勋爵（William Thomson，经授勋后名为Lord Kelvin）认为"无线电没有前途"。1902年，他还预测飞越大西洋是不可能的。

在研究计算机产业发展历史的时候，我还看到了一份资料说，1977年，美国老牌电脑公司迪吉多（Digital Equipment Corporation，DEC）的总裁肯·奥尔松（Ken Olson）预言说，计算机业务将永远是小众市场的,"任何人都没有理由在家里摆一台计算机"。

后来,科技的发展出乎任何人的意料。1885年,贝尔成立的贝尔电话公司发展出一家专门做长途电话业务的子公司AT&T(American Telephone & Telegraph);1899年,AT&T反向收购,成了贝尔系统的母公司;1910年,AT&T又兼并了西联电报公司。至于"电话之父"名头的争议,又是另一个故事了。

更多错判的例子,大家可以看看汤姆·菲利普斯所著的《愚蠢的人类》一书。可以肯定的是,科技的发展并不以个人的认知为前提。彼时,处于权威地位的他们作出上述判断,就真的被认为是错的了吗?是时间证明了他们的错误。

所以我们需要借助时间。

每个时代都有每个时代的困难和矛盾,机会对于每个时代的人都是均等的。但在投资这件事上,并不一定机会均等。即便你有和巴菲特一样的本金,比他更早做所谓的价值投资,你收到的回报不一定比巴菲特高。这里面蕴含了对商业、市场理解力的考量,也蕴含了对自我价值的认可。

我也不会反驳大部分人关于运气的说法,任何事都需要一点运气。时间就是让"运气"的占比降到最低的最重要因素。

2022年春节后,喜茶裁员,媒体蜂拥而上,拿这些新国货来说事,会制造噱头的媒体就说"新国货命悬一线"。别忘记报道新国货一时风行的是它们,现在唱衰新国货的也是它们。有时候媒体会忘记,品牌成长是需要时间的,成长过程很少一帆风顺。但是媒体人会说,自己也只是报道一时的现象，何错之有？

再没什么比把时间拉长更能看出成绩的了。创业公司的人数从两三位合伙人开始，增加到数百人，一定不是在短期内完成的。一个孩子成长为成年人，至少需要18年。

人生中很多事情的衡量标准都要有时间长度。常见的是五年和十年。大家或许还记得五年规划，以及十年周期循环理论。

经历过时间洗礼的人，才知道对自己而言，什么是更重要的，才知道自己生活中最具价值的元素是什么。之所以时间对于年轻人而言是加法，盖因年轻人每一年都在积累各种有用或无用的信息；对于中老年人是减法，盖因中老年人已经知道了自己最需要的是什么。

不被时间舍弃的，才是有价值的。

如何不把银子花光

- 不管是年轻人还是中老年人，都应学会认真地投入一些事情，其他的交给时间。
- 时间从不回头，所以你也应学会"该放下的就放下"。同时，给自己一些空白时间，用于思考。
- 时间和趋势是同行的。可能我们正逐渐失去全球化的红利、人口红利，但我们正迎来工程师红利和统一大市场红利。更新知识系统是应该的，但拿眼下的认知去质疑自己过去的判断很没必要。

十八、当你学会冷静

走不开小姐：不要在你有情绪的时候做任何决定。

好无聊先生：你说过情绪化是理性的敌人，但我们小孩子就是很难控制情绪啊！

劳动力也是一种商品，市场上和你水平相当的竞争者越多，供给越多，这款商品的价格就越低。大多数情况下，两种商品可能只在一定程度上具有替代性或互补性。在职场上打拼过的人都知道这个道理。

所以，公司里人来人往，东家不打打西家，我向来不赞成"打工人"在这些人事问题上过多纠结。

人尚且如此，商品的可替代性只会更高。我们可以看到不同领域的专业人士介绍其可替代性，比如防晒霜与隔离霜、唇蜜与润唇膏。只有其中之一比什么也没有强，品牌方希望你都买是因为能提升销售额，绝大多数消费者也希望二者兼有，是因为潜意识相信其功效，认为都有了会更美。这是人的心理，希望形成某种平衡的商品组合。

什么是很难兼具的呢？某个阶段的金钱与时间。在你要求个人可支配的自由时间增多的时候，相对而言，你的个人收入可能在削减。

消费需求如何像潮水一样涨起来又退下去，对比2019年与2022年的社会消费品零售总额数据就可以有清晰的概念了。我们要认知这个时代，才能认知这个时代的消费特点。

国家统计局官网有各种各样的数据。在经济增长的层面，我最关心的毫无疑问是"社会零售消费品总额"这个数据。它反映的是商品零售和餐饮收入两端的数据变化，能被用来判断消费需求对经济运行的影响程度，而零售是商品流通的最终环节，零售市场的变化能最直接也最灵敏地反映经济运行的变化。发达国家通常把零售市场的统计指标作为判断经济运行情况的晴雨表。

从国家统计局近2016—2022年的社会零售消费品总额数据（图18-1），就可以相对一目了然地看到需求的变化。受

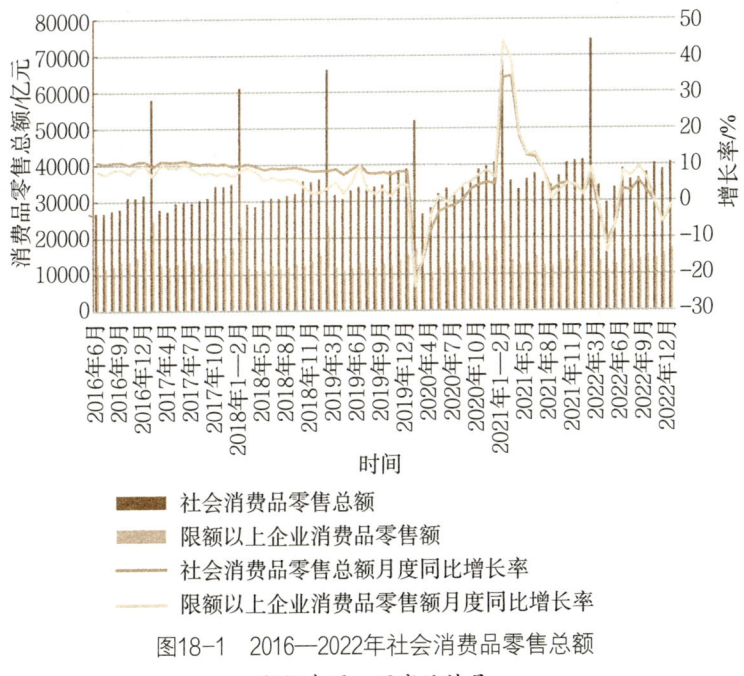

图18-1　2016—2022年社会消费品零售总额

数据来源：国家统计局

疫情影响，需求收缩似乎没有什么可怀疑的。那么又是哪些原因造成了需求收缩呢？

就2021年而言，新冠疫情带来第三产业（服务业）的需求收缩；政策调节带来房地产的需求收缩；土地财政受到影响，因而基础设施建设的投入的需求也在收缩。再加上一些消费者对第三次分配的错误理解，也会有不敢显富的"后撤"心理，在消费上越发保守。

在这样的形势下，我们也不好冒进，该怎么办？姑且认为防疫期间是一个调整期，在此期间我们可以提升自己的认知。认知和风险成反比。

我一直坚持一个观点：自己要为自己的选择承担责任。有人或许不赞同：去菜场买菜要懂如何挑选，买理财产品要懂是否安全，买保险还要会看合同，买房子要知道房子结构……难道老百姓什么都要精通吗？那么我们要问问现实，是否每一步都要自己走，掉坑时是否有人给自己兜底。

你看，一旦有了这种意识，2022年11月30日广州开始放开社会面临时管控区，你被告知"每个人都是自己健康的第一责任人"时就不会震惊。

同样地，买菜不懂挑选，买到的菜可能不够新鲜。理财产品如果不仔细咨询问清楚，对方给的合约未经律师查看就签，出现问题的时候，损失的就是你自己。产品"爆雷"的时候，能追回的是少数，能得到补偿的更少之又少。

千万不要持弱者有理的论调；千万不要有某方会无限度为自己兜底的想法；千万别有好像懂了一些就不会踩坑的念头。

我们唯一能做的，就是提升自己的认知，不贪、不欺，多少能降低踩坑的概率。

提高认知，就是从最基本的逻辑出发。

1. 真的有理性投资吗

> 好无聊先生：妈妈为什么会有好多双鞋？
>
> 走不开小姐：没有所谓的理性消费，也没有真正的理性投资。

说来好笑，作为"哈比人"，我穿的鞋子是34码的，相当于童鞋尺寸。成年女性的鞋子中，很难买到合适的。所以遇到心仪、穿着舒服的鞋子我会买上两三双同款，穿几年。从时间成本的角度考虑，这种做法降低了未来选择鞋子的时间成本，毕竟很少有会生产34码的女鞋。但从消费支出的角度来看，会增加短期内购物支出的总金额。

更重要的是，在拥有一个商品之后，每增加一个新的同样商品，我们的收益都会减少。这就是边际收益递减定律。所以我体会不到买鞋子的幸福感。

好无聊先生获得第1个乐高玩具时的兴奋指数与获得第10个乐高玩具时的兴奋指数不可同日而语。成年人亦如此。

人们很喜欢当"理性消费者"，找到消费的最优解似乎是明智的。但我们自己认为的最优往往是那一时间点主观上认为的最优。在那个时间点我们可能找到了符合预算的消费组合中最好的组合，也就是你自己的最优解，但不一定都是理性的。

举个例子，假设一支口红100元，一盒粉底200元，你的预算只有600元，那么就这两个商品组合来说，4支口红和1盒粉底或2支口红和2盒粉底可能是最优解。但你的偏好只有口红和粉底吗？

你一定记得经济学上的"理性选择（rational choice）"，事实上，个人的收入与产品的价格决定预算约束，消费者个人在这个基础上选择最优解，"想要"和"需要"是基本的判断。大多数人会在预算范围内选择自己喜欢的东西。就像三孩政策出台时网友调侃的那样，"我不买三辆劳斯莱斯难道是因为限购吗"，把预算置之脑后，挥金如土，这种感觉只出现在影视剧作品中。

只有在你所购买的福利彩票券面号码和公布的中奖号码相同时，才能兑换奖金；你所买的股票只有在交易价格超过当时购买的价格时交易才可能产生收益。与概率或投资相关，只有在未来特定的条件成立时才能进行特定行为（比如交易）的商品，即未定商品。以此类推，艺术品、保险、证券等金融商品都在此列，与概率或投资有关。

未定商品往往具有极强的不确定性。我们生活中有很多的例子，如东北的朋友听说海南自贸港的政策红利，于2021年春节在三亚投资了一套房，没想到2022年房价跌了。人们常见的是冲动消费与冲动投资，少见的是理性消费与理性投资。

我参与过不少公司的业务战略规划，发现他们认为的市场规划有三大基石：预测未来、想象未来企业会成为什么样子、为这个目标设计道路。

然而，精准的预测是很难的。20世纪50年代，商业评论家们认为"婴儿潮"一代开始参加工作后，社会会出现严重的失业现象，但他们错了。1965—1985年，当大量的女性涌入美国劳动力市场时，评论家们也预测人力供大于求会有很多人失业，他们也错了。录像机成为家用电器之后，有评论家预测录像机会摧毁电影院市场，他们又错了。"电视会终结书刊市场""电子书会终结实体书店"的说法十多年前就有了，然而书刊、实体书店仍然活着，虽然在新冠疫情蔓延的几年里"死伤惨重"。

分析师们都是聪明而理性的，但他们的分析和预测并不必然准确。你会注意到，专家们、分析师们很喜欢引用数据，受众们对带有精确数据的言论也容易另眼相待。然而，数据也只是用来描述事物发展阶段特点的工具。使用者们一样会有数据偏见，在解读时的角度当然也是"自由裁量"的。所以你会发现大多数不同层面的数据会支持两个截然相反的结论。

那么有没有真正的理性投资呢？其实我也说不清楚，因为经济学里的"理性人"本来就是抽象出来的特征，理性投资也如此。

第一，明确没有一项放之四海而皆准的投资策略，也不可能有无敌的投资宝典可以照抄。但可以非常清楚地知道自己承受风险的能力，继而把风险降低到最小。

每个人在考虑投资、理财方式的时候，需要先了解自己的个性，考虑自身的边际效应，以及心理承受能力。假设你是那种会因为亏损而愁云惨淡类型的人，那么用非常保守的投资方式更好。

第二，明确什么才是核心价值。

核心价值需要从正常的商业逻辑上判断。个人认为，供需是最基本的要素。其次才是项目在商业上的附加值。所以，对消费类企业的创始人和投资者来说，你的忠实消费者或许比商业分析师、市场分析师、宏观经济分析师、证券分析师更能深刻地理解这个业务。

也有一些朋友非常信奉专家或专业人士的建议。不妨看看一边说着"在正确的方向上看好中国权益市场投资"，一边空仓或轻仓运行着上百只产品的专家，他在卖出的时候是否会告诉你。有的专业人士会让你"听君一席话，多打十年工"。

市场低迷之际，谁能更快地作出反应，或许就能更快地减少损失。

第三，明确收益预期。投资和回报之间是有一个比例的。用2元中千万元那是博彩，纯粹看运气。

确实是有理性投资的人，他一定会用足够的时间来作考量和判断。但很多人今天投入之后，就希望明天能得到极高的产出，这是投机思维。

如何不把银子花光

- 理性投资第一步是明确知道自己的风险承受能力。

知道自己只能接受低风险,就不要去参与中高风险的投资。
- 如果某种商品的价格无缘无故地以过快的速度上涨,要么是对过去大幅下跌的过渡补偿性增长,要么很可能是未来有麻烦的迹象。遇到越是热度高的领域,越要冷静。
- 可以相信常识,收益率高得让你觉得有点不真实的产品基本是不靠谱的。无论何时何地,常识对任何领域都是有帮助的。

2. 沉得住气

好无聊先生: 你总是让我沉住气,有什么好处?

走不开小姐: 很少人能沉得住气。沉得住气,就不会冒进,不会嘴上说看好长期发展,实际上一遇亏损就急着撤回。

年过40岁的我仍然可以穿20岁出头时期穿的衣物,好处是节约,坏处是旧衣服仍然可穿就没了买新衣服的动力,因此买衣服于我而言就成了可有可无的事。如果不是为了录制节目必须添置正装,基本上我会把看中的商品放到购物车里,过一段时间再看是不是还如此心动,通常过了十天半个月,就不想买了。

这么沉得住气,主要还是因为不缺乏以及不够喜欢它。

很多事其实都需要沉得住气，投资亦如此。

大盘短线总是不停地起起落落，就像人生一样。我们要接受很多失败的存在，所以要抱着世事无常的想法，沉得住气，以符合规律的方式思考，遵循正当的价值，往前走。

机构投资者是一群人在研究，系统性操作。考验个人投资者的，是他对社会系统的认知能力。

投资的本质其实是在低价位的时候买入，高价位的时候卖出，以赚取利差。"低买高卖"是一个无人不知的获利秘诀，前提是投资者要足够冷静。证券分析之父本杰明·格雷厄姆（Benjamin Graham）关心净资产，巴菲特关心净资产增长率，你关心什么？为何这么关心一时的涨跌？

相信你身边不乏"基民"朋友，即基金持有人。这个词衍生自股民，是诞生于2007年的网络新词。很多基民即使持有的基金总额仅数千元，也会每日去看涨跌。

根据《中国证券投资基金业年报（2021）》的统计，2020年年末，公募基金共计7913只，较2019年年末增长20.92%；资产规模达19.89万亿元，较2019年年末增长34.7%；其中，居民持有53%的公募基金资产，较2019年年末增加5百分点。19.89万亿元相当于当年GDP总量的19.58%，相当于年末社会融资规模存量的6.98%，相当于当年M2总量的9.10%，相当于年末人民币存款余额的9.36%，相当于年末股市流通市值的30.90%，相当于年末债券市场余额的17.40%。可以说基金在宏观经济金融中的地位不容小觑。

该年报显示，截至2020年年末，公募基金有效账户数（不包括场内账户数）超过11亿户，为11.85亿户，其中仅37.19万户为机构账户，其余为个人账户。

2022年1月，中国证券投资基金业协会发布了《全国公募基金市场投资者状况调查报告（2020年度）》，该报告勾勒了应该算最权威的基民用户画像。从年龄结构来看，30～45岁的个人投资者占比将近四成，达到38.8%；30岁以下和45～60岁的人群占比均在四分之一以上，比例分别为27.7%和25.8%；60岁以下各年龄段的投资者分布基本均匀。60岁以上的个人投资者占比为7.7%。接受调查的自然人投资者2020年度个人税后收入多集中在50万元以下，占比为91.6%。

换言之，"90后"基民至少占比25%。

陆金所、陆基金联合脉脉发布的《2020职场人年终奖真相调研》披露，"95后"投资者中，有62%的人将钱投在了基金中。

基金成为年轻人投资最主要的工具，但很多人并不知道基金是怎么赚钱的，为什么会出现基金赚钱，基民亏钱的剪刀差现象。

其实靠基金赚钱主要依赖于管理费，所以不难理解，基金公司当然希望自己管理的资金总量越大越好，这意味着他们希望用户不流失，资金续存。我们会看到基金公司不停地研发新产品，推广"明星"基金经理。"公募一哥"这个名号之下，先后出现过王亚伟、任泽松、刘格菘、张坤等人。曾有一段时间，张坤的热度、流量堪比一线大明星，在2020年成为中国首位掌管千亿规模资金的权益型基金经理。但基金的主要销售渠道是银行、证券机构等代销机构。基金公司和代销机构的利益还不完全一致。代销机构的盈利方式依赖于交易费和管理费分成，前者按照基金交易规模的固定比率收取，后者被称为尾随佣金。前者贡献占比要比后者高得多。

所以，代销机构不停地向基民推销新产品，利用基民的"追涨杀跌"心理来赚取交易费。基民不换手，它挣不到钱；而基民越换手，反而越可能亏钱。

至于股票投资，你赚到钱的方式只有这几种：其一，通过股价的波动挣钱，也就是低买高卖；其二，早期参与企业的孵化，通过企业的成长，拿到股票分红挣钱，这种企业通常是指成熟的企业；其三，通过套利等方式挣钱。此处，只有第二种方式是真正的价值投资。分红即赚公司盈利的钱，股票就是公司的所有权，买股票就是买公司。所谓的价值投资，是让公司的股票回归到本质。

再深入地说，不管是第一种还是第三种方式，赚的其实都是博弈的钱以及央行"放水"的钱。

所谓博弈的钱，就是大家互相挥舞镰刀，割彼此的韭菜。每个资金量更大、获取信息更快、更富有操作经验的能赚钱的人背后，可能是数万个亏损的人。

降息降准让银行获得了利息收益；企业把未来的收益拿来提高生产力，让产品升级，获取到了更大的市场，赚到了更多的钱；员工为了薪水承诺未来的劳动，更加努力工作，也创造了更多的财富。可是，一旦员工以消费者或投资者的身份进行消费、投资，新的资本就会被银行、商品提供方分而食之。

比如购买房产，消费者要向银行借贷支付利息，房地产商借此收到地产开发的回报。

购房是相对全民化的，不能算是高认知门槛的一种投资。有趣的是，女性自购房产变得越来越普遍。房产是一份底气，可以让她们在婚配市场上更沉得住气。

2021年底，贝壳研究院推出的《2021居住客群消费趋势年报》显示，以新青年为代表的客群在购房占比方面呈现显著的增长趋势。在居住领域，女性置业的百分比在逐年提高，贝壳研究院统计了35个样本城市，一线城市的女性置业人群百分比增速相对较高，2021年度，该占比达到48.79%。新一线及二线城市，相较于2019年，同样出现不同程度的增幅。整体来看，一线城市的女性置业需求主要由30～39岁的青年女性支撑，女性客群中30岁以下的占比不足三成；新一线城市的女性置业需求虽然仍以"80后"女性为主力，但30岁以下女性购房需求明显更强。

贝壳研究院同期发布的《女性居住现状调查报告（2021年）》显示，全国30个重点城市整体女性购房占比从2017年45.60%提高到2020年47.54%，逐年提升。

但对所谓的购房理财，我只提醒两点。其一，现实生活中，除了有钱的追求者、父母，只有银行可以以这么低的利息借给个人一大笔钱。所以要好好利用银行房贷。大多数普通人，这一生也就只有购买首套房和改善住房这一两次可以用金融杠杆的机会。其二，沉住气，不要盲目，仔细考量持有的成本。

现阶段的房地产政策是求稳，所以房价比股价更稳定，因而要考虑房子的持有成本。有人买两三套房，在能力范围之内没问题，在能力范围之外，算一算每年还贷的总数，如果还了三五年，房价还没涨到位……这就是个人的持有成本。

很遗憾，疫情暴发的这三年，深圳不少"大厂"的员工面临被裁、房贷断供的压力，就是因为没有认真考虑过持有成本这回事。

如何不把银子花光

- 在决定搏一搏之前，至少先厘清你要博的这一项目的赚钱逻辑。
- 现金流之所以重要，是因为流动的才有可能是活的钱。做任何投资，都要确保自己的账面上还有足够的流动资金。
- 设止损线！设止损线！设止损线！

3. "后悔"的驱动力

> 好无聊先生：*妈妈，你有后悔过做某些事吗？*
> 走不开小姐：*每一天，亲爱的，每一天。*

总有人问，这么沉得住气，结果错失了某些投资机会，岂不是悔断肠？

易中天说人生有三品：沉得住气、弯得下腰、抬得起头。不必非要往人生格局的角度去理解，沉得住气不是摆姿态去漠视一切机会，而是希望我们面对各种可能性时，保持不浮不躁的态度。纸上富贵终觉浅，不落袋为安都不算你的所得。所以不需要把未得之物计为损失，并为之后悔。

2021年12月24日晚，上海斯诺波领军1号A发布了私募证券投资基金清算公告。它成立于2021年3月9日，截至12月24日产品清盘，累计收益为-31.4%，净值0.686元。

玩雪球的人或许知道斯诺波的基金经理刘云辉，其ID为"朋克民族"，是雪球"大V"，在平台上拥有2.3万粉丝。作为互联网行业资深从业人员，他对不少互联网企业有着深入的研究，也因此曾在资本市场获得丰厚的回报。循着成为内容领袖，继而开发产品的逻辑，2021年3月，他开发了第一只私募产品。产品开发出不久，不少中概股大跌，在他看来，是好的"抄底"机会，殊不知一路抄底一路跌，终于在平安夜之际，跌破清盘线，宣布清盘。

这时候，他们或许会想起"别人恐惧我贪婪"这句话。

不要觉得这是特例。再举一个例子，业内极为知名的海通证券前首席经济学家姜超，是清华大学数量经济学博士，从事宏观和债券研究十多年，职业生涯屡次斩获新财富评选宏观和固定收益研究第一名。他于2021年2月18日从海通证券离职，加盟中泰资管。同年4月12日，他管理的首只产品成立，截至12月20日，单位净值为0.8076元，八个月时间浮亏19.24%。

也不要觉得这仅仅是在当今才发生的案例。1929年10月16日，耶鲁大学政治经济学教授欧文·费雪还预言："股票价格看起来将永久保持在当前的高位水平。"他也没想到8天后，全球股市就大跌，崩盘是因为靠唾手可得的借款吹起来的投机泡沫破碎了。那就是著名的1929年华尔街股灾（Wall Street Crash of 1929），是美国历史上最严重的一次股灾，其结果是美国和全球进入了长达10年的经济大萧条（The Great Depression）时期。

这些例子充分说明专业人士也有局限性（过度自信）：会做数学模型的高手不一定是好操盘手；会写代码的产品经理不一定懂得销售产品；研究报告写得好的人未必会投资；自己炒股和发产品、做资产管理不在一个难度系数上；所有的投资在本质上都有赌的成分；确实有靠运气赚的钱靠实力输掉的可能。

固然，我们会认为一个基金操盘手的能力，应该看他在完整的牛熊周期中的表现。但作为投资人，即使知道要经历周期，下跌的时候一样稳不住。

美国投资人凯瑟琳·伍德（Cathie Wood）被国人戏称为"木头姐"，她在2020年声名大噪，是因为当时她手中的5只ETF（exchange traded fund，交易所交易基金）的年度回报均超过100%，且在一年之内资产管理规模从30多亿美元猛增到600多亿美元，震惊了世人。但2021年，她手中的几只ETF如方舟创新ETF（代码为ARKK），规模超过178亿美元，在美股标普500指数同期上涨24%左右的大好局面下，累计跌幅超过22.7%，跑输大盘超过46%。

终于在2022年1月22日，《金融时报》的报道中称巴菲特与"木头姐"的收益曲线成功"会师"。从2021年初至今,伯克希尔·哈撒韦的投资回报业绩涨了34%,"木头姐"的旗舰基金收益下降了43%。

这两人的投资思路是完全不同的。有什么不同呢?这种不同肯定不是说巴菲特不是话痨,而很多人喜欢喋喋不休点评各个企业各种格局。这种不同在于,巴菲特的年纪相对大,他对缓慢的增长有极度的耐心。而越是年轻的人,越是急于看到工作的成效。

谁真的能在短期的工作中看透事物的本质,或直接看穿一个周期呢?巴菲特也需要时间,也很难超越自己的认知范围。所以投资科技股的时候,巴菲特投资IBM公司是不成功的。但他把苹果公司视为消费品公司的投资有所成效。

我们或许未必能理解巴菲特的顾虑:科技投资,特别是颠覆式创新领域,开头就猜对的概率非常低。但我们一定能理解巴菲特的吐槽:"当投资机构开始在推特上谈论他们的日常时,那将是非常危险的。"

这当然带着调侃的意思。你看收购了推特的马斯克,一个人活成了一支宣传部队。

每年伯克希尔的股东会召开,我最喜欢看的就是巴菲特和查理·芒格谈过去的时间里他们的各种后悔与不后悔。不管是后悔投资所罗门、微软、亚马逊,还是阿里巴巴,巴菲特还是巴菲特,查理·芒格还是查理·芒格。

对这些坚持自我认知和投资价值的投资人来说,错失一个企业不会影响他们的业绩。

但愿我们在现实生活中亦如此,仅是后悔,而不断肠。

如何不把银子花光

- 世界上就没有乖乖听话的孩子、稳赢的赌局、吃不胖的人,更没有永恒不变的股价。
- 交"学费"这种事,学会了才叫"学费",没学会叫乱花钱。
- 后悔这种情绪一定会影响投资决策,所以金融学中,除了知道前景理论、过度理论、过度自信理论,你还需要了解"后悔理论"[①]。

十九、投资的时代特征

好无聊先生:为什么你总说人要做一些"自由而无用"的事?

走不开小姐:这是个人的追求,无关时代。但它往往是可以持久的、能被记住的。

在消费社会中,越是中年人,越能意识到时间是在对自

[①] 后悔理论(regret theory),由Graham Loomes、Robert Sugden(1982)和David E. Bell(1982)分别独立提出的一种行为决策理论。该理论认为,决策者会将他所处的现实状况与本可能处于的状况作比较,如果发现眼下不如预期,那么内心可能会后悔;反之,就会感到欣喜。后悔情绪在投资过程中容易让投资者产生自我怀疑、从众等行为,还会作出加速卖出赚钱的股票或延迟卖出亏损的股票等决策。

己做减法。越是稀缺,越是渴望。所以个体对"时间可以自主"有难以控制的向往。

工作量的增加和闲暇时光的匮乏,是现代职场人的"特权"。不要怪有的年轻人愿意进"大厂"接受"007",也不要怪有的年轻人想逃离北上广深……谁不是活在自己的当下?而媒体为了阅读量,过于喜欢用个案代表群体,笼统地创造概念。

当我做了企业顾问之后,开始计时收费,更理解"时间是一种服从于交换价值规律的珍贵、稀缺的东西"这个观念,时间是被出卖和购买的。但时间售卖给谁也很重要,那段自由时间的品质、节奏、内涵更为重要。

休闲意味着对自由的支配,人能够在中年有主动支配闲暇时间的权力,那真是一种不亦快哉的时刻。因为人只有摆脱劳动或束缚,才能把时间变成私有财产。

在深圳居住的人对"时间就是效率""时间就是金钱"这样的陈述尤其有亲近感。

我们都知道,时间既是生产资料,也是消费资料;既是投资品,也是消费品。在保证同样收入的前提下,作为生产资料、投资品的时间越少,意味着时间的回报率越高。和恩格尔系数(Engel's coefficient)类似,数值越小,生活越舒适。

我们到咖啡馆坐着消磨时光,这时候时间是消费品。对"打工人"而言,每天加班加点,时间就是我们拿来换薪资的生产资料(投资物)。

做"自由而无用"的事,能否用经济学来解释?其实可以。

首先,经济学里的理性是指市场决策意义上的理性,也就是效益最大化。这一行为隐含的假设是人有完全控制自己行为的能力。但正常人是根本不可能按照经济学学术刊物里的数学模型来做决定的,而且没有任何非意向性的总体机制可以模仿理性。

那么,与其在看重事情上附加的太多不着边际的"有用"的功利目的,始终无止境地投入大量时间、精力,却受制于边际效应递减导致每多投入一份,所得到的东西就越来越少,满足感(效用)也越来越少,不如改变这种不计成本投入的思路,在其他让你感觉愉悦但功利性不强的事上做一些时间投资。

换言之,自由而无用的人,可以对"内卷"说不。

1. 人生最重要的四笔投资

好无聊先生:妈妈,你说投资自己,到底投什么?

走不开小姐:人生有四大笔投资——教育、朋友、婚姻、健康。

(1)教育。"时代大不同了"这句话,每5年都可以拿出来说一次。现在的孩子,出生在互联网时代,使用网络如呼吸一般自然,他们的一切社交活动几乎都可以在互联网平台上完成。

因此,他们具有三个明显的特点。其一,他们的思维是万物互联式的：发散性、更多偶发性；愿意试错，比如去买盲盒；社交目的强烈，比如非常喜欢打卡、修图、分享照片；重视体验与分享，更进一步加深某些标签的吸引力。其二，他们特别愿意表达，当然短视频平台带来的表达平权化，也让表达变得容易；他们很容易变通，直播网红、酒店体验师、慢跑陪练等都是他们愿意接受的工作；他们也很容易自相矛盾，今天夸你的和明天骂你的，可能都是同一群人。其三，"思维有些跃进。"才工作不久的二十七八岁的年轻人已经在计划如何投资在短期内实现财富自由了。

如果说时代背景带来消费习惯的不同，那么人生投资的共性大于个性。做好这四笔"投资"，你的人生胜算会多一些。

不是教你投胎，这谁教得了？没有人能像谷爱凌那样，有很"能打"的父母基因，还有绝佳的家庭环境。

但是当你意识到进入社会一定会有压力时，意识到自己无法躲避学习与工作的竞争时，需要做的第一件事就是理解教育的重要性，并一生投资在教育上。

持续终身的教育，才能让你保持对世界的敏感，有足够的基础提升自己的认知能力，才能解决未来可能发生的一切问题。试问，有这样的基础，还担心什么呢？

毕竟，不管是杀猪盘，还是电信诈骗，或是信错人、入错行、选错股票，都是你在认知上出了错。人的一生都是在为认知买单。

（2）朋友。要和"同道中人"当朋友。这个"道"，是"道不同不相为谋"的"道",是价值观。价值观一致的人,容易达成共识,互相推动。价值观不一致,无论对方再如何聪明美丽,你们最终还是会走散。解决问题的办法很多,但价值观的矛盾无法弥合。

绝大多数人都有自己关于好朋友的定义,这里就不展开说了。不合乎想象的定义,都是在一次次关系破裂中修正的。

现实中,人以群分的例子非常多,如阿里巴巴的"十八罗汉"、小米的"喝粥13人"、蕉内的从三年级就认识的两位联合创始人……虽然也有人告诉我们,不要和朋友一起创业、合作,但实际上,这些过程也在帮助我们淘汰假朋友。

还是拿大家都喜欢的巴菲特和查理·芒格来举例(谁不喜欢成功的合作案例呢)。从买进蓝筹印花(Blue Chip Stamps)这家公司开始,到蓝筹印花并入伯克希尔,巴菲特和查理·芒格的合作关系更进一步,一直合作至今。尤其让人吃惊的是,他们从未将合作条件列成书面合约,仅凭互相信任来拓展事业。查理·芒格的女儿温迪·芒格说,她从父亲的商业生涯中得到的启示是:"你不会想和不信任的人共事,若缺乏信任,获利与否根本就无关紧要。多数人在和自己不相信的人做生意时,只想到利益,认为书面合约可以保障自己,他的处事原则是和优质的人共事。"

查理·芒格则解释为"绝对不要和猪打架,如果你和它打架,你会弄脏自己,而猪会乐在其中"。

中年的我对这句话是非常欣赏的。我时常对好无聊先生说,要谨慎地选择朋友。有的朋友可以互相温暖,有的朋友可以合作，有的朋友甚至能相互陪伴一辈子。

虽然人性本是自私的，但不要和把利益看得过重的人深交。虽然表达很重要，但更需要提防口口声声感谢你但过于贪婪且愚蠢的人。

（3）婚姻。生活确实会产生一连串的"机会成本"。我们无法选择出身，但在教育、婚姻、朋友、健康上都是有自主选择权的。寒门贵子之外，想要实现阶层跃升，不可否认，婚姻就是一个机会。读爱丽丝·门罗（Alice Munro）的短篇小说《乞女》，不得不再次感慨很难否认婚姻的阶层性。因此，现实世界才有了"凤凰男""孔雀女"这种阶层指代性非常强的标签。

"缘分一至，水到渠成"固然是理想状态，虽然价值观最终由环境塑造，不能轻易判定谁是谁非，但我们要知道，人终归是看重什么就会去追求什么的。

随着阶层固化程度的加深，靠婚姻实现阶层跃升会变得更难。我不认为好的婚姻是实现了阶级跃升。好的婚姻除了有经济角度"two is better than one"（两个人比一个人好）上的考量，提升抗风险能力的考虑，更重要的是让人在生活中感觉舒适、安心。

我自己结婚时并无任何要求，也没有觉得一定要有什么物质基础才可以一起对抗世界。我和理科生就像同游地球的临时结盟，一起在这个世界玩耍，深夜吃夜宵时互相打趣，遇到问题时互相支持。窃以为，这样的婚姻已可算良性资产，虽然我也时不时和闺蜜吐槽中国男人在家务中的"假死"行为。

婚姻让你在人生的下半场有好队友可以一起度过春夏秋冬，一起观赏世界风景，一起抵抗世俗压力，生活会变得有趣得多。

（4）健康。健康则是一件无须解释的投资。在任何年龄，健康都应该是基本的前提。当然，我提前进入"随心所欲，不逾矩"的年纪，已经开始规划养老了。

很多人以为，规划养老的第一步是考虑退休工资在65～85岁时的购买力。不是的，规划养老的第一步是了解你的健康状况，未来可能要在健康上花多少钱。

大家都知道，目前国内主流的养老方式有三种，即社会保障养老、以房养老以及子女养老。完全依赖于养老金系统，恐怕也不能完全让人放心。既然知道养老金系统是左手收年轻人的钱，右手发给退休的老人，既然知道我们已经进入了老龄社会，就要理解收支不平衡已经出现了。

以房养老需要考虑到购买力下降的问题，如果健康状况不好，又会支出大于房子抵押给保险公司得来的养老金。养儿防老也要考虑"久病床前无孝子"的可能。

所以，不管哪一种方式，快乐的晚年，首先就是健康状况要良好。相信我，当你进入中老年阶段，最大的奢侈品就是健康、安心的生活环境、自己爱人的陪伴。

如何不把银子花光

- 人生总是缺什么补什么，人总是到中年才会意识到，虽然美好生活离不开丰富的物质基础，但人生最大的奢侈品还是健康。
- 有强大、稳定的心理系统，能实现对生活的掌控，也是一种奢侈品。对生活的感知力、对美的感知力，更是可遇不可求的奢侈品。
- 不骄不矜，勤工好学，善待自己与他人，在我看来，已经足够好了。

2. ESG为什么在投资中也很重要

　　好无聊先生：个人可以做ESG吗？
　　走不开小姐：可以做E和S的部分。你从5岁开始捐助红树林，就是支持可持续发展行为的一种。

上面说了共性，不如也看看投资的时代"个性"。

1972年，第一届联合国人类环境会议在瑞典斯德哥尔摩召开，会议首次发表了与环保相关的《人类环境宣言》，并确定每年6月5日为"世界环境日"。1992年，联合国开始举办环境与发展会议，率先提出《21世纪议程》，倡导在促进发展的同时注重环境的保护，成为世界范围内注重经济可持续发展的开端。

2002年，欧洲可持续投资论坛成立。2006年，联合国责任投资原则组织成立。2011年，美国可持续责任论坛成立。

将目光转回国内，2008年，深圳证券交易所发布《上市公司社会责任指引》，是ESG理念流行以前，更为人熟知的概念"责任投资"的开始。2010年，上交所也发布了《关于加强上市公司社会责任承担工作的通知》，中国发行了第一支真正意义上的社会责任公募基金。

相比于ESG，CSR（corporate social responsibility，企业社会责任）之前更加为人熟知。CSR相对属于非强制行为，ESG的强制趋势则日益明显，尤其互联网"大厂"已把ESG提升至公司顶层设计的位置上。

ESG中的E即为环境，是人们熟悉且相当重视的部分。我们只有一个地球，所以碳排放、污物与废物排放、绿色金融等都已经约定俗成地被归为一种企业责任。社会角度，主要关注企业如何对待员工、供应链、客户与消费者这些利益相关方，以及在慈善活动、责任管理方面的举措。公司治理则关注的是股东治理、机构运作、信息披露等。

2012年香港联合交易所出台《环境、社会及管治报告指引》，并于2015年底将一般披露责任由"建议披露"提升至"不遵守就解释"。在财经媒体工作时，我们就关注这种企业社会责任在企业身上得到践行的程度，当时我还写过经济时评来分析，仅表达个人看法，即使在2022年，绝大多数企业认识到企业是社会有机体，与外部环境一荣俱荣，一损俱损，但积极承担社会责任的企业并不多。

2018年A股正式纳入MSCI新兴市场指数和MSCI全球指数。证监会修订《上市公司治理准则》，确立中国ESG信息技能基本框架。随后，基金业协会发布《中国上市公司ESG评价体系研究报告》《绿色投资指引（试行）》。ESG已经成为需要资产管理机构切实履行相关义务的实践原则之一。

2021年11月5日，香港联交所刊发了几份ESG资料。比如有关上市公司气候信息披露的指引性文件——《气候信息披露指引》。比如有关评估IPO申请人ESG事宜的审阅报告。此外，联交所还推出了全新的ESG教育平台——ESG Academy，为上市公司和相关市场参与者开展ESG工作提供指导。

每个时代的投资者，都有出于自身的信仰或寻求对社会产生积极价值等目的产生的投资理念。

20世纪诞生了伦理投资，持有伦理投资概念的投资者会筛掉他们认为"不道德"的投资对象。例子很多，比如破坏环境的石油重工企业、影响和平的武器制造企业、对大众健康有损的烟酒企业等。1971年成立的全球首只责任投资基金——美国的帕斯全球基金（Pax World Funds，后更名为Pax Sustainable Allocation Fund）就明确不投资与越战有关联的企业，专注于投资促进女性发展的企业。今天，仍然能看到该基金的官网上挂着其投资理念（investment philosophy）："We invest in companies and assets that we believe are well positioned to benefit from the transition to a more sustainable economy."该基金还在其官网上明确声明，如果企业未能达到ESG要求，该基金会拒绝投资。

2000年前后盛行的责任投资，则是聚焦于经济发展过程中对社会、环境的责任感。ESG则结合了环境、社会和企业治理三个层面来引导经济行为。

我国已经明确提出2030年"碳达峰"与2060年"碳中和"目标，可见这大方向是明确的。

贝莱德董事长兼首席执行官劳伦斯·芬克（Larry Fink）在2021年致企业首席执行官函中表示："2020年，我们见证了拥有明确经营宗旨和环境、社会和治理方面表现更优秀的企业如何超越其同行。全球81%具有代表性的ESG指数在2020年的表现优于同类常规指数。这超常表现在第一季度市场低迷期间更加明显，可持续发展投资基金与以往市场下滑时一样，继续展现强大的韧性。"

究其原因，ESG投资不仅有助于抑制短期市场波动，还能帮助投资者更好地抵抗长期转型风险。贝莱德曾做过一项研究，发现可持续发展因素与代表"抗跌性"的传统投资风格（质量因子、低波动因子）具有关联性。在ESG方面表现更佳的企业，在经济低迷时期更具抗跌性，其资产表现也远优于同类企业，且更具备长期发展潜力。同时，从长期来看，持有可持续发展资产更有利于降低投资组合整体的风险。

此外，MSCI ESG指数股票比MSCI传统指数股票回报率更高。根据测算，MSCI全球SRI指数（主要投资于各产业ESG评分前25%的企业）的回报率在近五年高达112.33%，高于同期MSCI全球指数的95.87%。

ESG投资的长线回报能力在中国市场也同样得到印证：MSCI编制的中国ESG领先企业指数自2012年创立以来到2021年7月30日的年化回报率达13.4%，显著高于该指数的母指数——MSCI中国指数的8%；该指数过去三年的年化回报率为9.5%，亦高于母指数的5.8%。这些数据都充分说明了ESG投资不仅不会牺牲回报，反而能在长期为投资者获取更高的收益。

贝莱德认为，关注ESG投资的企业正是在长期拥有积极表现，能够不断为社会、环境带来正面影响的企业。通过分析企业的各项可持续发展因素，并了解这些因素如何促进绩效，贝莱德发现，企业的优异表现是由一系列重要的可持续发展因素所推动的，包括员工的满意度、客户关系的密切度和董事会的高效度。拥有良好的客户关系或稳健的企业文化的企业，正在展示其勃勃的生机和更具韧性的财务绩效，并且这一特征在市场低迷时期更为明显。

举一个我正在研究的企业例子，成立于2015年的原创咖啡品牌"三顿半"有一个可持续项目——"Return Project返航计划"。三顿半将国内80%用户所在城市的咖啡店作为返航点，用户可以用咖啡空罐兑换三顿半的周边产品，回收的咖啡空罐按回收标准处理材料，用于制造新的产品周边。这个计划持续了多年，消费者的接受度很高。

在产品类型相似、价格相近的情况下，选择符合ESG理念的生产商或品牌方的产品，可以表达我们个人对ESG的支持态度。

如何不把银子花光

- 你可能还记得"人是一切社会关系的总和"这句话，社会必然有一定的道德目标。因而，个人在思考投资时，也需要重视人和环境、人和社会的关系。
- 对待上市公司，不单要看IPO招股说明书，还要看ESG报告，看道德风险。

○ 相比收入高低，能自由且符合社会规范地使用自己的金钱才是幸福的关键。你把钱用在正好符合你的道德倾向的地方，会增加你的幸福感。

3. 道德标签让投资变得有人情味儿了

好无聊先生：为什么投资也要讲道德？

走不开小姐：一个没有道德的区域，也很难有经济上的未来。

面对外界压力和ESG投资的吸引力，有不少公司是随大流的，缺乏对ESG的深入理解。绝大多数公司的ESG工作模式也只是将原有的运营管理归属到ESG中，只是穿了一件"外衣"而已。其实ESG中的管理、实践和思维才是本质。

如果从个体角度去理解ESG，也能看到其本质，如基于人和环境的关系，执行垃圾分类是一个很基本的事。尽量使用清洁能源，不浪费也是基础的要求。从人承担社会责任的角度去理解ESG，比如遵守公共规则、做志愿者回馈社区。深圳志愿者团体会让人觉得这所城市有温度，大概也是因为这个逻辑。市民融入了城市的环境，承担了社会责任，并产生了相应的认同感。比如在疫情肆虐的时候，该戴口罩的地方戴口罩。从治理的角度看，对个人和家庭来说，就是做好财务治理，以收定支，量入为出，不过度负债。比如投资时有风险管理等。

一个不遵循社会道德的人很难获得他人的认可，而一个在社会基本共识上不达标的企业很难有口碑，一个没有道德的区域很难有经济上的未来。因此，在投资时，我们要综合分析、考虑某企业、某地区的生态环境、社会环境、政府管理等种种因素。

2021年7月16日，全国碳市场正式启动上线交易。截至2021年12月31日，全国碳排放权交易市场第一个履约周期顺利结束。据生态环境部的公开信息，全国碳市场第一个履约周期共纳入发电行业重点排放单位2162家，年覆盖温室气体排放量约45亿吨二氧化碳。

我们的生活与碳排放息息相关，比如衣食住行里的"衣"。很多人不知道，时尚行业（服装和鞋类）每年的温室气体排放量占全球总排放量的8%以上，废水排放量占全球总排放量的20%。制作一条牛仔裤，从棉花生产到最终产品上市，需要约7500升水。85%的纺织品最终进入垃圾填埋场或被焚烧，不过大部分的纺织品原料仍可再利用。每秒钟就有一辆垃圾车的纺织品被填埋或焚烧。每年，时尚行业的用水量约为930亿立方米，这个水量足以满足500万人口的用水需求[①]。

批判某些生产商采取不够正确的生产手段是目前的一种潮流，也是目前消费品内容营销的一个热门话题。

不要觉得道德标签和个人似乎没什么关系。想一想，垃圾分类都开始了，皮草都被动物保护组织批判抵制了，"一条牛仔裤'一生之中'需要耗费3480升水"的信息都刷屏了，怎

---

① 数据来源于联合国官网的"即刻行动"中"事实与数据"栏目。

么会觉得商业道德不重要呢？

我从不抗拒二手衣服。我在20年前就开始穿老姐的旧衣服，每年还会收拾一些衣物捐赠出去。因为自大学毕业开始，体型就没怎么发生变化，以至于质量好的旧衣服可以一直穿下去，而老姐每年淘汰的衣服又来了。好无聊先生出生之后，也"继承"了他表哥的旧衣服。

但也有些地区的人群并不接受二手衣服，会认为这是一种施舍。

基于需求的差异，二手交易市场逐渐壮大。经济学家埃尔文·E. 罗斯（Alvin E. Roth）曾因市场结构方面的研究获得诺贝尔经济学奖。他在论述中说："藏在阁楼上的小玩意儿过去流动性很差，现在有了互联网之后，可以在eBay上卖家里的旧货了。"

不管是基于商业价值还是环境价值，我们熟悉的服装零售商都纷纷潜入了二手交易市场。

《经济学人》杂志在2021年12月23日的文章《时装成为一个资产类别》（*Fashion As An Asset Class*）中引用研究公司GlobalData的数据称，2025年，转手服装的销售额将增加到每年470亿美元，义卖商店的销售额将增加至300亿美元，二者合计770亿美元。

这期间，我们看到有By Rotation、Rotaro这类衣橱共享的创业公司，也看到了The RealReal、Vestiaire Collective等瞄准高端时尚品牌的二手服饰企业。国内有"闲鱼"，国外有Poshmark这种做二手交易的社交型电商。仅仅在2021年，就有不少时尚和奢侈品牌接连挤进转售的赛道：2月，Alexander McQueen与Vestiaire Collective合作推出了一项名为"Brand Approved"的服装换购物积分回购计划；7月，Madewell和二手服饰平台ThredUP联合宣布正式推出二手牛仔衣物寄售网站"Madewell Forever"；8月，Urban Outfitters创建了自己的转售平台，人们可以在上面买卖该品牌甚至其他品牌的服装；等等。

The RealReal于2019年上市，主打高端二手时尚产品，比如奢侈品牌的手袋。它抽取的佣金至少是转售价的20%，多的时候可达60%。Vestiaire Collective则位于法国，2021年3月这家企业拿到新一轮来自开云集团和老虎基金多达1.78亿欧元的融资。

在中国市场，根据艾瑞咨询在2021年《中国闲置高端消费品零售行业研究报告》中的测算，2020年，中国闲置高端消费品零售行业市场规模超过500亿元，预计2025年，超过2000亿元，年复合增速为26%。应运而生的二手奢侈品公司如妃鱼、红布林、只二等，背后也都有资本助推。

可以共享的物品并不只有服装和奢侈品，在英国平台Fat Llama上，人们还可以出租更多东西。这是一种新消费方式。在多抓鱼、孔夫子上卖不用的书，在闲鱼上转售想更换的旧物资。像黎贝卡那样，每买一样先断舍离一样物品。毫无疑问，能做到不浪费是一种道德感很强的行为。

对好无聊先生来说，他从小就穿表哥淘汰下来的旧衣服，一早知道不能浪费东西。他也一直没有物欲上的强烈表现，从小学一年级到五年级都在用一款老式的电话手表。让孩子更早一些了解循环经济，早一些参与公益事业，了解这个地球遭遇到的各种磨难，没有什么不好的。

好无聊先生从4岁开始，在我的指引下，每年都参与中国红树林保育联盟的"红树苗认养计划"。他4—6岁时，每年认养5平方米的红树苗，7岁开始，每年认养与他年龄数相同面积的红树苗。这已经成为他的生日指定动作。中国红树林保育联盟的总干事刘毅在2022年10月很高兴地和我分享，他们推动多年的"红树苗认养计划"正式成为深圳市全市七年级的劳动课教材案例。

这些并不图什么回报。不过，大家该知道的还是要知道。《财政部 税务总局关于公益慈善事业捐赠个人所得税政策的公告》（财政部 税务总局公告2019年第99号）规定：

> 个人通过中华人民共和国境内公益性社会组织、县级以上人民政府及其部门等国家机关，向教育、扶贫、济困等公益慈善事业的捐赠（以下简称公益捐赠），发生的公益捐赠支出，可以按照个人所得税法有关规定在计算应纳税所得额时扣除。
>
> 前款所称境内公益性社会组织，包括依法设立或登记并按规定条件和程序取得公益性捐赠税前扣除资格的慈善组织、其他社会组织和群众团体。

每年3月开始的个税汇算清缴，记得申报。

是否要在生活、消费、投资中重视对环境和社会责任的反馈，当然是见仁见智的事。然而，甲之熊掌，乙之砒霜，我也无意好为人师去指点别人说"这样活才更好"，说到底，自己的感受才最重要。包括这本书，只不过是像一扇窗口，或许可以让你看到还有这样的角度去看待和对待生活。

如何不把银子花光

- 把时间和信念投入能够长期产生价值的事情中，能够丰富你的人生，这也包括了对公益事业的投入。
- 企业或个人，对社会的参与度不同，思考也不同。事实上，公益事业也是人生的一种资产。
- 买一样物品的时候，除了考虑适用性，还可以考虑一下它对环境的影响以及折旧和转让的空间。

二十、哪些钱花了还是会回来的

> 好无聊先生：你为什么这么舍得花钱买书？
>
> 走不开小姐：因为买书是投资在提升认知领域的钱，是花了还会"回来的"。

2009年，我参加广东卫视《财经郎眼》节目，充当绿叶嘉宾。2011年8月，在主持人王牧笛的建议下，开通了微博，微博签名就是"是银子总会花光的，是金子总会发光的"，这句话被沿用至今。

很快，微博上就有人问："银子姐，投资什么最好？你都怎么花钱啊?"我总是回答:"投资自己最好。花在自己最想做的事情上最好。"

看到2021年8月10日小米创始人雷军的演讲,提及"最好的投资就是投资自己"。看到巴菲特在2022年的股东大会上说:"不管是什么,你具备的能力是别人拿不走的,也不可能因为通胀就没了。别人一直会跟你做交易,交易的是你的能力。所以,最好的投资就是开发你自己,而且开发自己是不会被征税的。"算是英雄所见略同吧,我不禁莞尔。

其实每一年都有人问:"投资什么好?"股市、楼市、基金各专场,都有比我更专业的人士在指点迷津。我大概只能回答"为什么银子总会花光",以及"如何避免在某个领域把银子花光"这种问题。

每当被问及怎么花钱时,我都会说,花钱应当给自己带来愉悦,事后思之不会后悔;钱更应花在提升自己在某领域的认知、培养自己的兴趣上。为自己的想法(不管是健康、见识还是提高未来的舒适度)花钱最好。因为用于提升自己的投资,最终都会有回报。

时间是单向度的,从不为任何人任何事停留,要跟上时代,需要提升自己的学习能力。据说,血统、权力、金钱、才华,拥有其中一项,或许就能破开其他几项的次元壁。你看,普通人没有前面几项,可不得在提升自己的方面做点投资吗?

看过了AR、VR、元宇宙、无人驾驶、机器人工厂等各种新事物,我们需要理解,科技的发展减少了没有特殊知识和管理技能的人的劳动价值。越是自己有体验,越不应让自己或下一代停留在无技能劳动者的范畴。要知道，从中国的初次分配数据分析看，劳动者报酬占GDP的比重近15年一直在下降。

初次分配是更为基础性的分配关系，解决的是货币资本的所有者与人力资本的所有者的利益分配问题，数额大，涉及面广。如果在初次分配中出现重大的社会不公正，在政府再分配中就很难加以扭转。简单来说，就是促进充分就业，提高劳动者特别是一线劳动者的劳动报酬。

2022年12月，中共中央、国务院印发《扩大内需战略规划纲要（2022—2035年）》（以下简称《纲要》），《纲要》再次强调了初次分配、再分配、第三次分配的部署。有兴趣的读者朋友，可以认真读一遍，你会发现和本书所提的"银子是如何花光的"的逻辑一致。

知识、技术、数据等创新要素参与收益分配，居民投资收益，土地、资本等要素的使用权、收益权，也属于初次分配的范畴。通过加强对高收入者的税收调节和监管，增加社会民生领域资金投入，优化教育支出结构，推进基本养老保险由制度全覆盖到法定人群全覆盖等措施，属于再分配的范畴，能提高社会的公平性。至于规范培育发展慈善组织，完善慈善褒奖制度，引导支持有意愿有能力的企业和社会群体积极参与公益慈善事业等，就是对社会财富、社会资源的第三次分配。

如果我们无法在初次分配中完成自己的财富积累，或许能在再分配、第三次分配中得到一些弥补。然而，你不可能通过再分配或第三次分配致富。

我之前也在节目里聊过K-shaped话题。资本的回报率远远大于经济增长率,资本回报和技术回报也远远高于劳动力回报。这不一定是公平的,但却是必然的趋势。这就是现实世界。

此外要投资在自己的健康上。人总是会衰老的,躯壳总是要折旧,年轻时能吃苦,风餐露宿折腾自己的胃,这些"债"也终归需要偿还。让自己吃健康的食物,保持充足的睡眠,适量运动(虽然这一点我自己也做不到),比中老年时花大笔的医疗费用性价比更高。

人总是要追求更好的生活。在眼下的时间节点上,不要过于计较短期收益,长期、努力地做一些对自己的未来有益的事,等你跨过一个周期,就会感受到真实的投资回报。

所以,要思考哪些钱花了还是会回来的,记住认知、兴趣、未来权益这三个关键词。

1. 提升学习能力的钱

> 好无聊先生:听到过"一代比一代强"的说法,也听到过"一代不如一代"的说法。你觉得我们这一代和你们那一代比,最大的竞争力是什么?
>
> 走不开小姐:是不同时代的认知力。我们站在不同时代的"肩膀"上。

认识我的朋友知道,我很反对把教育简单等同于应试教育。但我不否认育儿决策是人一生中所做的最重要的决策之一。

之前说过,经济学可以解释一切,在抚养下一代时当然也有相关的育儿经济学。在《爱、金钱和孩子：育儿经济学》(*Love, Money & Parenting: How Economics Explains the Way We Raise Our Kids*)这本书里，作者马赛厄斯·德普克（Matthias Doepke）和法布里齐奥·齐利博蒂（Fabrizio Zilibotti）就认为，除了根深蒂固的文化差异发生作用外，经济激励可以解释我们观察到的大部分教育现象。

激励是引导一个人做出某种行为的手段。经济学研究里，激励是非常重要的。从教育回报率的角度考证，你会发现不平等程度越高的地区，教育在父母眼中越重要。经济学家计算教育回报率的方法，是将受过高等教育的劳动者收入和受教育程度较低的劳动者收入作比较。

是的，不平等、再分配和教育回报率，就是父母对孩子教育投入的经济前景预期。

或许你会问，阶层流动（class mobility）的途径，除了高考还有哪些？很不幸，除了在第七章提及的四条路径，在国内还没有发现其他更靠谱的选择。

教育决策不仅受社会不平等的影响，也受到社会流动性的影响。在社会阶层固化、学校的努力无法改变阶级出身的社会中，采取密集型教育方式的激励作用极小。其实在和国内中产阶层朋友们聊天的时候，会发现被这些权威型父母定义为孩子移动到教育金字塔顶端的驱动力的，其实就是向上流动性。

孩子们的智商差不多，差的是教育方式和教育资源。根据国家统计局数据，2021年12月，我国的CPI（中国居民消费价格指数）同比上涨1.5%，看当月细分项，除了交通通信领域的CPI上涨5.0%，次高的就是教育文化娱乐CPI，上涨了3.1%，居住价格CPI只上涨了1.6%；其他的细分项，生活用品及服务、医疗保健、衣着价格分别上涨0.8%、0.7%和0.6%；其他用品及服务价格下降0.5%。如果我们看2022年1—11月的CPI主要指标的同比增长数字，除了交通通信（5.3%）、食品烟酒（2.3%）就是教育文化娱乐（1.9%）[1]。可见即使在防疫期间，教育投资（消费）的占比也是在提高的。

如果一个教育系统强调机会公平和淡化成年前的竞争，那么家长和孩子在教育中都会有更多放松的可能。现实是，阶层自身是一个很难被定义的术语。财富和获得金钱的机会是一个重要因素，教育和职业也是一个重要因素。

育儿经济学提到，教育投资如此"内卷"是因为看重未来的高回报率。投资回报的思维方式，可以在一个人的孩提时代开始接受"科普"。比如，每个人都有自己的价值和价格，价值是个人能力以及这种能力带来的内在盈利水平，价格就是接受教育后可以从就业市场获得的劳动薪资。

北京大学"全国高校毕业生就业状况调查"课题组于2021年6月起对高校毕业生进行了问卷调查。样本包括我国东、中、西部地区19个省份的34所高校，样本量超过2万人。根据其统计结果，2021年博士、硕士、本科、专科毕业生的月起薪算数平均值分别为14823元、10113元、5825元、3910

---

[1] 《11月份国民经济运行总体延续恢复态势》，http://www.stats.gov.cn/tjsj/zxfb/202212/t20221215_1891018.html，2022年12月15日。

元，中位数分别为15000元、9000元、5000元、3500元。

以上这些数据解释了"读研热"。

当然，教育"内卷"的当下，高校毕业生的就业情况不一定比职高毕业生理想，毕业即失业的情况不在少数。生活过得好坏，也不一定是学历决定的。

职业形态在最近几年确实发生了较大变化。截至2021年年底，灵活就业人口已经达到2亿人。中国人民大学灵活用工课题组等发布的《中国灵活用工发展报告（2022）》蓝皮书显示，2021年中国有61.14%的企业在使用灵活就业人员，比2020年增加5.46%；灵活就业人员中个体工商户老板约9500万户，占比47.5%。

这里，有部分受疫情影响，不得不转为灵活就业的人群，比如网约车司机、外卖骑手；也有主动选择灵活就业设立个人工作室吃创意、设计饭的人。

职业无贵贱，生活有好坏。我们需要认识到，在教育领域的投资其实核心是持续提升学习能力，而非仅仅参加一场考试。

提升了学习能力，增长了见识之后，一个人才可能建立起价值判断的标准，形成自己的知识体系。正如格雷厄姆在《聪明的投资者》中所说的："要想一生中获得投资的成功，并不需要顶尖的智商、超凡的商业智慧或内幕消息，而是需要一个稳妥的知识体系作为决策的基础，以及控制自己情绪的能力。"

如今，我们心知肚明，代际传递让草根的逆袭越来难。解决个人问题或许个人努力更重要，但阶级流动已经是一个社会问题，需要有制度化的方案。我们可以寄望于有关部门加大公共教育的投入，让更多人接受到好的教育；同时我们需要改变价值观层面的意识，不要再抱着"万般皆下品，唯有读书高"的旧观念了。

好的社会，应当是多元的，每个人都有出路。

好的教育，是由内心向上的自发动机驱动的。

如何不把银子花光

- 王夫之说："人之初生，不食则死；人之幼稚，不学则愚。"我们这一代人是受益于教育的，我确实认为，教育应当是人一生中可以分阶段，可以没有上限的投资。
- 有一句歌词，我和好无聊先生常唱："蚂蚁亦要揾野食，唔做事确系无益，少壮就要多努力，来日望自食其力。"（《学生哥》歌词）
- 一个人的认知越高，情绪就越稳定，越不容易乱花钱。

2. 为兴趣和热爱所花的钱

好无聊先生：为什么要花钱去看看外面的世界？

走不开小姐：增长见识是最大的目的。

学习是表象，获得认知是终极目标。认识事物往往是一个由感性认识到理性认识的过程，开阔眼界不失为一种方法。开阔眼界不是特指非要飞去哪里滑雪或走遍千山万水，对社会各种现象不讳言地探讨，也是其中一种。

好无聊先生越长大，就会发现世界上的谎言越多。类似"一个人要如何才能成功"这种问题，其答案也是谎言。很多答案听上去，似乎你只要做到了"该如何"的各种指定动作，就真的可以成功。

其不真实程度无异于美妆博主说我们只要这般那般就能脱胎换骨，成为女神。不，那都是不靠谱的。难道我不想如黎贝卡那般漂亮吗？基础条件不同，而且勤奋程度差距甚远。照猫画虎有什么用？

当然，正因为人是社会性动物，我们无时无刻不活在比较与被比较中。经济学有一个名词叫"羊群效应"，用来描述经济个体的从众、跟风心理。人的从众心理容易导致盲从，盲从就容易陷入骗局。这时候，就需要人们在冷静、理性和道德的基础上，认真地考虑自己的兴趣。

或许大多数人年幼时很少被自己的父母长辈问过"你对什么感兴趣"或"你热爱什么"。等我们工作了，才知道成功的定义也有三种：自己认为的成功、世俗意义上的成功，以及他人眼里的成功。很遗憾，大多数人希望获得的是世俗意义上的成功，希望在他人眼里自己是成功的，却浑然忘记了生活是自己的。

找到自己的心之所向，非常重要。为教育投入的钱在未来的职场和投资中会收回来，事实上，你会发现所有为兴趣和热爱所花的钱，也都是会回来的。现实生活中这样的例子比比皆是。

我在2002年认识了黎贝卡，她在这个花花世界活得认真又精彩。从2014年开始她离开服务了十多年的南方报业，全情投入做自媒体，就是后来赫赫有名的时尚自媒体公众号"黎贝卡的异想世界"，推出了自有服装品牌miss fantasy，出了两本书，孵化了数个反响很好的时尚生活类公众号。她对待自己想做的每一件事情都无比认真。

我的"美商"一定是负的。录制节目的时候，从发丝到唇色，完全交由电视台里的化妆师做主。化完妆后，自己也不太敢看，录完节目就逃之夭夭。好在有黎贝卡，我为出镜衣服犯愁的时候就找她。

还有一直对心理学感兴趣的前同事，自学并考了心理咨询师资格证，在武汉遭遇新冠疫情期间去做了志愿者，为医护工作者们做心理疏导。

一起去上海看ART021（上海廿一当代艺术博览会）的女性朋友丁小兰，从中学开始就很喜欢研究各种护肤方法，是学校里小有名气的"皮肤专家"。因为长时间钻研，颇有心得，她几年前创办了以油养肤的东方护肤品牌"LAN蘭"。小兰说，"LAN蘭"有且只有一个出发点，就是探寻并缩短科学护肤与大众认知的差距，并以此为研发理念，做clean beauty（纯净美妆）相关的产品。2021年疫情期间，她在6个月内连续完成了两轮合计2亿元人民币的融资。

有一位在法国巴黎工作生活的朋友Tulipe，是我大学同学的双胞胎弟弟，他喜欢书法，并持之以恒地练习。在2019年，他在巴黎举办了个人书法展。一幅作品可以卖出200欧元，然而这仅仅是他所热爱的生活的一部分。

让我感动的是，他所写的是我这些年在传统节假日所填的词。我们打趣说退休后组团策展，我提供诗词，他提供书法。赚到的钱就可以到处吃吃喝喝、参观博物馆。

这些朋友把自己的时间和信念投入能够长期产生价值的事情中，坚持下来，成绩斐然。其实在我们身边应该也很多类似的例子，更不要提谷爱凌、苏翊鸣这样的从小就找到了自己的兴趣和热爱的例子。

1948年出生的艺术家何多苓，3岁开始画画，没有名师指点却能于7岁在杂志上发表作品，10岁在亚洲儿童绘画比赛中获奖。1969年，何多苓到大凉山下乡插队，三年经历犹如修行，1972年他才进入师范学校的美术班学习，1977年，他以29岁的"高龄"考入了四川美院的油画系。他毕业那一年，其作品《春风已经苏醒》被选为《美术》杂志1981年第12期的封面，画作还参加了当年的"法国春季沙龙展"，一举成名。

四十余年里，何多苓一直过得很自由、潇洒。即便誉满画坛，他也从不向往所谓的艺术中心，只是在成都的工作室，心里想着郭熙、马远，笔端用"灰调子"画着形体和色彩，用他"哀伤而抒情"的现实主义油画风格影响着一代代弟子。他可以一边和弟子、友人聊天，一边画笔不停。这种如入无人之境的自由状态，实在让我心向往之。

我一直不建议过于功利地去做一件事。主次调整一下，将实际想做的事想象成一种附加利益，你反而能达成目标。

一家外资创业公司的创始人提到自己为何要创办这个有机食品品牌时是这么说的，过去做的工作虽然也游刃有余，收入不低，但他能感受到自己对食物发自内心的热爱，投身创业，做自己想做的事情时，他能感受到内心的"calling"。我们可以把他所说的这种"calling"翻译为"天职"。

定位与专注，热忱与投入，能帮你更快地建立起口碑。

需要承认的是，并不是很多人有这种"使命召唤"的感觉，但遇到了就不要放过。在这个被召唤的过程中，你会意识到，想要实现你想要的价值，就需要提升自己的认知。你会意识到，建立品牌的过程就是让你的承诺更有分量的过程。所以，创始人要学会看财务报表，学管理技巧；收藏者需要从无到有搭建自己的收藏体系；做产品的人要了解产品材料和安全标准；等等。

工作是我们谋生的手段，但不一定是我们的兴趣所在，也不一定是我们热爱的。如果你能找到一生热爱，那我会非常羡慕你。当工作中遇到矛盾和冲突时，我们更容易去做趋利避害的选择。对我们内心热爱的，才会不计得失地投入，才会即便痛苦也会坚持下去。

以兴趣画圈来体现圈层文化，绝对不限于"Z世代"。以兴趣和热爱来规划自己的未来，也绝对不限于少年人。当然，基础越扎实，人们在财务可支持程度上投身内心呼唤的可能性也越大。

如何不把银子花光

- 我经常对好无聊先生说，每个人发现自己兴趣和热爱的时间点都不一样，不要着急。或许我们不能了解自己为兴趣和爱好所花的每一笔钱，但我们可以了解自己，在花费时建立一个效益体系。
- 兴趣≠上瘾，需要作出明确的区分。
- 妥协对一个人来说，既容易，又艰难。

3. 投资未来的钱

> 好无聊先生：未来什么时候来？
>
> 走不开小姐：每一分每一秒都在到来，让人猝不及防。

少年时，以为30岁已经是怪阿姨了，好可怕。然而，转眼间，我已40岁出头。

最近看节目《声生不息》，听到"愉快少年事"单元里的粤语歌曲时，总还是有些唏嘘的。

少年时，觉得能有一份工作，经济独立已经是很好的未来；刚开始工作时，觉得能升职加薪是不错的未来；工作20年后，发现自己内心渴求的是更多的闲暇时间，稳定的人际关系，有意义的付出，以及平缓的生活节奏。

看，要求永远在变，人心的躁动永不停歇。而且我们永远只能在当时当地做自认为合适的选择,没有最优解。

比如,个体自身要"适应生存",最优的选择肯定是不孕育后代;但人类作为一个物种要"适应生存",最优选择是生很多的孩子。在这一命题中,局部效益最大化和整体效益最大化是矛盾的。

比如,当我们自己在职场竞争中,获得体验时,都忍不住给自己的子女做未来的规划。然而,我们总是会过分强调个人经验,对其他层面可能性视而不见。残酷的是我们的记忆和感知,总是不太可靠。

所以,我回顾了自己投资未来的几个"招数",也可能是少见寡闻的结果,权当参考。

其一,投资自己的生活。让自己无论何时都对生命充满兴趣,保持用幽默与乐观的态度来面对生活。

这就不展开说了,生活是自己的,没有人的生活一帆风顺。若没有办法享受生命的酸甜苦辣,承受不住挫折与苦痛的折磨,谈何未来。

同一个小区的一位朋友是毕业于剑桥大学的硕士,精通俄语、英语,其先生是毕业于剑桥大学的博士,两人有一对可爱的子女——顺顺和利利。她是我生活中认识的"绿拇指",可以把各种龟背竹养得生意盎然。她在工作、带孩子之余,能做一桌子好菜,能写很能引起读者共鸣的育儿文章,能把自己养的龟背竹的"桩子"卖出好价钱。

我每次到她家,看到各种色泽光鲜的绿植,都会感觉到眼睛很"愉悦"。疫情期间,绿色植物能舒缓居家情绪。绿植是个"销金窟",也是个"聚宝盆"。

其二,投资自己的兴趣,留出时间让"兴趣"慢慢滋长成自己的深刻认知。

于我,兴趣投资是每两年花特定的时间,要么上一门课程,要么深入研究某个行业或某个概念。所选择的一定是自己感兴趣的。

2021年,我报名了北京大学宋代艺术考古美学研修班。除了对宋代经济感兴趣,也想通过诸多老师的授课,去了解为何宋代是中国审美的高峰。为什么国内那么多国潮企业,总是打着"审美是一种生产力"的名号,却不到三年就败下阵来,再无当年锐气,而宋代文人引领的审美却可以延续千年?

每年认真分析一个行业,想办法去了解一家该行业里的新公司,对解锁新的分析思维不无益处。

其三,每年收藏一到两幅艺术作品。

价格低的作品,挑自己喜欢的,不要管别人说什么。价格略贵的作品,要做一些研究。进而我会研究艺术品是如何定价的,以免被一些贪婪的"掮客"虚抬价格。

更多元的视角,有助于我们在更多领域作投资判断。以艺术品投资领域为例,要思考的第一个问题是,我能否从一条与趋势没有任何直接关系的收藏关键信息中,获得下一个trending star(即当红明星及其他红人)的信息(这一点很有意思,我也一直在反复验证与实践这个能力)。比如,作品是哪个画廊代理的,同系列的价格是否连年上涨。

要思考的第二个问题是,如果我获得了作品的基本信息，能否立刻作出相应的决策。比如，我在ART021展会上收藏了一位东南亚年轻艺术家的肖像画，就会琢磨，艺术家在创作时思考的到底是什么，有没有有趣的故事，为什么画得那么松弛，这位年轻艺术家的作品曾经到达过什么价格高峰，为什么这两年东南亚艺术家的作品价格起来了。这种过去的收益能让你得出判断。

要思考的第三个问题是，作了决策，是否能够立即开始行动。比如，价格是否超过了预算，是否有办法谈成合适的价格。

要思考的第四个问题是，开始行动了，但在受到阻碍或咨询无果时是否有办法克服那些阻碍，是不是一定要排除万难地收进来。

我希望自己收藏的艺术品，是自己真正喜欢的，放在家里，日常朝夕，能给我带来愉悦感。同时肯定不希望它未来的收益变低。对艺术品来说，有时候和美不一定相干，相干的反而是独特性，而这是一种社会学功能。这时候考验的是一个人的社会风向敏感度。

这四个问题，其实在做任何投资时都可以问自己。

其四，投资未来的养老保障，夯实养老基础，俗称保险。

问问自己，即便年薪百万，作为家庭经济支柱，一旦出现重大疾病，对家庭的打击除了会带来精神层面的压力外，是不是也会带来经济压力？

我在2006年给自己买了人生第一份重大疾病保险，是因为那时候我还是财经记者，会去全球各地做采访，记者工作又全凭写稿获取收入，真是"手停口停"，自然就会想到，如果真有重大疾病或发生意外了怎么办？所以当时买的保险中有11款险种，包括附加意外、意外医疗、意外住院、住院费用、定期重疾、新残标意外等。当时，我还有给自己强制储蓄一部分收入的想法，毕竟我是真的相信"是银子总会花光的"。到2026年交满后，这笔钱就可以取回来了。

后来结婚生子，三口人共有8份保险单，且优先办理了足额重疾险。此外，我还给好无聊先生买了一款险种，偏储蓄功能，为他未来的学费做准备。

可能很多人都听说过保险"双10"定律，意思是家庭保险设定的适宜额度应为家庭年收入的10倍，保费支出的适当比重应为家庭年收入的10%。也听说过所谓的"标准普尔家庭资产配置原则"，说的是家庭资产的20%应用于保险配置。逻辑差不多，但家家户户的收入结构未必一样，所以关于专业领域还是要多参考专业人士的意见。每个人的诉求不同，如果用于储蓄，就不要选高杠杆的高额保障。

除非命运光环附体，否则一定要学会量力而行。了解自己的能力与需求，适度克制欲望与懂得鼓起勇气，永远是生而为人最大的挑战。

最后，我们做一下简单的数据对比。

被称为"零售之王"的招商银行发布于2022年10月28日的2022年第三季度报告中有一组数据：截至报告期末，招行金葵花及以上客户（即在本公司月日均全折人民币总资产在50万元及以上的零售客户）为409.45万户，户均资产约为238万元；私人银行客户（即在本公司月日均全折人民币总资产在1000万元及以上的零售客户）为13.3388万户，户均资产为2804.59万元；零售客户（含借记卡和信用卡客户）为1.82亿户，户均资产约为6.6万元。

2022年10月金融机构人民币信贷收支表中的住户存款数值为1152027.04亿元，用第七次人口普查的14.1亿人来计算，就能知道人均存款是多少。

那么，看看自己的资产，是普通人人均的那个数值，还是金葵花人均的那个数值？再问一问自己，抛开负债来谈人均存款是不是一种"耍流氓"？

确切地认清自己所在的位置很重要，因为这决定了你此时去探寻财富自由的第一步该怎么走。

如何不把银子花光

- 不要通过朋友圈去观察世界，而要深入学习，提升自己对未来世界发展趋势的分析能力，更重要的是通过兴趣和认知，能看到自己未来的权益在哪里。
- 回归逻辑和本质，越是在光怪陆离的世界里，那些质朴的东西就越显得宝贵。
- "盛时常作衰时想，上场当念下场时。"不管是不是富贵人家，都宜牢记这句话。

后记

POSTSCRIPT

我家里的每个角落都有书，我喜欢随时随地随手翻看。古人说，人从书里乖。其实，人都是在岁月里懂事的。

岁月是一本特别难读的书。但我写的这一本，应该容易读，都是关于某些经验的碎碎念。

偶尔翻一翻《飞鸟集》，短短两三行，意味悠远，荡气回肠。总是很喜欢重温那一句，有如神落在笔尖的指引："We read the world wrong and say that it deceives us."我们看错了世界，反而说它欺骗了我们。

不看错世界是很难的。随着人的成长，你会发现过去许多对社会、人、事的理解在逐一地被否定，同时，更多的与生活的和解也在逐一达成。这也是人生的奇妙之处。

我们生活在一个有着一系列资产泡沫并最终壮观破碎的时代。如果你和我类似，是一个对生活有着无穷兴趣，不希望自己活得太单调、太功利的人，或许这本书能给你一些启发。

幼时起，我的情绪一直相对稳定。这种特性，让我在面对任何采访对象时都能迅速进入平等对话的状态，让我面对任何事，都能在最短时间内寻到相应的解决方案。可以说，我这半辈子犯下的错不算多。当然,这并不是在暗示我就是那个"理性人"。

我们都知道"理性人"假设,仅仅是假设。只有等这个"理性人"躺到棺材里,或化为飞灰,我们才可以盖棺定论地说他到底是不是理性的。于我,在诸多朋友给我贴了"理性"标签后,坚持将"是银子总会花光的"这句话作为签名,仅仅能证明在对待财富的问题上,我是相对理性的:来世间走一遭,除了承担应尽的责任和义务之外,人活着不能只消耗生命而不享受人生。如果花银子能让自己开心,那就值得。银子总归是要花光的嘛。

在"花光"的过程中,我们逐渐了解到财富的内涵——财富绝不仅仅是一个个数字。财富是我们努力工作让自己和家人有安定的生活,让自己的内心安静充盈,给周围的亲友以安全感;是我们自尊自爱,爱生活、爱社会、爱众生,学习成长实现自我的同时,也去启迪智慧引领别人成长。如此,我们才算是真正富有的人。

在这里,必须要感谢我可爱的儿子"好无聊先生"的支持,我常常用他的好奇心来进行对话的实验。他日常提出的无数个问题,无疑调动了我与他聊金融和财富问题的积极性。

同时要感谢自我少女时代起就对我强调经济独立重要性的老妈和老姐,她们是我观察女性生存最直接的样本。至于我的先生"理科生",他陪伴我度过了三十多年,我们是彼此不可或缺的生活伙伴与精神支柱。也因为有他的支持,我知道我即便真的把银子都花光了也没关系。

最后，谢谢我的编辑刘倩和赵娜。她们无比温柔、耐心地等待我在各种斜杠工作之余，"挤"出了这本观察消费时代的书。

睿智如亚里士多德，早就问过对很多人来说如鲠在喉的问题："人活着的目的应该是让自己开心，但人们终其一生忙碌又受罪，想到这些，还真是让人不解。"

本书如面市，将在真正的后疫情时代，社会又将增添更多不确定元素。若本书能给你一些启发，知道是银子总会花光的，不至于真的把银子花光，便是不枉费了这些时间。